John Hattie
Klaus Zierer

Kenne deinen Einfluss!

„Visible Learning"
für die Unterrichtspraxis

Schneider Verlag Hohengehren GmbH

Bildquellen:

Titelbild und Seite 185: © Coloures-pic fotolia.com

Seite 41: © jojokrap fotolia.com

Seite 185: © rosangelaincusci fotolia.com

Gedruckt auf umweltfreundlichem Papier (chlor- und säurefrei hergestellt).

Bibliografische Information der Deutschen Nationalbibliothek

Die Deutsche Nationalbibliothek verzeichnet diese Publikation in der Deutschen Nationalbibliografie; detaillierte bibliografische Daten sind im Internet über ›http://dnb.d-nb.de‹ abrufbar.

ISBN: 978-3-8340-1650-8

Schneider Verlag Hohengehren, D-73666 Baltmannsweiler

Homepage: www.paedagogik.de

Alle Rechte, insbesondere das Recht der Vervielfältigung sowie der Übersetzung, vorbehalten. Kein Teil des Werkes darf in irgendeiner Form (durch Fotokopie, Mikrofilm oder ein anderes Verfahren) ohne schriftliche Genehmigung des Verlages reproduziert werden.

© Schneider Verlag Hohengehren, Baltmannsweiler 2016.

Printed in Germany. Druck: Appel & Klinger, Schneckenlohe

Inhalt

„The Visible Learning Story": Eine Leseanleitung als Vorwort für dieses Buch.   *7*

Wichtiger als das, was wir machen, ist, wie und warum wir es machen.   *17*

1. Rede über Lernen, nicht über Lehren!   29
2. Setze die Herausforderung!   45
3. Betrachte Lernen als harte Arbeit!   57
4. Entwickle positive Beziehungen!   73
5. Verwende Dialog anstelle von Monolog!   85
6. Informiere alle über die Sprache der Bildung!   97
7. Sieh dich als Veränderungsagent!   115
8. Gib und fordere Rückmeldung!   131
9. Erachte Schülerleistungen als eine Rückmeldung für dich über dich!   151
10. Kooperiere mit anderen Lehrpersonen!   169

„Visible Learning": Eine Vision.   *183*

Faktorenliste   *195*

Literaturliste   *201*

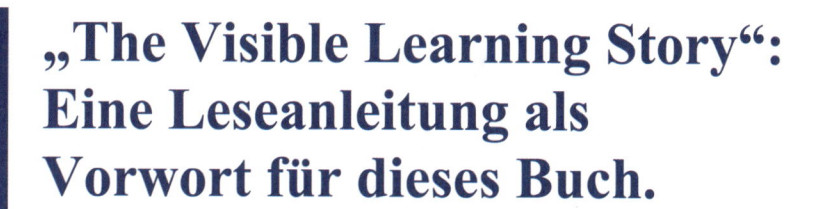

„The Visible Learning Story": Eine Leseanleitung als Vorwort für dieses Buch.

Warum dieses Buch?

Das vorliegende Buch entstand in der praktischen Auseinandersetzung mit den „Visible Learning" Arbeiten (2013, 2014 und 2015; vgl. dazu Zierer 2016b). Der Kerngedanke darin, im pädagogischen Kontext nach Evidenz zu suchen, erscheint vor dem Hintergrund der immer wiederkehrenden Diskussionen im Bildungswesen heilsam – im Sinn Friedrich Nietzsches auch bestimmbar als die „ewige Wiederkunft des Gleichen". Denn der Kerngedanke von „Visible Learning" ist nicht ideologisch, wie so vieles, was in der Bildungspolitik tagein, tagaus propagiert wird, sondern versucht sich genau gegen solche Dogmatiken zu stellen.

Nirgends wird so leidenschaftlich diskutiert wie im Bildungsbereich und nirgends halten sich Argumente so lange wie im Bildungsdiskurs – auch wenn sie schon längst als überholt gelten. Dies liegt erstens an einer nach wie vor starken weltanschaulichen Durchdringung pädagogischer Diskussionen nach dem Motto: „Was nicht sein darf, kann es nicht geben." So entstehen Mythen. Zweitens liegt es an der naiven Vorstellung so mancher empirischen Bildungsforschung, dass signifikante Ergebnisse, also der Beweis, dass ein Effekt nicht zufällig entsteht, ausreichen, um Bildungserfolg erklären zu können. Diese Vorstellung verkennt den Unterschied zwischen Signifikanz und Evidenz und führt letztendlich zu einem blanken „Anything goes!". Auch so entstehen Mythen. Und drittens liegt es an „Visible Learning" selbst – weniger an den darin formulierten Aussagen, als vielmehr an der Rezeption. So laden die Rangliste ebenso wie die Barometer zu Fehlinterpretationen ein. Die damit verbundene Herausforderung des Verstehens und Interpretierens wird somit sichtbar und sie gewinnt an zusätzlicher Reichweite, wenn die sprachlichen Grenzen einer Übersetzung mitgedacht werden: Wörter vom Englischen ins Deutsche zu übersetzen, ist alles andere als einfach. Denn häufig sind es nicht nur Wörter, die es zu übersetzen gilt, sondern Begriffe, die verstanden werden müssen – „open vs. traditional" lässt sich nicht einfach als „offener Unterricht" übersetzen und „direct instruction" hat nichts mit „Frontalunterricht" zu tun, um nur zwei Beispiele zu geben. Und auch so entstehen Mythen.

Letztendlich ist damit einem „Fast-Food-Hattie", wie er im deutschsprachigen Raum früh angeprangert wurde (vgl. Zierer 2013a), Tür und Tor geöffnet. Die Gefahr, die dadurch entsteht, ist, dass ein wichtiges Werk bei Lehrpersonen Unsicherheiten hervorruft und womöglich nicht zur Kenntnis genommen wird. Dieser Gefahr frühzeitig zu begegnen, ist eines unserer vordringlichsten Motive für dieses Buch.

Die Frage nach der Evidenz, also danach, wie groß und bedeutsam denn ein signifikanter Effekt ist, kann hilfreich sein, um solche Mythen zu entlarven. Dabei verstehen wir unter „Evidenz" das Bemühen, nach Hinweisen zu suchen, die bestätigen, dass das eigene Denken und Handeln einen Einfluss hat. Ergebnis dieses Bemühens können empirische Studien sein, aber ebenso Alltagserhebungen in Form von Beobachtungen, Befragungen und dergleichen. Im Idealfall ergänzen sich beide Perspektiven und markieren ein Kennzeichen von pädagogischer Expertise.

Vor diesem Hintergrund ist der Weg, der angesichts der Erkenntnisse, die aus der praktischen Auseinandersetzung mit „Visible Learning" zu ziehen sind, auf den ersten Blick einfach: Wir brauchen mehr pädagogische Expertise! Lehrpersonen sind die entscheidenden Akteure im Bildungsprozess. Damit offenbart sich aber auch die Schwierigkeit auf den zweiten Blick: Wie lässt sich pädagogische Expertise erzeugen? Das vorliegende Buch versucht hierzu einen Beitrag zu leisten, indem es die zentralen Botschaften aus „Visible Learning" auf den Punkt bringt und sie für die Unterrichtspraxis aufzubereiten versucht.

Die empirischen Belege, die in diesem Buch aufgegriffen und für die Unterrichtspraxis fruchtbar gemacht werden, stammen allesamt aus den „Visible Learning" Arbeiten. Sie umfassen bis heute den größten Datensatz der empirischen Bildungsforschung, der jemals in einem Werk ausgewertet wurde, so dass ein kurzer Überblick über das Vorgehen an dieser Stelle notwendig ist (vgl. Hattie 2013 und 2014; dazu Zierer 2016b).

Was ist „Visible Learning"?

Über 15 Jahre dauerte die Arbeit an „Visible Learning". Darin wird auf über 800 Meta-Analysen zurückgegriffen, die selbst ca. 80 000 Einzelstudien umfassen und an denen geschätzt (weil in den Meta-Analysen nicht immer die Anzahl der Probanden angegeben ist) 250 Millionen Lernende teilgenommen haben – und bis heute geht die Arbeit an „Visible Learning" weiter: Mittlerweile wurden über 1 000 Meta-Analysen ausgewertet, ohne dass sich an den Kernbotschaften etwas verändert hätte. Die Nennung dieser Zahlen ist wichtig: Vergleicht man sie beispielsweise mit den Zahlen von PISA, das den bildungspolitischen Diskurs der letzten Jahre weltweit bestimmt hat, so wird die Breite des Zuganges in „Visible Learning" ersichtlich. Denn PISA umfasst lediglich um die neun Millionen Lernende.

Die mit diesen Quantitäten verdeutlichte Vielzahl an erziehungswissenschaftlichen Forschungsergebnissen wird in „Visible Learning" versucht, mithilfe einer Synthese von Meta-Analysen in den Griff zu bekommen und auf Kernbotschaften zuzuspitzen. Dabei werden aus den zugrundeliegenden Meta-Analysen zunächst um die 150 Faktoren generiert, beispielsweise „Klassengröße", „Lehrer-Schüler-Beziehung", „Direkte Instruktion" und „Feedback", und für jeden Faktor wird eine Effektstärke ermittelt, die im Idealfall mithilfe nachstehender Formel errechnet werden kann:

$$\text{Effektstärke (d)} = \frac{\text{Leistungszuwachs}_{\text{Versuchsgruppe}} - \text{Leistungszuwachs}_{\text{Kontrollgruppe}}}{\text{Durchschnittliche Standardabweichung}}$$

Zur Veranschaulichung folgendes Beispiel: In einer Studie wird der Einfluss der Klassengröße auf die Lernleistung in Mathematik untersucht. Dazu wird in einer Versuchsgruppe eine entsprechende Reduzierung vorgenommen, während in einer passenden Kontrollgruppe nichts verändert wird. Durch einen Vorher-Nachher-Test der mathematischen Leistung der Lernenden vor und vier Wochen nach der Reduzierung der Klassengröße kann durch einen entsprechenden Gruppenvergleich die Wirksamkeit der Klassengröße auf die mathematische Leistung angegeben werden. Hierzu misst man in beiden Gruppen jeweils vor und nach der Durchführung der Reduzierung der Klassengröße die mathematische Leistung der Schülerinnen und Schüler und ermittelt den Durchschnitt beziehungsweise Mittelwert. Um mögliche Verzerrung in der Berechnung zu vermeiden, wird zusätzlich berücksichtigt, wie weit die Einzelwerte um den Mittelwert streuen. Dies geschieht mithilfe der Standardabweichung. Im fiktiven Beispiel könnte das Ergebnis der Untersuchung folgendermaßen aussehen:

	Versuchsgruppe	Kontrollgruppe
Vorher-Test	60 Punkte	60 Punkte
Nachher-Test	65 Punkte	62 Punkte
Leistungszuwachs	5 Punkte	2 Punkte
Standardabweichung	12 Punkte	14 Punkte

Setzt man diese Werte in die oben angeführte Formel ein, erhält man nachstehende Effektstärke, auf dessen Interpretation weiter unten eingegangen wird:

$$d = \frac{(65-60)-(62-60)}{(12+14)/2} = \frac{3}{13} = 0{,}23$$

Im Anschluss daran wurden in „Visible Learning" die generierten Faktoren verschiedenen Bereichen zugeordnet: dem Lernenden, dem Elternhaus, der Schule, der Lehrperson, dem Curriculum und dem Unterrichten. Im Wesentlichen sind damit der Datensatz und auch der methodische Zugang beschrieben. Dass Meta-Analysen – wie jede andere Methode auch! – und insbesondere der innovative Versuch in „Visible Learning", eine Synthese von Meta-Analysen zu erstellen, nicht ohne Makel sind, sei an dieser Stelle kritisch erwähnt und auf die damit verbundenen Probleme hingewiesen (vgl. Zierer 2016b). Folgende Darstellung gibt einen Überblick über das Vorgehen insgesamt:[1]

	Faktoren	Meta-Analysen	Studien	Personen (Mio.)	Gesamt-effektstärke
Lernende	19	152	11 909	9,4	0,39
Elternhaus	7	40	2 347	12,1	0,31
Schule	32	115	4 688	4,6	0,23
Lehrperson	12	41	2 452	2,4	0,47
Curriculum	25	153	10 129	7,6	0,45
Unterrichten	55	412	28 642	52,6	0,43

Bereits aus dieser Übersicht ergibt sich ein wichtiges Ergebnis: Es gibt Bereiche, die stark erforscht sind, beispielsweise das Unterrichten, und Bereiche, die wenig erforscht sind, beispielsweise das Elternhaus. Ein zweites Ergebnis schließt sich unmittelbar an diese Überlegungen an, wenn man einen genaueren Blick in die Bereiche wirft. Denn so zeigt sich, dass es innerhalb der Bereiche mal mehr, mal weniger Streuung in den Effektstärken ergibt: Während sich die meisten Faktoren im Bereich der Schule beispielsweise um eine Effektstärke von 0,2 scharen, erreichen die Faktoren im Bereich der Lehrperson Effektstärken zwischen 0,12 (Lehrerbildung) und 0,90 (Glaubwürdigkeit). Dies ist mit ein Grund dafür, warum strukturellen Maßnahmen, wie eben die Reduzierung der Klassengröße, für sich alleine genommen nur ein geringer Wert beigemessen wird. Denn sie müssen erst zum Leben erweckt werden, um bedeutsam werden zu können, und brauchen dafür die Menschen, die in diesen Strukturen wirken. Kurzum: Es sind die Lehrpersonen mit ihren Kompetenzen und Haltungen, die darüber entscheiden, ob strukturelle Maßnahmen einen Einfluss haben oder nicht.

Bleibt noch zu klären, ab wann Effektstärken als besonders wirksam einzuschätzen sind. Denn Zahlen, so auch Effektstärken, für sich alleine genommen sagen wenig. Sie brauchen eine Bezugsnorm, einen Wertemaßstab. Was sagt beispielsweise die Effektstärke von 0,23 aus der fiktiven Untersuchung aus? Zur Lösung dieses Problems wird in „Visible Learning" der Versuch unternommen, alle Effektstärken, die in den über 800 Meta-Analysen angegeben werden, nach ihrer Anzahl aufzusummieren. Das Ergebnis ist folgende Übersicht:

---

[1] Im vorliegenden Buch werden immer die aktuellsten Statistiken genannt, die verfügbar sind. Bei Drucklegung finden sich diese im Original „Visible Learning for Teachers" bzw. in der deutschsprachigen Ausgabe „Lernen sichtbar machen für Lehrpersonen", in der alle Statistiken überprüft wurden.

„The Visible Learning Story"

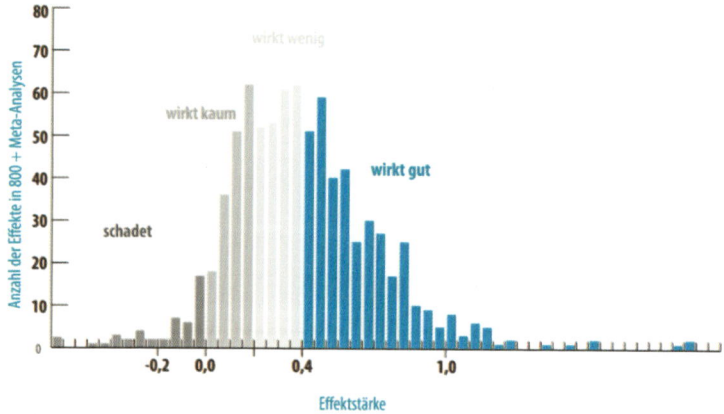

Geht man angesichts dieses Ergebnisses von der richtigen, aber naiven Prämisse aus, dass positive Effektstärken Lernleistung fördern und negative Effektstärken Lernleistung mindern, so zeigt sich: Nahezu alles, was in Schule und Unterricht passiert, führt zu einer Steigerung der schulischen Leistung. Anders ausgedrückt: Schülerinnen und Schüler verlassen in 90 bis 95 Prozent der Fälle die Schule schlauer als sie in diese hineingekommen sind. Das könnte uns Lehrpersonen beruhigen, tut es aber nicht. Denn dieses Ergebnis verdeutlicht nur, dass Menschen immer lernen – „Anything goes" also ... Ob beispielsweise ein neuer Lehrplan eingeführt wird oder auch nicht: Beides wird eine positive Effektstärke nach sich ziehen. Oder ob beispielsweise das Schulsystem in eine Eingliedrigkeit, Zweigliedrigkeit, Dreigliedrigkeit, Viergliedrigkeit oder Fünfgliedrigkeit transformiert wird, es wird eine positive Effektstärke nach sich ziehen. Zugespitzt formuliert: Lernen lässt sich nicht verhindern.

Vor diesem Hintergrund lautet das Plädoyer in „Visible Learning", bei Faktoren nicht nur danach zu fragen, ob die Effektstärke positiv oder negativ ist. Vielmehr wird dafür argumentiert, den Nullpunkt anders zu setzen, und vorgeschlagen, diesen bei 0,4 zu verorten. Warum ausgerechnet 0,4? Dieser Wert stellt den Durchschnitt aller erhobenen Effektstärken dar und markiert in „Visible Learning" den Bereich der „erwünschten Effekte". Er wird gemeinhin mit dem Lernzuwachs verglichen, der durchschnittlich in einem Schuljahr erzielt wird. Der Anspruch, der damit verfolgt wird, ist einfach, aber überzeugend: Besser sein als der Durchschnitt! Diese Setzung wird gestützt, wenn man bedenkt, dass der Mensch allein durch das Älterwerden Lernfortschritte macht. Diese werden als „Entwicklungseffekte" bezeichnet und nehmen Effektstärken zwischen 0 und 0,2 ein. Und daraus ergibt sich die Interpretation, dass Werte zwischen 0,2 und 0,4 als gewöhnliche „Schulbesuchseffekte" bezeichnet werden können, die eintreten in einer durchschnittlichen Schule, bei einer durchschnittlichen Lehrperson, in einer durchschnittlichen Klasse und bei einem durchschnittlichen Elternhaus. Negative Werte, die besonders problematisch erscheinen, aber nur sehr selten auftreten, werden als „umkehrende Effekte" bestimmt. Sie kommen nur sehr selten vor, sind deswegen aber nicht weniger interessant. Mithilfe eines Barometers lässt sich das Gesagte veranschaulichen, hier am Beispiel des Faktors „Klassengröße":

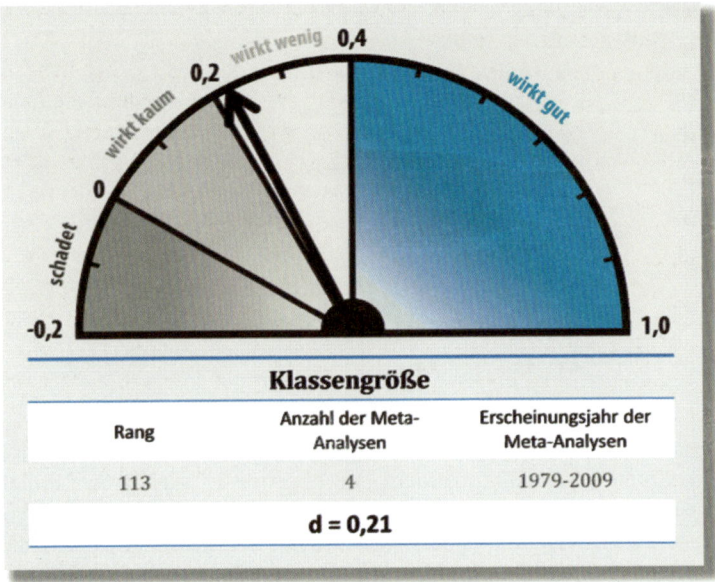

Das fiktive Beispiel zur Reduzierung der Klassengröße, um diesen Gedanken zu Ende zu führen, würde mit d = 0,23 nur einen gewöhnlichen Schulbesuchseffekt erzielen – ohne daraus irgendwelche Schlüsse ziehen zu können, weil das Problem bei genauerer Betrachtung wesentlich komplexer ist (vgl. Zierer 2016b). Tatsächlich findet sich in „Visible Learning", wie dem Barometer zu entnehmen ist, eine Effektstärke von nur 0,21 bei einer Reduzierung der Klassengröße.

Diese Überlegungen bilden die empirische Grundlage für die weiteren Ausführungen. Wann immer es möglich ist, werden sie zur Stützung der Argumentation herangezogen, die für sich demnach den Anspruch erhebt, Evidenz im Sinn einer hohen Effektstärke als Kriterium für die Auswahl wichtiger Faktoren heranzuziehen. Zudem wird aber immer auch zu bedenken sein, dass Faktoren mit geringer Effektstärke interessant sein können. Denn häufig ist es notwendig, zu verstehen, warum ein Faktor, der aus anderen Gründen wichtig ist, in der Realität wenig Einfluss hat, um seine Wirkung im nächsten Schritt erhöhen zu können. Infolgedessen geht es im Kern um Verstehen, und zwar um das Verstehen empirischer Daten mit dem Ziel, sie für die Unterrichtspraxis fruchtbar zu machen.

Wie ist das Buch aufgebaut?

Das Schreiben eines allgemeindidaktischen Buches, mit dem Menschen arbeiten sollen, ist vergleichbar mit der Planung und Durchführung einer Unterrichtsstunde: Der Autor verfolgt das Ziel, Lernprozesse beim Leser zu initiieren. Vor diesem Hintergrund ist eine Reihe von allgemeindidaktischen Überlegungen im Hinblick auf das Buch selbst nötig. Folgende Elemente wurden ausgehend von den Befunden der empirischen Bildungsforschung aufgegriffen und werden in den Hauptkapiteln umzusetzen versucht:

- Wir wissen heute, dass Lernen erfolgreicher ist, je besser es gelingt, das Vorwissen und die Vorerfahrungen zu aktivieren und zu berücksichtigen. Aus diesem Grund wird zu Beginn eines Kapitels ein Fragebogen zur Selbstreflexion angeführt, der

mithilfe einer Erhebung an über 500 Lehrpersonen entwickelt wurde und die entsprechenden Gütekriterien erfüllt.
- Wir wissen heute, dass Verhaltensveränderungen im Allgemeinen und Erfolg im Besonderen nicht nur vom Wissen und Können abhängen, sondern auch und vor allem vom Wollen und Werten. Aus diesem Grund wird in dem Fragebogen zu Beginn des Kapitels das eigene Können, Wissen, Wollen und Werten offenzulegen versucht.
- Wir wissen heute, dass Fallbeispiele Lernen erleichtern können – je nachdem wie anschaulich und nachvollziehbar sie sind. Aus diesem Grund werden Vignetten in jedem Kapitel präsentiert, die aus der alltäglichen oder schulischen Lebenswelt stammen.
- Wir wissen heute, dass Klarheit im Hinblick auf die zu lernenden Ziele und die zu vermittelnden Inhalte für den Lernerfolg bedeutsam ist. Aus diesem Grund werden für jedes Kapitel die Kernbotschaften formuliert und an weiteren Arbeitsschritten verdeutlicht. Ein Einvernehmen über das Vorgehen kann somit angebahnt werden.
- Wir wissen heute, dass Problemorientierung, Erfahrungsorientierung und Handlungsorientierung wichtige Elemente erfolgreicher Vermittlung sind (vgl. Merrill 2002). Aus diesem Grund werden immer Handlungsempfehlungen gegeben und so oft wie möglich Beispielaufgaben und Reflexionsaufgaben eingestreut, um die theoretischen und empirischen Erkenntnisse zu veranschaulichen. Dabei geht es nicht, um ein Mehr an Praxis – übrigens ein Mythos im pädagogischen Diskurs, der kein Automatismus im Hinblick auf eine Verbesserung von Bildungsprozessen ist. Sondern es geht um die praktische Einbettung von Theorie und Empirie. Diese kann im Anschluss an Karl-Heinz Flechsig auf unterschiedlichem Weg erfolgen (vgl. Flechsig 1991). Mit Blick auf die Vielzahl an didaktischen Überlegungen unterscheidet er Kategorialmodelle, Arbeitsmodelle und Praxisbeschreibungen: Während Kategorialmodelle so gut wie keine Hinweise auf den Unterrichtsalltag geben, dafür aber eine starke theoretische Sättigung erfahren, zeichnen sich Praxisbeschreibung durch ein Minimum an theoretischer Sättigung aus und weisen eine Konkretheit aus, die bis ins kleinste Detail der erläuterten Unterrichtssituation reicht. Dazwischen verortet er Arbeitsmodelle, die ein mittlerer Grad theoretischer Sättigung sowie ein mittlerer Grad an praktischer Konkretheit kennzeichnet. Der Unterschied ist auf den ersten Blick ersichtlich: Während Kategorialmodelle zu abstrakt sind, um in den Unterrichtsalltag übertragen werden zu können, sind Praxisbeschreibungen zu konkret. Allein Arbeitsmodelle versprechen eine hilfreiche Brücke zwischen Theorie und Praxis zu sein. Vor diesem Hintergrund haben Arbeitsmodelle die größte Reichweite – weil sie nicht so konkret und gleichzeitig theoriearm sind, dass die Beschreibungen nur für die Situation gelten, in der sie stattgefunden haben, aber auch nicht so abstrakt und praxisfern sind, dass sie in keine konkrete Situation übertragen werden können. Der Vorteil von Arbeitsmodellen lässt sich zudem erkenntnistheoretisch verdeutlichen: Lesende eines Arbeitsmodells müssen „nur" einen Schritt gehen: von einer mittleren Abstraktionsebene auf ihre konkrete Ebene (Deduktion). Bei einer Praxisbeschreibung müssen Lesende zwei Schritte gehen: von der konkreten Situation auf eine mittlere Abstraktionsebene (Induktion) und dann auf ihre konkrete Situation (Deduktion). Und ähnlich verhält es sich mit Kategorialmodellen, bei denen mehrere Schritte vom Abstrakten zum Konkreten notwendig sind (mehrmalige Deduktion). Vor diesem Hintergrund wird im vorliegenden Buch bei der Beschreibung der Vielzahl an Beispielen die Ebene der Arbeitsmodelle zu erreichen versucht.

- Wir wissen heute, dass Zusammenfassungen am Ende einer Unterrichtsstunde lernförderlich sind. Aus diesem Grund wird am Ende eines jeden Kapitels eine Checkliste präsentiert, die beim Sichern, Wiederholen und Üben des Gelernten unterstützen soll.
- Wir wissen heute, dass Lernen Phasen des bewussten Übens braucht. Aus diesem Grund werden am Ende des Kapitels Übungsaufgaben präsentiert, die zum einen auf den Fragenbogen zu Beginn eines jeden Kapitels zurückgreifen – um Lernen sichtbar zu machen – und zum anderen auf die Unterrichtspraxis fokussieren und Unterstützung bei der Planung und Analyse von Unterricht liefern. Dabei wird stets ein besonderes Augenmerk auf die Möglichkeit der Kooperation und die Suche nach Evidenz für das eigene Denken und Handeln gelenkt.
- Wir wissen heute, dass Expertise sowohl Kompetenz und Haltung erfordert. Aus diesem Grund wird im vorliegenden Buch der Versuch unternommen, beide Aspekte immer wieder anzusprechen und in den Austausch zu bringen – beispielsweise durch Haltungsreflexion mithilfe der Fragebögen zu Beginn und am Ende der Kapitel und durch Präsentation von evidenzbasiertem Wissen in den Kapiteln selbst.

In gängiger Weise finden sich des Weiteren Literaturhinweise, die zur Nachbereitung und Vertiefung einladen sollen. Verbunden mit dieser didaktischen Ausgestaltung des vorliegenden Buches ist die Hoffnung, dass es zu einem echten Arbeitsbuch wird, zu einem Buch, das anstrengt, herausfordert und nachdenklich macht, zu einem Buch, das hilft die eigenen Haltungen zu hinterfragen, die eigenen Kompetenzen weiterzuentwickeln und damit die eigene pädagogische Expertise zu fördern. Letztendlich geht es um die Herausbildung von Lehrerprofessionalität. Angesichts der autodidaktischen Ausprägung der 3. Phase in der Lehrerbildung ist dies aus unserer Sicht eine längst überfällige Aufgabe.

An wen richtet sich das vorliegende Buch?

Beim Schreiben eines Buches hat man immer eine Lesergruppe vor Augen. An wen haben wir gedacht? In den zahlreichen Vorträgen, die wir zu „Visible Learning" halten durften, hatte wir es mit einer heterogenen Zuhörerschaft zu tun: von Studierenden über Referendare und Lehrpersonen bis hin zu Schulleitungen und Mitarbeitenden von Schulverwaltung und Ministerien. An sie alle haben wir beim Schreiben des vorliegenden Buches gedacht und wir hoffen, für jeden etwas anbieten zu können:

- Den Studierenden möge das vorliegende Buch einen Einblick in den aktuellen Forschungsstand der Erziehungswissenschaft geben und helfen, die betroffene Berufswahl zu hinterfragen und Sicherheit in einer Entscheidung zu bekommen, die das ganze Leben halten soll.
- Den Referendaren möge das vorliegende Buch eine Hilfe beim Ankommen in der Praxis und beim Fußfassen in der Schule sein. Einen sicheren Stand zu bekommen, dürfte in dieser Berufsbiographie die zentrale Aufgabe sein.
- Den Lehrpersonen möge das vorliegende Buch eine Quelle der Anregung sein, die vielen Fragen im Hinblick auf den eigenen Unterricht und die eigene Lehrerrolle stellt. Denn Fragen sind wichtiger als Antworten, wie Karl Japsers es formuliert hat.
- Den Schulleitungen möge das vorliegende Buch Hinweise geben, wie es ihnen gelingen kann, ihre Schule – und das heißt ihr Kollegium! – auf den Weg zu bringen, um ihren Schülerinnen und Schülern die beste Bildung zu ermöglichen.

- Den Mitarbeitenden aus Schulverwaltung und Ministerien möge das vorliegende Buch ein Anker im Schulalltag sein, der deutlich macht, vor welchen Herausforderungen Lehrpersonen stehen und welche Unterstützung sie brauchen, um erfolgreich zu sein. Ohne Zweifel ist der Ort der Bildung die Interaktion zwischen den Lernenden und der Lehrperson, die dafür Verantwortung trägt. Und dennoch kann eine wertschätzende Haltung von Seiten der Mitarbeitenden aus Schulverwaltung und Ministerien ungeheure Wirkung erzielen.

Und zu guter Letzt möge das vorliegende Buch für alle von Interesse sein, die sich mit Fragen von Bildung und Erziehung auseinandersetzen – ob im schulischen oder nichtschulischen Kontext. Denn Lernen folgt auch in diesen Bereichen ähnlichen Grundsätzen, die von der Kompetenz und Haltung der Lehrpersonen, der Pädagoginnen und Pädagogen, der Erzieherinnen und Erzieher und nicht zuletzt der Eltern abhängen.

Ein Dank und eine Bitte zum Schluss!

Das vorliegende Buch wäre nicht ohne die direkte und indirekte Mitwirkung vieler Personen entstanden. An erster Stelle möchten wir die zahlreichen Schulen und Bildungseinrichtungen nennen, die wir in den letzten Jahren mit „Visible Learning" Vorträgen besuchen konnten – auf allen Kontinenten der Erde. Wir hoffen, dass wir den Kollegien einige Impulse mitgeben konnten. Was wir aber wissen, ist, dass wir von jeder Schule und den Gesprächen mit den Kollegien etwas mitnehmen konnten. Vieles davon hat in dieses Buch Eingang gefunden.

Des Weiteren möchten wir eine Reihe von Gesprächspartnern danken, die uns seit mehreren Jahren begleiten:

John: Als ich „Visible Learning" geschrieben habe, war es für mich die große Herausforderung, die Geschichte zu sehen, die sich hinter der Vielzahl an Daten verbirgt. Das Sammeln dieser Daten war zwar durchaus zeitaufwändig, aber im Vergleich zur Interpretation die einfachere Aufgabe. Denn das Verstehen der zahlreichen Forschungsergebnisse erfordert noch mehr Zeit und gleicht einem ständigen Vor- und Zurückgehen, um letztendlich alle Aspekte zusammenbringen zu können. Immer wieder kam ich dabei zu der Einsicht, dass die Frage, wie Lehrpersonen denken, wie sie begründen, was sie tun, die Kernbotschaft aus all den Meta-Analysen ist. Und je nachdem, von welchen Haltungen dieses Denken geleitet wird, unterscheidet sich der Einfluss von Lehrpersonen auf das Lernen der Kinder. Dieser Gedanke findet sich bereits in den Arbeiten von David Berliner, aber ebenso bei vielen anderen. Letztendlich versuchte ich in verschiedenen Varianten jene Haltungen zu beschreiben, die für den Erfolg von Lehrpersonen entscheidend sind. Nach mehreren Anläufen, kritisch-konstruktiven Gesprächen mit Forschern und Praktikern sind es heute zehn. Insofern möchte ich an dieser Stelle all jenen danken, die mich auf Schwierigkeiten in der Formulierung der Haltungen hingewiesen haben, die mit mir diskutiert, debattiert und auch gestritten haben. Ohne diese Auseinandersetzungen wäre die Schärfe der Darstellung, wie ich sie im vorliegenden Buch sehe, nicht möglich gewesen. Sodann stellte sich für mich die Aufgabe, die definierten Haltungen einer empirischen Überprüfung zu unterziehen. Hier geht ein besonderer Dank an Deb Masters und Heidi Lesson – einige ihrer besten Items haben in die Fragebögen zur Selbstreflexion, die am Beginn eines jeden Kapitels stehen, Eingang gefunden. Vor allem den zahlreichen Übersetzern von „Visible Learning" sei an dieser Stelle gedankt, denn sie stellten genau jene kritischen Fragen: die Kolleginnen und Kollegen von Cognition in New Zealand, von Corwin in den USA, Kanada und Australien, von Challenging Learning in Norwegen, Schweden und Dänemark, von OSIRIS in Großbritannien. Darüber hinaus möchte ich meinen Kolleginnen und Kollegen von der Melbourne Graduate School of Education danken: Sie sind es, die tagtäglich „Visible Learning" in die Praxis umsetzen und dadurch viele wichtige Erfahrungen sammeln und Impulse geben. Der größte Dank geht aber an Klaus für seine Ideen, seine Inspiration, seine Beharrlichkeit, seine Offenheit und seine Loyalität eines echten Freundes. Es war eine Freude, mit ihm gemeinsam dieses Buch zu schreiben und dabei die Distanz zwischen Australien und Deutschland sowie die Unterschiede verschiedener Sprachen zu überwinden und dadurch anregende und anspruchsvolle Perspektiven zusammenzubringen. Ohne Zweifel bedarf es viel Zeit, Unterstützung und Ausdauer, um ein Buch zu schreiben – und deswegen möchte ich meiner Familie danken: Janet, Joel, Kat, Kyle, Jess, Kieran, Aleisha, Danny und Edna. Widmen möchte ich das vorliegende Buch allen meinen Enkelkindern – mögen es viele werden – und insofern besonders Emma, meiner ersten Enkelin.

Klaus: Zu nennen sind an dieser Stelle die Bildungspolitiker Georg Eisenreich, Bayerischer Staatssekretär, und Mathias Brodkorb, Bildungsminister in Mecklenburg-Vorpommern, mit denen ich immer wieder intensiv über Schule und Unterricht diskutiere. Darüber hinaus möchte ich Johannes Bastian danken, der mit seiner Anfrage, ob ich für die PÄDAGOGIK eine Reihe zur Hattie-Studie machen möchte, meinem lang gehegten Plan, „Kenne deinen Einfluss! ‚Visible Learning' für die Unterrichtspraxis" mit John zu schreiben, einen entscheidenden Impuls gegeben hat. Mittlerweile ist in der PÄDAGOGIK eine vierteilige Reihe entstanden, die einzelne Elemente des vorliegenden Buches aufgreift. Wolfgang Beywl möchte ich für die nun schon mehrjährige Kooperation danken, die mit der Übertragung der Studien von John ins Deutsche begonnen hat und seither in verschiedenen Kontext weitergeführt wird. Sie ist stets gekennzeichnet von Zuverlässigkeit und Loyalität. Und schließlich möchte ich Joachim Kahlert danken, der den Rollenwechsel von meinem einstigen Hochschullehrer über meinen Chef bis hin zu meinem Kollegen mit größter Anerkennung gemeistert hat und nun schon seit Jahren ein wichtiger Gesprächspartner ist. Ein besonderer Dank ergeht an meinen Bruder Rudi Zierer, der mir über die Jahre der beständigste Begleiter und einer meiner kritischsten Leser ist. In zahlreichen Laufrunden haben wir vieles besprochen und hinterfragt, was in diesem Buch Erwähnung findet. Mein größter Dank gebührt John für seine Bereitschaft, sich mit mir auf diesen Weg zu begeben, der allein schon aufgrund der großen räumlichen Distanz, die uns beide trennt, von Anfang an kein einfacher sein konnte. Es ist uns aber gelungen, dass die damit verbundene Herausforderung stets mit Freude verbunden war – vor allem, weil sich die gemeinsame Zusammenarbeit stets als vertrauensvoll, offen und kritisch-konstruktiv erwies. Und nicht zuletzt ergeht ein herzlicher Dank an meine Familie: meine drei Kinder Viktoria, Zacharias und Quirin, die mich als Vater immer wieder herausfordern und aufzeigen, was in der Theorie und Empirie sinnvoll erscheint, in der Praxis aber nichts taugt, und auch umgekehrt, was in der Praxis falsch läuft und in der Theorie und Empirie aufgeschlüsselt wird, und meine Frau Maria, die mit mir zu späten Abendstunden unsere Erziehungsversuche (meistens) mit Freude reflektiert.

Lesende werden nun eingeladen, sich kritisch mit den vorgebrachten Überlegungen auseinanderzusetzen und sie für den eigenen Unterrichtsalltag konstruktiv aufzugreifen – wohlwissend, dass auch wir nicht davor gefeit sind, einen „falschen" Schluss aus den Daten zu ziehen und damit auch eine Mythenbildung zu betreiben. Letztendlich kann nur der Dialog, der im Sinn von Hans-Georg Gadamer immer ein unendlicher ist, hier helfen und vor Missverständnissen schützen, so dass wir über Rückmeldungen jeglicher Art dankbar sind.

Melbourne und Marklkofen, im Juli 2016

John Hattie & Klaus Zierer

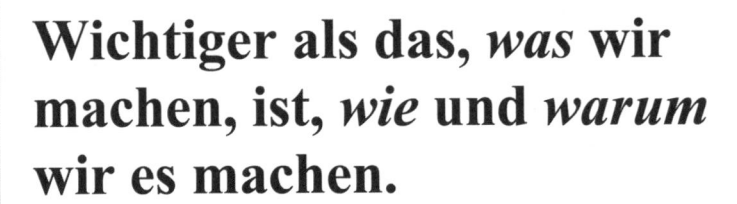

Wichtiger als das, *was* wir machen, ist, *wie* und *warum* wir es machen.

Wichtiger als das, was wir machen, ist, wie und warum wir es machen.

15 000 Stunden bei 50 Lehrpersonen!

Jeder Mensch verbringt ungefähr 15 000 Stunden seines Lebens in der Schule (vgl. Rutter et al. 1980) und wird in dieser Zeit von etwa 50 verschiedenen Lehrpersonen unterrichtet. Wenn wir uns an diese Lehrpersonen zu erinnern versuchen, so fallen uns häufig nur ein paar wenige ein: Einige von diesen waren gut und einige waren schlecht. Und in beiden Fällen erinnern wir uns manchmal noch an den Namen, sogar an die Kleidung und an einige Gesten. Während die zuerst Genannten an einem Finger abzuzählen sind, braucht man für die zuletzt genannten schon eine ganze Hand. Wie dem auch sei, die gute Nachricht dieser Erinnerung ist, dass jeder von uns gute Lehrpersonen hatte. Die schlechte Nachricht hingegen ist, dass das Gros der Lehrpersonen, von denen wir unterrichtet wurden, in Vergessenheit geraten ist und aus unserem Gedächtnis verschwindet. Wir kennen weder deren Namen, noch deren Fach, noch irgendetwas sonst.

Wie kann es sein, dass es manchen Lehrpersonen gelingt, über Jahre, ja sogar Jahrzehnte hinweg in unserer Erinnerung zu bleiben, während andere nach kürzester Zeit ins Nirwana verschwinden? Es ist eine Frage des Einflusses und damit eine Frage der Expertise.

Lassen Sie uns weiter mit unseren Erinnerungen an die guten Lehrpersonen auseinandersetzen: Woran erinnern Sie sich, wenn Sie an diese denken? Wenn Ihnen beispielsweise tolle Unterrichtsversuche, besonders schön gestaltete Arbeitsblätter oder interessante Präsentationen einfallen, dann erinnern Sie sich an das, *was* diese Lehrpersonen gemacht haben. Oder denken Sie mehr an den Einsatz, den Ihre guten Lehrpersonen tagtäglich zeigten, indem sie mit Ihren Mitschülern und Ihnen zusammenarbeiteten? Dann erinnern Sie sich daran, *wie* diese Lehrpersonen das, was sie getan haben, machten. Oder fallen Ihnen die Werte ein, für die die guten Lehrpersonen standen, die Gründe, die ihr Handeln sichtbar werden ließen, oder sogar die Leidenschaft und der Enthusiasmus, die diese Lehrpersonen auszeichneten? Falls das der Fall ist, erinnern Sie sich daran, *warum* die guten Lehrpersonen das, was sie taten, machten.

In dem vorliegenden Buch geht es über genau diese Lehrpersonen, denen es gelungen ist, in einem positiven Sinn über Jahre, ja sogar Jahrzehnte hinweg in unserer Erinnerung zu bleiben. Sie waren Lehrpersonen, die einen großen Einfluss auf unser Lernen und auch auf unsere Bildung hatten – und bis heute noch haben. Dabei wird es vor allem darum gehen, zu betrachten, was sie taten, wie sie das, was sie taten, machten und warum sie das, was sie taten, machten. Und die Herausforderung, diese Perspektiven zusammenzubringen, führt an die Frage heran, was pädagogische Expertise ist. Unter Rückgriff auf verschiedene Zugänge wird im Folgenden der Versuch unternommen, eine Annäherung an das Konstrukt „pädagogische Expertise" zu liefern.

Simon Sinek und der Golden Circle.

Die Nähe zwischen pädagogischer Expertise und erfolgreicher Personalführung liegt auf der Hand: In beiden Fällen geht es darum, Menschen in ihrer Entwicklung, in ihrem Denken und in ihrem Tun optimal zu fordern und zu fördern. Im Jahr 2009 hielt Simon Sinek, ein US-amerikanischer Motivator und Buchautor, einen TED Talk mit dem Titel „How great leaders inspire action". Dieser Vortrag sorgte binnen kürzester Zeit für weltweite Diskussionen und ist bis heute der am dritt häufigsten angesehene Film auf TED.com – über 20 Millionen Aufrufe in den letzten sechs Jahren. Kurz nach dem Vortrag veröffentlichte Simon Sinek das Buch „Start with Why" (2009), in dem er seine Gedanken differenzierter darstellt:

Seine Idee ist auf den ersten Blick vielleicht zu einfach, um wahr zu sein: Drei konzentrische Kreise, versehen mit den Worten „What?", „How?" und „Why?", sollen Erfolg erklären? Erst auf den zweiten Blick entpuppen sich die damit verbundenen Zusammenhänge als hilfreich, um erfolgreiche Personalführung beschreiben zu können. Und auch pädagogische Expertise lässt sich damit besser verstehen.

Simon Sinek argumentiert, dass Personalführung aus drei unterschiedlichen Perspektiven betrachtet werden kann: Erstens lässt sie sich aus der Perspektive untersuchen, *was* erfolgreiche Personalführung tut. Zweitens kann die Perspektive eingenommen werden, zu fragen, *wie* die Personalführung das, was sie tut, macht. Und drittens ist es möglich danach zu fragen, *warum* die Personalführung das, was sie tut, macht. Zur Veranschaulichung seiner Gedanken zeichnet Simon Sinek folgende Kreise, die er Golden Circle nennt (vgl. Sinek 2009):

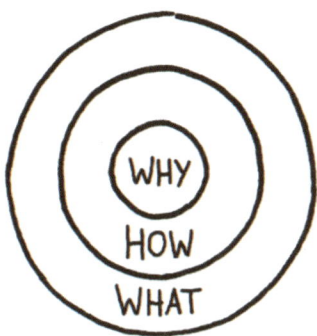

Die Kernbotschaft von Simon Sinek ist, dass durchschnittliche Führungspersonen mit dem äußeren Kreis ihre Überlegungen beginnen und auch beenden. Sie fragen danach, was sie tun, und denken häufig nicht weiter. Die weitaus wichtigeren Fragen, wie und warum sie das, was sie tun, machen, werden insofern gar nicht gestellt. Auf diesem Weg verlieren durchschnittliche Führungspersonen häufig das eigentliche Ziel aus den Augen und sie verfehlen damit auch ihre zentrale Aufgabe, nämlich Personen in ihrer Entwicklung, in ihrem Denken und in ihrem Tun optimal zu fordern und zu fördern. Das Ergebnis ist ein sinnentleertes, mechanisches Reagieren auf äußere Reize, ohne in der Lage zu sein, von innen heraus zu agieren. Erfolgreiche Führungspersonen hingegen gehen anders vor. Für sie ist die Frage, warum etwas zu tun ist, wegweisend und im Zentrum der Überlegungen. Von hier aus folgen die Schritte, danach zu fragen, wie etwas zu tun ist und letztendlich was zu tun ist. Als Zuspitzung lässt sich in Anlehnung an Simon Sinek der Satz formulieren: Es ist für erfolgreiche Führungspersonen nicht entscheidend, was getan wird. Viel wichtiger ist, wie und warum das, was getan wird, gemacht wird. Infolgedessen ist das Geheimnis des Erfolges in seinen Augen darin zu sehen, mit dem inneren Kreis und der Frage nach dem Warum zu beginnen und von dort aus nach außen zu gehen und die Fragen nach dem Wie und dem Was anzuschließen.

Zur Veranschaulichung seiner Überlegungen stellt Simon Sinek drei Beispiele vor: Apple, Martin Luther King und die Wright Brüder.

Was ist das Geheimnis des Erfolges von Apple? Sicherlich ist es nicht, was Apple tut: Apple stellt Computer, Tablets und Handys her – wie viele andere Firmen auch. Und wenn man sich diese Geräte genauer anschaut, dann muss man gestehen, dass diese nicht so viel besser sind als die der Konkurrenz – ein Handy, das sich in der Hosentasche verbiegt ist zwar ein Alleinstellungsmerkmal, aber sicherlich nicht in einem positiven Sinn. Ebenso liegt es nicht daran, wie Apple das, was es tut, macht. Vielmehr zeigt eine detaillierte Betrachtung unter dieser Perspektive genau das Gegenteil: geringe Löhne, hohe Umweltbelastung und schlechte Arbeitsbedingungen. Insofern ist das Geheimnis des Erfolges von Apple in der Frage nach dem Warum zu sehen: Wer heute einen Apple kauft, der legt sich nicht nur ein technisches Gerät zu, sondern bekommt auch eine Lebensphilosophie, eine Lebenseinstellung, eine Leidenschaft mit dazu. Apple steht für das Gefühl, ein besseres Leben zu leben.

Warum ist Martin Luther King der bekannteste und einflussreichste Anführer der African-American Civil Rights Movement? Sicherlich nicht allein deswegen, was er tat. Er war nicht der einzige Humanist zu der Zeit und seine Ideen waren die Ideen einer größeren Gruppe von Aktivisten. Auch nicht allein deswegen, wie er das, was er tat, machte. Zweifellos war er ein herausragender Redner mit Feuer und Leidenschaft. Aber auch das hob ihn nicht in entscheidendem Maß von seinen Mitstreitern ab. Somit ist der Grund für den Erfolg von Martin Luther King woanders zu suchen: Warum machte er das, was er tat? Die 250 000 Menschen, die sich am 28. August 1963 auf den Weg nach Washington machten, bekamen keine Einladung. Sie kamen, weil sie an Martin Luther King glaubten – weniger an das, was er sagte, oder an das, wie er es sagte, sondern vor allem an das, warum er es sagte. Martin Luther King hatte eine Vision davon, warum er das, was er tat, machte. „I have a dream.", sind seine unsterblichen Worte – und nicht „I have a plan." Die Menschen, die Martin Luther King an diesem Tag hörten, waren zutiefst berührt, teilten dieselben Werte und hatten eine gemeinsame Vision. Sie alle glaubten daran, dass dieser Tag alles verändern wird.

Am 17. Dezember 1903 gelang den Wright Brüdern als erste Menschen ein Flug mit einem Motor angetriebenen Flugzeug. Warum ausgerechnet ihnen? Im Vergleich zu anderen Teams, die sich mit ihnen im Wettbewerb befanden, hatten sie die schlechtesten Voraussetzungen: keine Förderung, keine Unterstützung durch die Regierung, keine herausragenden Beziehungen und keine besondere Bildung. Verglichen mit dem bekanntesten Kontrahenten, dem Team von Samuel Pierpont Langley, hätten sie den Wettlauf um die Krone der Flugzeugpioniere verlieren müssen: Fördermittel, Kooperation mit der Regierung, beste Kontakte und letztendlich eine Professur an der United States Naval Academy. Warum also dennoch die Wright Brüder? Zweifellos waren beide Teams hoch motiviert, beide Teams hatten ein klares Ziel vor Augen und beide Teams arbeiteten hart für den Erfolg. Der Unterschied aber war nicht das Glück oder die Gunst der Stunde. Es war Inspiration: Während das Team von Langley die ersten sein wollten, um Ruhm und Ehre zu erfahren, ging es den Wright Brüdern um die Vision, den Glauben, den Traum vom Fliegen. Das Team von Langley war motiviert für das, was sie taten, und für die Wright Brüder stand das Warum ihres Tuns im Vordergrund.

Die Kernbotschaft von Simon Sinek zeigt sich somit am Erfolg von Apple, Martin Luther King und den Wright Brüdern: Sie alle begannen nicht mit der Frage, was sie tun, sondern mit der Frage, warum sie das, was sie tun, machen. Sie alle hatten eine Vision, eine Leidenschaft, einen Glauben – und sie waren in der Lage, all das zu kommunizieren und mit anderen zu teilen.

Howard Gardner und die 3 E's.

Es ist überraschend und faszinierend, dass die Kernbotschaft von Simon Sinek, die er aus seiner Erfahrung und Expertise gewonnen hat, eine empirische Übereinstimmung findet: Howard Gardner startete 1995 zusammen mit Mihály Csíkszentmihályi und William Damon das „Good Work Project" (2001). In diesem versuchten die drei Wissenschaftler die

> Wichtiger als das, *was* wir machen, ist, *wie* und *warum* wir es machen.

Frage zu klären: Was zeichnet erfolgreiche Arbeit aus? Zur Beantwortung führten sie mehr als 1 200 Interviews mit Personen aus neun verschiedenen Berufszweigen durch, um zu verstehen, wie darin beruflicher Erfolg definiert wird und wie sich gute Arbeit erkennen lässt. Aus dem umfangreichen Datensatz kristallisierten sie eine vermeintlich einfache Formel heraus: Gute Arbeit zeichnet sich durch „3 E's" aus. Sie ist die Verbindung und Verschmelzung von Exzellenz, Engagement und Ethik. Ein erfolgreicher Arbeiter weiß, was er tut, er sorgt sich darum und kann Gründe für das nennen, was er tut. Dabei ist es belanglos, ob über die Arbeit eines Putzpersonals oder die Arbeit eines Top-Managers gesprochen wird: Gute Arbeit ist eine Frage von Exzellenz, Engagement und Ethik.

Zur Verdeutlichung dieses Gedankens ein Beispiel aus dem Alltag. Stellen Sie sich dazu bitte folgende Situation vor: Sie bestellen eine Tasse Kaffee in einer Bar. Im ersten Fall serviert Ihnen die Bedienung die Tasse Kaffee, indem sie freundlich und wertschätzend mit Ihnen kommuniziert, so dass Sie das Gefühl haben, ein gern gesehener Gast zu sein. Im zweiten Fall serviert Ihnen die Bedienung die Tasse Kaffee ohne mit Ihnen zu sprechen, sie nicht einmal anzusehen und Ihnen damit das Gefühl zu geben, nicht willkommen zu sein. In beiden Fällen steht die Tasse Kaffee vor Ihnen. Das Ergebnis ist also das gleiche, aber dennoch ist es nicht dasselbe, so dass die beiden Fälle die Kernbotschaft der 3 E's verdeutlichen können: Gute Arbeit ist nicht nur eine Frage von Exzellenz, also dem Wissen und Können, das für die Ausübung der Arbeit notwendig ist, sondern auch und vor allem von Engagement, also der Motivation hinsichtlich der Arbeit, und Ethik, also den Werten und den Gründen, die mit einer Arbeit immer verbunden sind.

Es zeigt sich also, dass das Servieren einer Tasse Kaffee von unterschiedlicher Qualität ist, obwohl die Tasse Kaffee immer vor uns steht. Die Qualität hängt in entscheidender Weise von der Exzellenz, dem Engagement und der Ethik der Bedienung ab. Mit Blick auf die Ausführungen im Anschluss an Simon Sinek lässt sich die Exzellenz mit dem Was, das Engagement mit dem Wie und die Ethik mit dem Warum verbinden. Insofern ist es möglich, die Überlegungen von Simon Sinek mit den Forschungsergebnissen von Howard Gardner, Mihály Csíkszentmihályi und William Damon zu verbinden und zu veranschaulichen. Erneut bietet sich hierfür das Kreismodell an:

Im Folgenden sollen diese Überlegungen die Grundlage sein, um pädagogische Expertise erklären zu können. Dafür bietet es sich an, den für viele vermeintlichen Kern des Pädagogischen im Allgemeinen und des Unterrichtens im Besonderen in den Blick zu nehmen: Fachkompetenz.

Wichtiger als das, *was* wir machen, ist, *wie* und *warum* wir es machen.

Fachkompetenz als Kern pädagogischer Expertise?

Es zählt zu den hartnäckigsten Mythen in der erziehungswissenschaftlichen Diskussion, dass eine erfolgreiche Lehrperson die ist, die besonders viel Fachwissen besitzt. Die ganze universitäre Lehrerbildung basiert auf dieser Annahme und gibt dem Fachstudium dementsprechend den größten Raum. Und wann immer über Reformen in der Lehrerbildung diskutiert wird, hat der Ruf nach mehr Fachkompetenz einen festen Platz.

Wie kann es aber sein, dass die Fachkompetenz in „Visible Learning" (vgl. Hattie 2013 und dazu Zierer 2016b) mit einem d-Wert von 0,09 fast einen Nulleffekt auf die Leistung der Schülerinnen und Schüler hat, wo doch auch die wenigen deutschsprachigen Studien, die es in diesem Bereich gibt, zu scheinbar anderen Ergebnissen kommen (vgl. Baumert & Kunter 2006; Blömeke, Kaiser & Lehmann 2010; Kunter et al. 2011; Pant et al. 2013)?

Das didaktische Dreieck als ein altes, wenn nicht sogar das älteste Modell der Pädagogik, kann helfen, um diese Ergebnisse zu verstehen. Ausgehend von den Protagonisten des Unterrichts – Lehrperson, Schülerschaft und Stoff – lassen sich damit drei dialogische Strukturen unterscheiden: Erstens ein Dialog zwischen Lehrperson und Schülerschaft. Zweitens ein Dialog zwischen Schülerschaft und Stoff. Und drittens ein Dialog zwischen Lehrperson und Stoff. Da diese Dialoge in der Praxis ineinandergreifen, wird die Forderung abgeleitet, dass es sich bei dem didaktischen Dreieck um ein gleichseitiges Dreieck handeln sollte. Folglich sollen die Beziehungen und die Wechselwirkungsverhältnisse zwischen Lehrperson, Schülerschaft und Stoff ausgewogen und ausgeglichen sein. Es ist an dieser Stelle darauf hinzuweisen, dass Unterricht immer eingebettet ist in eine gewisse Struktur, so dass eine Vielzahl von weiteren Aspekten, in dem Unterricht stattfindet, eine Wirkung auf diesen ausübt. Zu denken ist beispielsweise mit Blick auf die äußere Struktur an gesellschaftliche, politische und kulturelle Bedingungen und mit Blick auf die innere Struktur an situative Gegebenheiten, wie die Gestaltung des Raumes, das individuelle Befinden aller Beteiligten, zeitliche Vorgaben usw. Nachstehende Abbildung fasst das Gesagte in bekannter Weise zusammen:

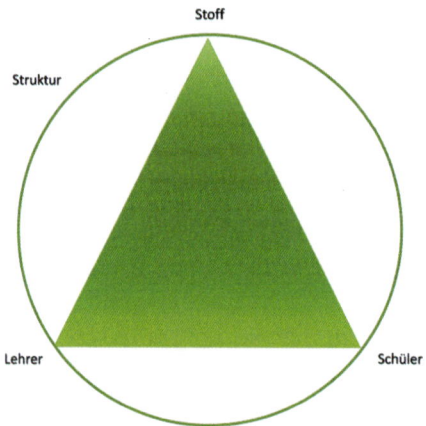

Geht man davon aus, dass Unterricht erst stattfindet, wenn die drei beschriebenen dialogischen Strukturen erkennbar sind, dann lässt sich für die geringe Effektstärke der Fachkompetenz eine Erklärung finden (vgl. Zierer 2015): Fachkompetenz spannt die dialogische Struktur zwischen Lehrperson und Stoff auf – nicht mehr, aber auch nicht weniger. Unter-

> Wichtiger als das, *was* wir machen, ist, *wie* und *warum* wir es machen.

richt lässt sich insofern ohne bzw. allein mit Fachkompetenz nicht halten. Es erfordert Weiteres:

Wir alle kennen Menschen, die ungeheuer viel wissen, es aber nicht erklären können. Ihnen fehlt es an didaktischer Kompetenz. Sie ist verantwortlich für die dialogische Struktur zwischen Schülerschaft und Stoff. Beispielsweise steht die Lehrperson vor der Herausforderung, die Lernumgebung so zu gestalten, dass es den Schülerinnen und Schülern möglich ist, sich die Sache zu erschließen. Eine adäquate Auswahl von Methoden, wie beispielsweise von Arbeits- und Aktionsformen, Sozialformen, Unterrichtsprinzipien, Lehrformen und Lernformen, zählt hierzu ebenso wie eine entsprechende Gestaltung von Medien, zeitliche und räumliche Strukturierung sowie Passung der Ziele und Inhalte auf die Lernausgangslage der Schülerschaft (vgl. Kiel et al. 2014). Dass aber eine didaktische Kompetenz alleine ebenso wenig ausreicht wie Fachkompetenz, zeigt beispielsweise der Faktor „Sprachkompetenz", für die in „Visible Learning" eine Effektstärke von $d = 0{,}22$ ermittelt wird (Hattie 2014, S. 281).

Und wir alle kennen Menschen, die ungeheuer viel wissen, aber so unnahbar sind, dass sie keinen Bezug zum Gegenüber aufbauen können. Diesen mangelt es an pädagogischer Kompetenz, die entscheidend ist für die dialogische Struktur zwischen Lehrperson und Schülerschaft. Beispielsweise muss die Lehrperson in der Lage sein, mit den Schülerinnen und Schüler in ein Gespräch zu kommen, muss eine Atmosphäre des Vertrauens und Zutrauens aufbauen können, muss für Geborgenheit im Lehr-Lern-Prozess sorgen. Die Effektstärke von $d = 0{,}72$, die in „Visible Learning" für den Faktor „Lehrer-Schüler-Beziehung" angegeben wird (Hattie 2013, S. 141), untermauert dies.

Insofern reicht Fachkompetenz alleine nicht aus, um erfolgreich Unterrichten zu können. Sie muss flankiert werden von didaktischer und pädagogischer Kompetenz – und erst in dieser Trias kann sie wirksam werden. Eine entsprechende Wechselwirkung ist also entscheidend. Der Ruf nach mehr Fachkompetenz ist damit hinfällig – was auf keinen Fall heißen soll, dass sie unnötig wäre. Aber: Wir brauchen nicht ein Mehr an Fachkompetenz, sondern einen Unterricht, der das bereits existierende Maß an Fachkompetenz zum Leben erweckt. Und dafür ist didaktische und pädagogische Kompetenz notwendig. Der Vollständigkeit halber sei noch erwähnt, dass eine Lehrperson in der Lage sein muss, die inneren und äußeren Rahmenbedingungen von Unterricht zu analysieren, zu verstehen und im Unterricht zu berücksichtigen. Sie benötigt also eine systemische Kompetenz. Nachstehende Abbildung versucht das Gesagte zu verdeutlichen (vgl. Zierer 2015):

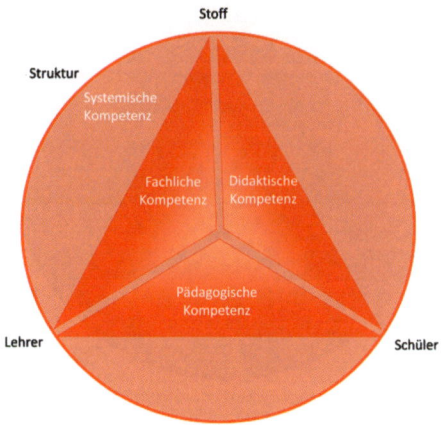

> Wichtiger als das, *was* wir machen, ist, *wie* und *warum* wir es machen.

Die angesprochenen deutschsprachigen Studien bestätigen übrigens diesen Schluss, wenn man sie richtig liest: Beispielsweise wurde im IQB-Ländervergleich untersucht (vgl. Pant et al. 2013), ob Lehrpersonen, die ein Fach studiert haben, erfolgreicher unterrichten als Lehrpersonen, die das nicht haben. Und in der Tat zeigen die Ergebnisse, dass dies der Fall ist. Daraus aber nun zu folgern, dass dieses Ergebnis allein der höheren Fachkompetenz zuzuschreiben ist, greift zu kurz. Denn Lehrpersonen, die ein Fach studiert haben, erlangten vor allem im Referendariat einen Anstieg in ihrer didaktischen und pädagogischen Kompetenz – was für eine wechselseitige Durchdringung besonders förderlich ist.

Fachkompetenz, didaktische Kompetenz und pädagogische Kompetenz sind folglich nicht als Gegensätze zu sehen, sondern als Teile eines Ganzen. Betrachtet man vor diesem Hintergrund die aktuelle Lehrerbildung, so sind durchaus Defizite feststellbar: In der ersten Phase dominiert die Fachkompetenz, während auf pädagogische und didaktische Kompetenz kaum eingegangen wird – auf die Vernetzung dieser Kompetenzbereiche schon gar nicht. In der zweiten Phase dominieren pädagogische und didaktische Kompetenzen, bei gleichzeitigem Ausruhen auf der universitär erworbenen Fachkompetenz – und auch hier findet kaum eine Vernetzung statt. In der dritten Phase wird es dann „autodidaktisch": Jeder ist seines Glückes eigener Schmied und Lehrerbildung geht in der grenzenlosen Freiheit auf – oder auch unter. Professionelle Lehrerbildung muss anders aussehen.

Pädagogische Expertise: Kompetenz und Haltung.

So überzeugend diese Überlegungen auch sein mögen: Die Trias aus Fachkompetenz, didaktischer Kompetenz und pädagogischer Kompetenz reicht nicht aus, um erfolgreich zu unterrichten. Vielmehr wissen wir nicht erst seit heute, dass es gerade in pädagogischen Kontexten nicht nur darauf ankommt, was wir machen, sondern auch und vor allem darauf, wie und warum wir etwas machen. Insofern ist nicht allein die Kompetenz in Form von Wissen und Können ausschlaggebend, sondern vor allen Dingen die Haltung in Form von Wollen und Werten – und letztere bestimmt, ob erstere zum Einsatz kommt. Erneut wird der Versuch unternommen, diesen Gedanken mithilfe des didaktischen Dreieckes zu veranschaulichen (vgl. Zierer 2015):

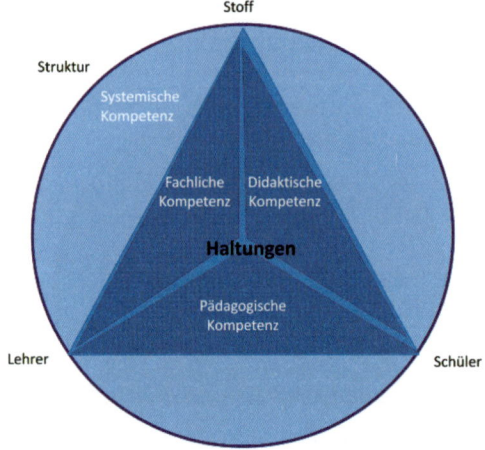

Wichtiger als das, was wir machen, ist, wie und warum wir es machen.

Am Beispiel der Inklusionsdebatte lässt sich das Gesagte veranschaulichen – man könnte auch aus anderem aktuellen Anlass die Zuwanderung als Beispiel nehmen, die bildungspolitisch eine Herausforderung für Deutschland ist: Zweifelsfrei gibt es viele Lehrpersonen, die eine hohe Fachkompetenz, didaktische Kompetenz und auch pädagogische Kompetenz besitzen und noch dazu eine professionelle Haltung mitbringen. Inklusiver Unterricht könnte also gelingen. Was aber passiert, wenn von Seiten des Staates Aufgaben an die Basis übertragen werden, ohne entsprechende Unterstützung zur Verfügung zu stellen und das was, bisher geschehen ist, wertzuschätzen? Lehrpersonen sehen sich in solchen Situationen häufig alleine gelassen und wer sich nicht verstanden fühlt, entwickelt dysfunktionale Haltungen. Lehrpersonen laufen somit Gefahr, nicht (mehr) den Willen haben, inklusiv zu unterrichten, und besitzen noch dazu Wertungen, um ihren Willen zu begründen. So werden sie ihre Kompetenzen nicht abrufen und der Unterricht wird scheitern – nicht aufgrund mangelnder Kompetenzen, sondern wegen dysfunktionaler Haltungen.

Empirisch lässt sich dieser Gedanke beispielsweise mithilfe des MET-Projekts (2010) belegen. Darin werden die Unterschiede bei den Ansichten der Lernenden zu Lehrpersonen mit hoher und mit niedriger Lernsteigerung untersucht. Das Ergebnis ist eindeutig. Expertenlehrpersonen zeichnen sich durch „7 C's" aus: Care (Fürsorge), Control (Kontrolle), Clarify (Klarheit), Challenge (Herausforderung), Captivate (Faszination), Confer (Gehör verleihen) und Consolidate (Konsolidierung) – hinzuzufügen wäre aus Forschungssicht ein weiteres C für Cooperation (Kooperation). Zwei ergänzende Erläuterungen zum Gesagten:

Erstens lässt sich zeigen, dass Expertenlehrpersonen viel mehr herausfordernde Aufgaben auf dem Niveau des Transfers und des Problemlösens (Tiefenebene) stellen, wohingegen Nicht-Experten meist auf dem Niveau der Reproduktion und Reorganisation von Wissen (Oberflächenebene) stehenbleiben (vgl. Hattie 2014, S. 33).

Zweitens konnte nachgewiesen werden, dass Expertenlehrpersonen häufiger Feedback auf den Ebenen der Aufgabe, des Prozesses und der Selbstregulation geben, und vor allem letztere aus Sicht der Lernenden die wichtigste Ebene darstellt (vgl. Hattie 2014, S. 140).

Und in beiden Fällen sind es die Haltungen der Lehrpersonen, die ein wirksames Denken und Handeln zur Folge haben. Es sind also die leidenschaftlichen und begeisterten Lehrpersonen (Hattie, 2014, S. XVI), die für gelingende Bildungsprozesse ausschlaggebend sind. Diese Leidenschaft und Begeisterung zeigt sich an folgenden zehn Haltungen:

1. Rede über Lernen, nicht über Lehren!
2. Setze die Herausforderung!
3. Betrachte Lernen als harte Arbeit!
4. Entwickle positive Beziehungen!
5. Verwende Dialog anstelle von Monolog!
6. Informiere alle über die Sprache der Bildung!
7. Sieh dich als Veränderungsagent!
8. Gib und fordere Rückmeldung!
9. Erachte Schülerleistungen als eine Rückmeldung für dich über dich!
10. Kooperiere mit anderen Lehrpersonen!

Kennzeichen dieser Haltungen ist, dass sie zwar durchaus einen normativen Charakter aufweisen, aber ebenso empirische Belege anzuführen sind, die deutlich machen, dass erfolgreiche Lehrpersonen aufgrund ihrer Haltung so handeln, wie sie handeln. Haltungen können in diesem Sinn sichtbar werden.

Expertenlehrpersonen haben also nicht nur Antworten auf die Frage, was sie tun, sondern auch auf die Fragen, wie und warum sie das, was sie tun, machen. Insofern weisen sie ein hohes Maß an Fachkompetenz, pädagogischer Kompetenz und didaktischer Kompetenz auf, das gepaart ist mit entsprechenden Haltungen im Hinblick auf das Fach, die Pädagogik und die Didaktik.

Und damit ist die Verbindung zu den Überlegungen von Simon Sinek sowie Howard Gardner, Mihály Csíkszentmihályi und William Damon offensichtlich: Entscheidend für erfolgreiches Handeln in Schule und Unterricht ist nicht nur Wissen und Können (in diesem Sinn Exzellenz und die Frage nach dem Was), sondern auch Wollen (in diesem Sinn Engagement und die Frage nach dem Wie) und Werten (in diesem Sinn Ethik und die Frage nach dem Warum). Interessant ist dabei vor allem die Feststellung, dass zwischen diesen Aspekten ein innerer Zusammenhang besteht: Können basiert auf Wissen, das erst abgerufen wird, wenn ein Wollen vorhanden ist. Und dafür gibt es immer Gründe, so dass das Wollen auf einem Werten fußt. Pädagogisches Agieren zeigt sich vor diesem Hintergrund als ein zutiefst ethisches Handeln. Kann eine Lehrperson beispielsweise auf das nötige Können, Wissen, Wollen und Werten zurückgreifen, wird sie in einer Situation entsprechend handeln. Und, sofern der Kontext günstig ist, wird sie in ihrem Tun auch erfolgreich sein. Fehlt einer der genannten Aspekte, beispielsweise das Wollen, so wird die Lehrperson aller Voraussicht nach mit ihrem Tun scheitern. Nachstehende Abbildung fasst das Gesagte zum K3W Modell (Können, Wissen, Wollen, Werten) zusammen (vgl. Zierer 2016a):

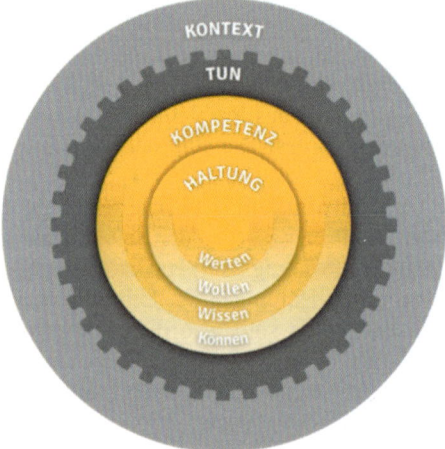

Es liegt auf der Hand, dass ein hohes Maß an Kompetenz alleine noch keine Expertise begründet, ebenso wie die besten Haltungen dafür nicht ausreichen. Stattdessen kommt es auf das Wechselspiel zwischen Kompetenz und Haltung an. Blickt man vor diesem Hintergrund auf die Biographie einer Lehrperson, so ist festzustellen, dass es vor allem die Haltung ist, die ein Leben lang zur Disposition steht: Während das Wissen und Können im Bereich Schule und Unterricht überschaubar ist, steht das Wollen und Werten tagein, tagaus auf dem Prüfstand. Und schlussendlich sind es die Haltungen, die darüber entscheiden, ob man ein Leben lang den herausfordernden Lehrerberuf erfolgreich ausübt.

Überlegen Sie beispielsweise vor dem Hintergrund des dargestellten Modells, warum erfolgreiche Personen in ihrem Feld auf einmal ein Burn-Out erleiden. Es ist definitiv nicht ein Mangel an Kompetenz, der dazu führt. Vielmehr sind es Verschiebungen in den Haltungen, die zur Folge haben, dass vormals erfolgreiche Personen keinen Sinn, keine Freude, keine Befriedigung in ihrer Arbeit mehr sehen und deshalb scheitern.

Klar ist darüber hinaus auch, dass die Förderung der Kompetenz im Vergleich zur Veränderung der Haltung eine einfache Aufgabe darstellt. Aber sollten wir deswegen davor zurückschrecken? Wenn wir pädagogische Expertise entwickeln wollen, dann bleibt uns gar

Wichtiger als das, was wir machen, ist, wie und warum wir es machen.

keine andere Wahl, als diese Herausforderung anzunehmen und ins Zentrum der Lehrerbildung zu rücken.

Erfolgreiche Lehrpersonen haben nicht nur eine Leidenschaft für das Fach, sondern auch für die Didaktik und die Pädagogik, für die Lernenden und für ihren Beruf. Und diese Leidenschaft ist nicht nur wichtig, um eine erfolgreiche Lehrperson zu werden. Sie ist auch wichtig, um ein Leben lang diesen herausfordernden Beruf auszuüben, also erfolgreiche Lehrperson zu bleiben.

1 Rede über Lernen, nicht über Lehren!

Fragebogen zur Selbstreflexion:

Schätzen Sie sich im Hinblick auf folgende Aussagen ein:
1 = stimmt gar nicht; 5 = stimmt voll und ganz.

	1	2	3	4	5
Ich bin hervorragend dazu in der Lage, ...			KÖNNEN		
... die Stärken und Schwächen meiner Schülerinnen und Schüler zu erkennen.	O	O	O	O	O
... das schulische Vorwissen meiner Schülerinnen und Schüler zu erfassen.	O	O	O	O	O
Ich weiß ganz genau, ...			WISSEN		
... dass die Vorerfahrungen meiner Schülerinnen und Schüler berücksichtigt werden müssen.	O	O	O	O	O
... welches Leistungsniveau meine Schülerinnen und Schüler aufweisen.	O	O	O	O	O
Stets ist es mein Ziel, ...			WOLLEN		
... die Stärken und Schwächen meiner Schülerinnen und Schüler zu berücksichtigen.	O	O	O	O	O
... das schulische Vorwissen meiner Schülerinnen und Schüler im Unterricht zu berücksichtigen.	O	O	O	O	O
Ich bin fest davon überzeugt, ...			WERTEN		
... dass es wichtig ist, die Stärken und Schwächen meiner Schülerinnen und Schüler zu kennen.	O	O	O	O	O
... dass ich das schulische Vorwissen meiner Schülerinnen und Schüler im Unterricht berücksichtigen sollte.	O	O	O	O	O

Vignette:

Aus dem Leben einer Erstklässlerin: Viktoria geht gerne zur Schule. Sie will Rechnen, Lesen und Schreiben lernen. Lange ist sie dafür in den Kindergarten gegangen und hat viele vorbereitende Übungen gemacht: Nachspuren, Ausmalen und Zählen. Und dann kommt der erste Schultag, den Viktoria mit großer Freude absolviert. Endlich ist sie bei den Großen! Und was muss sie die ersten Wochen machen: Nachspuren, Ausmalen und Zählen. Sie fragt die Lehrperson, warum das so ist, sie hat doch das alles schon im Kindergarten gemacht. Die Antwort, die sie erhält, überzeugt sie wenig: Weil wir alle bei Null anfangen.

Worum geht es in diesem Kapitel?

Diese Vignette soll die Kernbotschaft des vorliegenden Kapitels veranschaulichen: Lernen beginnt nicht bei Null und es lässt sich nicht „machen". Es ist ein aktiver und selbstgesteuerter Prozess, für den der Lernende verantwortlich ist – aber eben auch nicht nur: Vieles liegt in den Händen der Lehrperson. Und sie entscheidet, ob der Lernende die Verantwortung überhaupt seinen Möglichkeiten nach tragen kann. Die Kenntnis der Lernausgangslage und die Bereitschaft, diese als Ausgangspunkt für das unterrichtliche Denken und Handeln zu nehmen, sind in diesem Zusammenhang als Grundvoraussetzung für erfolgreiches Lehren und darauf aufbauend gelingendes Lernen zu nennen.

> Nachdem Sie dieses Kapitel gelesen haben, sollte Sie in der Lage sein, vor dem Hintergrund dieser Kernbotschaft zu erklären, ...
> - inwiefern die Faktoren „Erkenntnisstufen", „Vorausgehendes Leistungsniveau", „Schülerpersönlichkeit" und „Concept Mapping" bedeutsam sind.
> - welche Gründe dafür sprechen, weiterhin am Begriff „Lehrperson" festzuhalten.
> - was es mit dem Dumm-und-dümmer-Effekt auf sich hat und wie damit umzugehen ist.
> - in welchem Zusammenhang die Haltung „Rede über Lernen, nicht über Lehren!" zu den „The Invisible Gorilla" Forschungen steht.
> - welche Kernaussagen der Cognitive Load Theorie für diese Haltung bemerkenswert sind.
> - warum die Frage nach den Lernstilen wenig hilfreich ist.
> - wie sich das Selbstkonzept zeigt und welche Bedeutung es für Lernerfolg hat.

Welche Faktoren aus „Visible Learning" stützen diese Haltung?

Spätestens seit der kognitiven Wende in der Psychologie ist die Aussage, man müsse vom Lernen ausgehen und nicht vom Lehren, ein geflügeltes Wort. Was es aber damit auf sich hat, ist weniger klar. Schnell sieht man sich an einen ähnlich plakativen Satz erinnert, der im pädagogischen Kontext Geschichte geschrieben hat: Man muss die Lernenden dort abholen, wo sie stehen. Die Zustimmung zu dieser Aussage ist groß, aber auch die Ungewissheit, was daraus konkret abzuleiten ist.

Vielleicht ist es hilfreich, der Reihe nach, also historisch vorzugehen: Im letzten Jahrhundert dominierte lange Zeit der *Behaviorismus* Theorien über das Lernen und das Lehren. Sein Kerngedanke ist die Vorstellung, dass Lernen immer dann stattfindet, wenn nur die richtigen Reize gesendet werden, was folglich zur Aufgabe des Lehrens wird. Abgeleitet wurde dieser Kerngedanke aus zahlreichen Versuchen mit Tieren. Der Pawlowsche Hund dürfte in diesem Kontext einer der berühmtesten sein. So konnte Iwan P. Pawlow in einem Versuch zeigen, dass der Speichelfluss, der bei einem Hund einsetzt, wenn er beispielsweise Futter sieht, auch dann einsetzt, wenn nur eine Glocke ertönt. Vorausgegangen ist dieser Reaktion des Hundes eine längere Phase der Konditionierung, in der mit dem Zeigen des Futters auch eine Glocke ertönt – böse Zungen behaupten seitdem, dass sie dieses Phänomen auch bei Schülerinnen und Schülern beobachtet haben, nachdem der Pausengong ertönt ist. Hauptkritikpunkt am Behaviorismus ist, dass er den kognitiven Prozess, der beim Lernen stattfindet, ausblendet und diesen selbst als „black box" betrachtet. Die Gründe hierfür sind nicht zuletzt in der Begrenztheit des methodischen Zuganges zu sehen, der heute ein anderer ist, wie zur Blütezeit des Behaviorismus. Lernen wird damit zu einem passiven Prozess. Es kommt im Wesentlichen auf die richtigen Reize an, die von außen gesetzt werden. Infolgedessen muss die Lehrperson diese nur korrekt setzen, um Lernen zu ermöglichen. Dem Lernen am Modell beispielsweise kommt im Behaviorismus eine besondere Rolle zu – und wir dürfen heute nicht vergessen, wie viel wir tagein, tagaus genau auf diesem Weg lernen!

In der Folge fokussierten Forschende immer stärker auf diese „black box" und versuchten mit anderen Versuchsanordnungen zu ergründen, was in den Köpfen der Lernenden passiert – der *Kognitivismus* war geboren. Bahnbrechend in diesem Feld waren die Untersuchungen von Jean Piaget, die vor allem auf Beobachtungen von Versuchen basieren, die er mit seinen Kindern durchführte. Er stellte fest, dass Reize zu unterschiedlichen Reaktionen führen. Diese Reaktionen hängen von den kognitiven Strukturen ab, die beim Lernenden vorhanden sind: Entweder es kommt zu Assimilationsprozessen, in denen der Versuch unternommen wird, die Reize mit den bestehenden kognitiven Strukturen in Einklang zu bringen. Oder es kommt zu Akkomodationsprozessen, in denen der Versuch unternommen wird, die bestehenden Strukturen so zu verändern, dass sie in Einklang mit den Reizen sind. Lernen wird damit zu einem aktiven Prozess, in dem es in erster Linie um Informationsverarbeitung geht. Infolgedessen ist es für die Lehrperson entscheidend, Kenntnis über die bestehenden kognitiven Strukturen zu haben, um entsprechend darauf eingehen zu können.

Eine weitere Zuspitzung erfährt der Kognitivismus durch den *Konstruktivismus*, der zunächst keine unmittelbare Lehr-Lern-Theorie war, sondern erst später in diesen Kontext übertragen wurde. Es ist hier nicht der richtige Ort, den Konstruktivismus in seiner Entstehung im Detail nachzuzeichnen, so dass im Folgenden nur auf die Kernaspekte eingegangen wird, die zum Verständnis der Haltung „Rede über Lernen, nicht über Lehren!" notwendig sind: Noch stärker als der Kognitivismus versucht der Konstruktivismus einen Blick in die „black box" zu werfen und zu ergründen, was passiert, wenn Menschen lernen. Dabei zeigt sich, dass in vielen Fällen nicht vorhergesagt werden kann, wie Menschen Informationen aufnehmen und weiterverarbeiten. Ein prominentes Beispiel in diesem Kontext stammt von Paul Watzlawick. Er stellt die Frage, wer von beiden Recht hat: Der Pessimist, der sagt, das Glas sei halb leer, oder der Optimist, der sagt, das Glas sei halb voll. Es gibt also verschiedene Wirklichkeiten, obschon es – und das ist eine Einschränkung des Konstruktivismus – auch eine Wahrheit geben kann. Nichtsdestotrotz weist der Konstruktivismus darauf hin, dass Lernen ein aktiver Prozess ist, der vom Einzelnen gesteuert werden kann. Und auch hier folgt für die Lehrperson, dass sie Kenntnis über die Lernausgangslage der Lernenden haben muss, um adäquat auf deren Bedürfnisse reagieren zu können.

In der Zusammenschau zeigt sich somit, dass es verschiedene Lehr-Lern-Theorien gibt, die unterschiedliche Rollen für die Lernenden und die Lehrperson nach sich ziehen. Häufig wird im gegenwärtigen Diskurs der Eindruck erweckt, als wäre nur noch der Konstruktivismus als letzte Lehr-Lern-Theorie der historischen Abfolge richtig. Diese Zuspitzung verkennt allerdings, dass auch der Kognitivismus und selbst der Behaviorismus bedeutsame Lehr-Lern-Theorien bleiben. Allein schon an der bereits angesprochenen Tatsache, dass Menschen im Kindesalter, aber auch bis ins Erwachsenenalter hinein viel von Vorbildern lernen, wird dies ersichtlich. Letztendlich geht es darum, die verschiedenen Lehr-Lern-Theorien in ein kohärentes System zu bringen. Dass dabei die Rolle des Fehlers eine zentrale ist, wird an der unterschiedlichen Wahrnehmung ersichtlich: Während es im Behaviorismus das Ziel ist, Fehler zu vermeiden, sind Fehler im Kognitivismus und im Konstruktivismus etwas Notwendiges, ja sogar Erwünschtes: Lernen heißt Fehler machen und Fehler machen Lernen sichtbar.

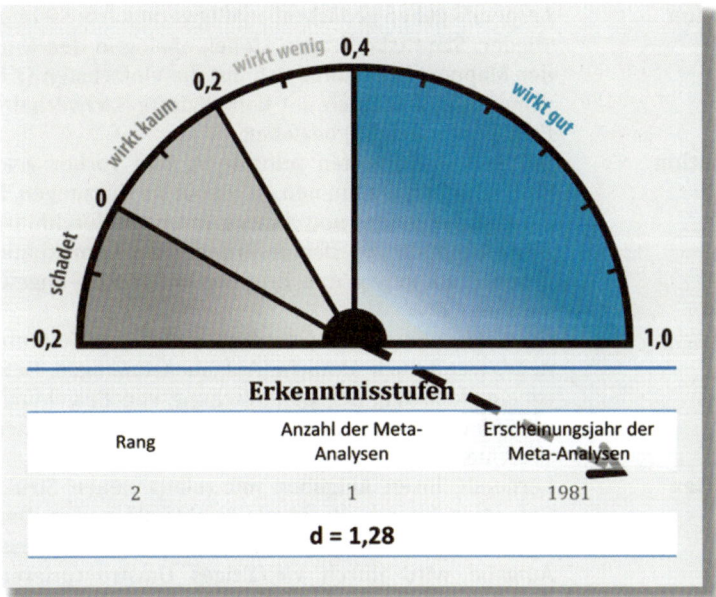

Vor dem Hintergrund dieser Entwicklungen in den Lehr-Lern-Theorien sind auch die Ergebnisse von „Visible Learning" zu sehen und zu interpretieren. Eine Reihe von Faktoren lassen erkennen, was mit der Haltung „Rede über Lernen, nicht über Lehren!" gemeint ist:

Erkenntnisstufen

Der Faktor „Erkenntnisstufen" erreicht mit d = 1,28 in „Visible Learning" die zweithöchste Effektstärke. Das Ergebnis der zugrundeliegenden Studien belegt ein altbekanntes Phänomen, nämlich den Matthäus-Effekt: Konkret konnte nachgewiesen werden, dass der Grad des Vorwissens und der Vorerfahrungen mit dem Lernerfolg zusammenhängt. Anders ausgedrückt: Je mehr Wissen und Können die Lernenden mitbringen, desto mehr können sie aus unterrichtlichen Angeboten mitnehmen. Dieses Ergebnis mag auf den ersten Blick trivial und für Lehrpersonen bedeutungslos erscheinen, weil man etwas ohnmächtig davorsteht. Allerdings zeigen die Studien auch, dass dem nicht so ist. Vielmehr machen sie darauf aufmerksam, dass der Lernerfolg in entscheidendem Maß davon abhängt, ob es der Lehrperson gelingt, den Unterricht an das Vorwissen und die Vorerfahrungen der Schülerinnen und Schüler anzupassen. Je besser dies der Fall ist, desto erfolgreicher gelingen Lernprozesse. Nehmen Sie beispielsweise die Unterscheidung des Deutschen Bildungsrates (1970), der das Leistungsniveau unterteilt in die Ebenen der Reproduktion, der Reorganisation, des Transfers und des Problemlösens.

Angesichts dieser Unterteilung macht es beispielsweise keinen Sinn, einen Lernenden, der sich auf der Ebene der Reorganisation befindet, mit Aufgaben auf der Ebene des Problemlösens zu überfordern, ebenso wie es keinen Sinn macht, einen Lernenden, der sich auf der Ebene des Transfers befindet, mit Aufgaben auf der Ebene der Reproduktion zu unterfordern. Lehrpersonen sind folglich aufgefordert, das Lernen als Ausgangspunkt für das Lehren zu nehmen.

Reproduktion	Lernende geben gedächtnismäßig verankerte Sachverhalte wieder. Sämtliche Fragen stehen analog in den Heften oder Mappen. Dies kann sich auf die einfachsten (z.B. Einzelheiten), aber auch auf komplizierte Sachverhalte (z.B. Erklärungsmodelle) beziehen.
Reorganisation	Lernende verarbeiten selbständig den vorher gelernten Stoff oder ordnen ihn neu an, wobei sie Kürzungen, Ergänzungen, Vergleiche und Akzentuierungen durchführen. Da Abweichungen von der ursprünglichen Lernsituation gegeben sind, muss das Erlernte verständig angewendet werden.
Transfer	Lernende übertragen Grundprinzipien des Gelernten auf neue, wenn auch ähnliche Aufgabenstellungen. Gefordert ist ein Nachweis der Beherrschung von Beziehungsgefügen, wodurch die Lösung strukturähnlicher bis strukturverschiedener Aufgaben möglich ist.
Problemlösen	Lernende lösen Aufgaben mit relativ neuen Strukturen. Gefordert ist ein Nachweis problemlösenden Denkens, entdeckender Denkverfahren und kreativer Prozesse. Die Aufgabe wird durch vielfältiges Umstrukturieren und durch Einbringen eigener Überlegungen gelöst.

Vorausgehendes Leistungsniveau

In eine ähnliche Richtung weist der Faktor „Vorausgehendes Leistungsniveau". Auch für diesen wird in „Visible Learning" eine hohe Effektstärke von 0,65 ermittelt. In entsprechenden Studien wurde beispielsweise untersucht, wie aussagekräftig die bisherigen schulischen Erfolge auf zukünftige sind. Es dürfte im Allgemeinen wenig überraschen, dass die Prognosen, die aus dem vorausgehenden Leistungsniveau erstellt werden, einen hohen Erfüllungswert haben. Besonders bekannt geworden ist in diesem Kontext das Marshmallow-Experiment, das federführend von Walter Mischel in den 1970er Jahren durchgeführt wurde. In diesem wurden Kindergartenkinder vor die Aufgabe gestellt, in einem Raum 15 Minuten lang auf eine begehrenswerte Belohnung, beispielsweise zwei Marshmallows, zu warten oder die Wartezeit zu jedem beliebigen Zeitpunkt zu beenden, indem sie eine Belohnung von geringerem Wert, beispielsweise nur einem Marshmallow, akzeptierten (vgl. Mischel 2014 und dazu Hattie & Yates 2015, S. 234f.). Nur die wenigsten Kindergartenkinder waren dazu in der Lage – und die, die warten konnten, zeigten in Längsschnittstudien, dass sie auch im weiteren Bildungs- und Berufsweg erfolgreicher waren. Der Schluss der heute noch häufig daraus gezogen wird, ist, dass manche Menschen von Geburt an erfolgreicher sind und vieles, was Erfolg ausmacht, schon im Kleinkindalter festgelegt ist. Diese Interpretation ist falsch und verkennt den Kerngedanken des Marshmallow-Experiments und auch den der Haltung „Rede über Lernen, nicht über Lehren!". Zunächst führten die geschilderten Ergebnisse dazu, dass die bis dahin weitverbreitete Annahme, das Aufschieben von Belohnungen zugunsten einer höheren Belohnung führe zum Erfolg, nicht zutrifft. Stattdessen zeigten die Ergebnisse, dass es etwas anderes ist, was für den Aufschub sorgte: Bei manchen Kindergartenkindern konnte beobachtet werden, wie sie nach der Aufgabenstellung begannen, ihre Aufmerksamkeit zu lenken – ob bewusst oder unbewusst. So gelang es ihnen, im Marshmallow keine Belohnung in Form einer begehrenswerten

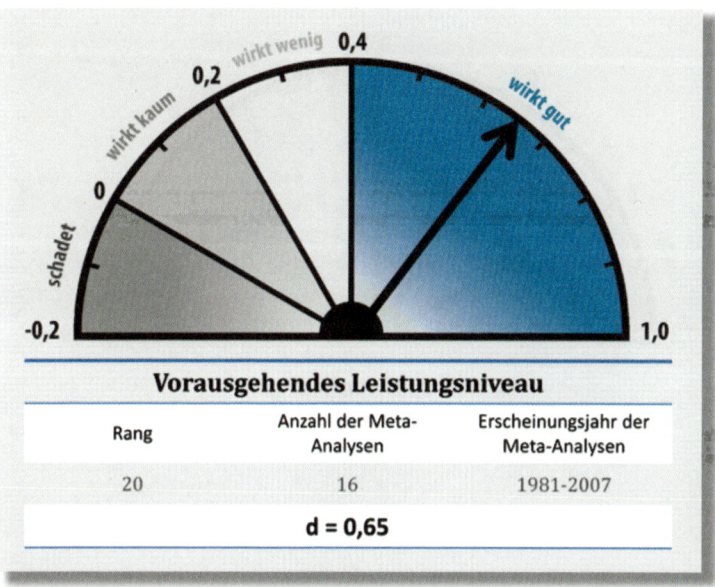

Süßigkeit zu sehen, sondern womöglich ein Flugzeug, ein Auto oder ein Schiff, mit dem sie spielen. Die Zeit verstrich daraufhin wie im Flug und die 15 Minuten wurden durch Spielen überbrückt. Und damit ist der Kerngedanke der Haltung „Rede über Lernen, nicht über Lehren!" angesprochen: Menschen unterscheiden sich nicht nur im Hinblick auf ihr Wissen und Können, sondern auch im Hinblick auf ihr Wollen und Werten, ihre Wünsche, Interessen und Bedürfnisse und eben auch im Hinblick auf ihre Fähigkeit der Aufmerksamkeitslenkung. Daraus ergibt sich eben nicht die Schlussfolgerung, wonach jemand, der günstige Anlagen hat, immer der Erfolgreiche ist, sondern die Aufgabe, dass Lehrpersonen entsprechende Hilfestellung geben, um Herausforderungen im Leben meistern zu können. Im Marshmallow-Experiment konnte das einfach nachgewiesen werden: Allein der Hinweis an die Kindergartenkinder, das Marshmallow als Flugzeug, Auto oder Schiff zu sehen und damit zu spielen, half vielen, die Wartezeit deutlich zu verlängern. Das vorausgehende Leistungsniveau der Lernenden ist ohne Zweifel einflussreich, aber sicher kein Dogma – obschon es eins werden kann, wenn die Lehrperson die falschen Schlüsse daraus zieht: Hinnehmen, nein. Zur Kenntnis nehmen, ja.

Schülerpersönlichkeit

Obschon der Faktor „Schülerpersönlichkeit" lediglich eine Effektstärke von 0,18 in „Visible Learning" erreicht, er ist dennoch von Bedeutung für sichtbares Lernen und erfolgreiches Lehren. Studien in diesem Kontext versuchen herauszufinden, welche Persönlichkeitsmerkmale besonders einflussreich auf schulischen Lernerfolg sind und welche nicht. Grundlage dafür ist in der Regel das Fünf-Faktoren-Modell, bekannt geworden als „Big Five". Es besteht aus nachstehenden Eigenschaften, in die sich jeder Mensch einordnen lässt:

- **Neurotizismus** als die Eigenschaft, mit negativen Emotionen umzugehen
- **Extraversion** als die Eigenschaft, zwischenmenschliche Interaktionen einzugehen
- **Offenheit** als die Eigenschaft, neue Erfahrungen und Erlebnisse zu suchen

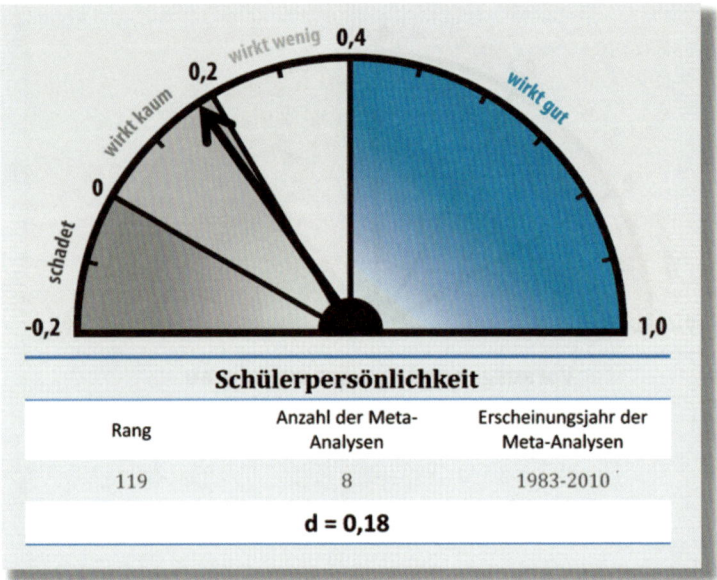

- **Gewissenhaftigkeit** als die Eigenschaft, kontrolliert, zielstrebig und genau zu agieren
- **Verträglichkeit** als die Eigenschaft, hilfsbereit und empathisch zu sein

Obwohl die Big Five in vielen Kontexten eine Vorhersagekraft haben können, zeigen sie sich im Hinblick auf den Lernerfolg weniger bedeutsam – mit einer wichtigen Ausnahme: Gewissenhaftigkeit. Sie scheint einer der Schlüsseleigenschaften von Lernenden auf dem Weg zum schulischen Erfolg zu sein. Vor diesem Hintergrund ist es eine der zentralen Aufgaben aufseiten der Lehrperson, die Lernenden im Hinblick auf ihre Arbeitsweise im Allgemeinen und ihre Gewissenhaftigkeit im Besonderen zu betrachten, um Lernen zu ermöglichen.

Concept Mapping

Verfahren, die Lernenden und ihre Lernausgangslage in den Prozess der Unterrichtsplanung einzubeziehen, gibt es viele. Die Effektstärken sind durchgängig hoch. Exemplarisch sei an dieser Stelle der Faktor „Concept Mapping" erläutert, für den in „Visible Learning" eine Effektstärke von 0,60 angegeben wird. Im Kern geht es bei dieser Methode darum, den Kenntnisstand der Schülerinnen und Schüler bezüglich eines Wissensgebietes zusammenzufassen und zu strukturieren. Damit erhält die Lehrperson Informationen, was bisher geklappt hat und wie der weitere Lernprozess gestaltet und unterstützt werden kann. Im Fall des „Concept Mapping" ist angesichts der Ergebnisse der Meta-Analysen darauf hinzuweisen, dass es am einflussreichsten ist, nach einer ersten Phase der inhaltlichen Auseinandersetzung mit einem Thema. Der didaktische Ort befindet sich also nahe an der Sicherung des Oberflächenverständnisses und zum Übergang in das Tiefenverständnis. Infolgedessen zeigt sich, dass die Erhebung des Vorwissens und der Vorerfahrungen nicht nur ein Verfahren ist, das zu Beginn einer neuen Unterrichtssequenz wichtig ist, sondern fortwährend und stetig zu verfolgen ist. „Rede über Lernen, nicht über Lehren!" wird somit zu einer Haltung, die über den kompletten Lernprozess, letztendlich vom Novizen bis hin zum Experten, bedeutsam ist.

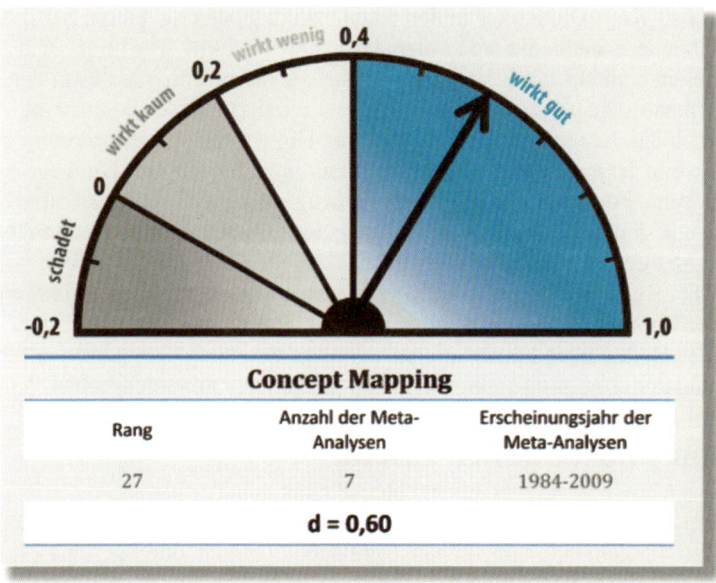

Concept Mapping		
Rang	Anzahl der Meta-Analysen	Erscheinungsjahr der Meta-Analysen
27	7	1984-2009
d = 0,60		

Lernbegleiter, Lerncoach oder Lernberater? Nein: Lehrer!

Rückblickend ist es wenig überraschend, dass angesichts des angesprochenen Paradigmenwechsels, eingeleitet durch den Konstruktivismus, viele Pädagoginnen und Pädagogen Feuer und Flamme waren. Dieser Wandel in der Wahrnehmung des Lernens und der damit verbundenen Veränderung der eigenen Rolle als Lehrperson im Unterricht, war für viele der Anstoß, nach neuen Wörtern zu suchen, um den Paradigmenwechsel in Worte zu fassen: Lernbegleiter, Lerncoach und viele andere Vorschläge mehr kursieren seitdem. Wohlwissend um die Macht von Worten, die im Einzelfall größer sein kann als ein Schwert, möchten wir in diesem Kontext dennoch die kritische Frage stellen, ob ein neues Wort die Macht hat, etwas grundlegend zu verändern. Dabei ist uns der Unterschied zwischen Wort und Begriff wichtig. Denn das Wort steht nur für den Begriff und der Begriff markiert das damit verbundene Verständnis. Neue Wörter ziehen es nach sich, dass nicht mehr über das Verständnis diskutiert wird, weil sie suggerieren, dass mit dem neuen Wort das alte Verständnis zurückgelassen wird. Das ist aber nur selten der Fall. Jedem neuen Wort müsste eine intensive Auseinandersetzung mit den bisherigen Wörtern und dem zugrundeliegenden Begriff vorausgehen und erst nach kritisch-konstruktivem Abwägen entschieden werden, ob sich ein neues Wort wirklich lohnt, mehr Klarheit bringt oder doch nur nebulös wirkt. Wolfgang Brezinka (1990) hat die Anfälligkeit der Pädagoginnen und Pädagogen für neue Wörter und Metaphern untersucht und stellt das damit verbundene „Begriffswirrwarr" infrage, kritisiert es und ergreift ein Plädoyer für Klarheit und Beständigkeit in diesem Kontext.

Diesem Plädoyer möchten wir im vorliegenden Buch folgen: Wir sind Lehrpersonen. Als solche ist es unser Ziel, dass Lernen gelingt, dass Lernen von den Schülerinnen und Schülern soweit wie möglich selbst in die Hand genommen wird, dass Lernen von den Schülerinnen und Schülern selbstreguliert wird, dass Lernen nicht „machbar" ist, dass Lernen auf differenzierte Angebote angewiesen ist, dass Lernen abhängig ist von den Voraussetzungen aufseiten der Lernenden und diese als Ausgangspunkt für den Unterricht zu sehen sind usw. usf. Kein Didaktiker in den letzten dreißig, vierzig Jahren hat daran wirklich gezweifelt, schon gar nicht die Väter der deutschen Didaktik-Tradition, wie sie in ihren Planungsmodellen sichtbar wird. Vielmehr weisen sie darauf hin, dass es in der Verantwortung der Lehrperson liegt, ob all das Gesagte umgesetzt werden kann. Und dafür ist es notwendig, auch zu lehren: einzugreifen, wenn Über- oder Unterforderung zutage tritt, einzugreifen, wenn Irrwege nicht erkannt werden, einzugreifen, um Umwege aufzuzeigen, einzugreifen, wenn Potenzial verspielt wird, einzugreifen, um Fehler sichtbar zu machen, einzugreifen, um der Selbstwahrnehmung eine Fremdwahrnehmung gegenüberzustellen, einzugreifen, um Feedback zu geben, usw. usf.

Die Haltung „Rede über Lernen, nicht über Lehren!" darf vor diesem Hintergrund nicht verstanden werden als Selbst-Aufgabe des Lehrens. Stattdessen betont sie, dass dem Reden über Lehren das Reden über Lernen immer vorausgehen muss. Das damit verbundene Verständnis vermag der Dumm-und-dümmer-Effekt empirisch zu verdeutlichen:

Der Dumm-und-dümmer-Effekt.

David Dunning und Justin Kruger, nach denen der Dumm-und-dümmer-Effekt auch Dunning-Kruger-Effekt genannt wird, haben folgenden Versuch durchgeführt (vgl. Hattie & Yates 2015, S. 224f.): Sie haben eine Gruppe von Studierenden gebeten, nach dem Verlassen des Prüfungsraumes ihre erbrachte Leistung einzuschätzen. Dabei zeigte sich, dass sich die leistungsschwächeren Studierenden um bis zu 20 Prozent überschätzten, wohingegen sich die leistungsstärkeren Studierenden um bis zu 5 Prozent unterschätzten. Auf den Punkt gebracht lässt sich folgern: Inkompetente Menschen können ihre Inkompetenz nicht einschätzen. Oder im Sokratischen Sinn aus der Sicht der kompetenten Menschen formuliert: Ich weiß, dass ich nichts weiß.

Für schulische Kontexte ist daraus der Schluss zu ziehen, dass Lernende nur bedingt dazu in der Lage sind, sich und ihre Leistungsfähigkeit treffsicher einzuschätzen. Die Lehrperson muss folglich, wann immer diese Einschätzung von den Lernenden erwartet wird, im Hintergrund bleiben und gegebenenfalls eingreifen. Zu denken ist in diesem Zusammenhang beispielsweise an offene Lernumgebungen, die mit vielen verschiedenen Stationen auf unterschiedlichen Leistungsniveaus gestaltet sind. Für gewöhnlich ergeht nach Erklärung der Stationen die Aufgabe an die Lernenden, sich jene Aufgaben herauszusuchen, von denen sie glauben, dass diese die richtigen für sie sind. Der Dumm-und-dümmer-Effekt macht allerdings darauf aufmerksam, dass dieses Vorgehen nicht ohne Schwierigkeiten funktionieren wird. Denn leistungsschwächere Schülerinnen und Schüler werden häufig zu schwierige Aufgaben auswählen, wohingegen leistungsstärkere Schülerinnen und Schüler nicht davor gefeit sind, zu leichte Aufgaben zu machen. Es obliegt folglich auch in einer offenen Lernumgebung in besonderer Weise der Kompetenz und Haltung der Lehrperson, ob Lernen gelingt oder nicht.

Die Studie vom „unsichtbaren Gorilla".

Eine ähnliche Variante der Überforderung legen die Forschungen von Christopher Chabris und Daniel Simons offen. Sie unternahmen folgendes Experiment, das Sie beispielsweise auf http://www.theinvisiblegorilla.com/ oder auf YouTube in mehreren Varianten finden (vgl. Hattie & Yates 2015, S. 271f.):

Studierenden wird ein Video vorgespielt, in dem zwei Gruppen von Spielern, gekleidet in schwarzen und weißen T-Shirts, sich gegenseitig Bälle zuspielen. Die Aufgabe für Studierende ist, die Pässe der weiß gekleideten Mannschaft zu zählen. Nach ein paar Sekunden taucht am rechten Bildrand ein Mensch verkleidet als Gorilla auf, der über das Spielfeld geht, in der Mitte kurz stehen bleibt und nach links wieder aus dem Bild verschwindet.

Überraschenderweise sehen nur gut 40 Prozent der Probanden den Gorilla, für den Rest bleibt er unsichtbar. Die Erklärung für dieses Phänomen liegt in der Aufmerksamkeit, die aufgrund der Aufgabe, die Pässe zu zählen, ein gewisses Belastungslevel erreicht hat und eine entsprechende Fokussierung erfährt, die zur Ausblendung vieler anderer Aspekte führt.

Für Schule und Unterricht folgt daraus, die Lernausgangslage der Schülerinnen und Schüler im Blick zu behalten und zu prüfen, ob die didaktische Gestaltung von Lernprozessen zu einer unnötigen Belastung führt. Also auch hier: Das Lernen in den Mittelpunkt zu rücken und davon ausgehend zu lehren.

Die Cognitive Load Theorie und ihre Folgen für den Unterricht.

Was passiert, wenn Lernende sich zu schwierige Aufgaben aussuchen oder die Gestaltung der Lernumgebung nicht passend ist? Was passiert also, wenn die Belastung auf Seiten der Lernenden zu groß ist? Mit diesen Fragen beschäftigt sich die Cognitive Load Theorie, die von Paul Chandler und John Sweller begründet wurde (vgl. Kiel et al. 2014, S. 86f.). Sie gehen dem Kognitivismus folgend davon aus, dass Lernprozesse neue Schemata generieren, die mit bestehenden Schemata verknüpft werden. Dies ist stets mit kognitiven Belastungen des Arbeitsgedächtnisses verbunden, die sich auf drei Aspekte verteilen lassen:

Erstens auf eine intrinsische Belastung, die auf den Schwierigkeitsgrad der Aufgaben und das Leistungsniveau zurückzuführen ist. Hier gilt: Je größer die Herausforderung ist, desto größer ist die intrinsische Belastung. Insofern sind die Vorerfahrung und das Vorwissen der Lernenden von großer Bedeutung.

Zweitens auf eine extrinsische Belastung, die durch die Darstellung und Gestaltung der Lernumgebung im Allgemeinen und des Lernmaterials im Besonderen bedingt ist. Ist beispielsweise ein Lernmaterial mit unnötigen Informationen gespickt, von Unübersichtlichkeit geprägt und mit einer Flut an Querverweisen übersät, so steigt die kognitive Belastung in diesem Bereich.

Drittens auf eine lernbezogene Belastung, die durch das Bemühen entsteht, das Lernmaterial zu verstehen und sich dadurch Wissen anzueignen. Der Zusammenhang zu den beiden zuerst genannten Belastungen liegt auf der Hand: Je größer die intrinsische und extrinsische Belastung ist, desto größer ist die lernbezogene Belastung.

Angesichts der angestellten Überlegungen muss es das Ziel von Unterricht sein, eine extrinsische Belastung möglichst gering zu halten, um eine passende Belastung in die Generierung von Schemata und somit die Wissensaneignung zu investieren.

Die Gründe für eine kognitive Überlastung können folglich unterschiedlich sein und sie speist sich im Wesentlichen aus zwei Quellen: Erstens kann sie das Ergebnis einer Überforderung sein, die beispielsweise aus einer falschen Selbsteinschätzung der Lernenden resultiert, auf die im Rahmen des Dumm-und-dümmer-Effekts bereits hingewiesen wurde. Die intrinsische Belastung ist in diesem Fall ein zu korrigierendes Problem. Zweitens kann sie das Ergebnis einer Überforderung sein, die aus einer übertriebenen Didaktisierung resultiert, in der beispielsweise Arbeitsblätter so überladen sind, dass Lernziel und Lerninhalt überdeckt und in den Hintergrund gedrängt werden. Rechenbäume, Rechenräder, Rechendreiecke, Rechenkreise und vieles andere mehr übersäen beispielsweise den Mathematikunterricht in der Grundschule. Sie zeugen durchaus von einer fachdidaktischen Kreativität, der es aber an einer adressatenbezogenen Passung mangelt, weil sie eine unnötige Belastung nach sich ziehen und damit nicht besser sind als die klassischen Aufgaben. Die extrinsische Belastung ist in diesem Fall ein zu korrigierendes Problem und der unsichtbare Gorilla ist ein populäres Beispiel in diesem Zusammenhang.

Lernstile: Ein Mythos der empirischen Bildungsforschung.

Es ist eines der häufigsten Zitate, die wir als Hochschullehrende in studentischen Arbeiten gelesen haben – erstaunlicherweise findet man es auch in der einen oder anderen Fachliteratur: Lernende behalten 10 Prozent von dem, was sie lesen, 20 Prozent von dem, was sie hören, 30 Prozent von dem, was sie sehen, 50 Prozent von dem, was sie sehen und hören, 70 Prozent von dem, was sie selbst vortragen, und 90 Prozent von dem, was sie selbst ausführen. Das klingt alles plausibel, entbehrt aber jeder empirischen Absicherung: Es gibt keine Studie, die diesen Nachweis liefert. Und bei genauerer Betrachtung wird es diese Studie mit dieser Aussagekraft auch nicht geben können. Denn allein der naheliegende Gedanke, dass es doch auch entscheidend ist, was Lernende lesen, was sie hören, was sie sehen, was sie sehen und hören, was sie vortragen und was sie ausführen, müsste nachdenklich stimmen.

Und dennoch: In der empirischen Bildungsforschung hat sich eine längere Forschungstradition etabliert, die zum Ziel hat(te), diese oder ähnliche Prozentangaben herauszufinden – die Verlockung scheint rückblickend zu groß gewesen zu sein, damit Lernen revolutionieren oder vielleicht aber nur jede Menge Geld verdienen zu können.

In „Visible Learning" findet sich dementsprechend der Faktor „Passung von Lernmethoden und Lernstilen" mit einer hohen Effektstärke von 0,41. Die Lektüre dazu offenbart aber bereits die Bedenken, die gegenüber der einen oder anderen Studie auftreten, mit der Folge, dass in „Visible Learning for Teachers" eine Korrektur der Daten vorgenommen wurde und drei Meta-Analysen aus der Auswertung ausgeschlossen wurden. Die nun ermittelte Effektstärke ist deutlich geringer und beträgt nur noch 0,17. Wieso diese Skepsis und welche Argumente lassen sich gegen den Glauben an Lernstilen vortragen?

Allen voran ist ein Grund für den Ausschluss einzelner Meta-Analysen im Zweifel an ihrer Dignität zu sehen, beispielsweise hervorgerufen durch unglaubwürdige Effektstärken, kleine Stichproben und statistische Fehler. Des Weiteren ist anzuführen, dass auch die entgegengesetzte These, wonach Lernenden genau jener Lernstil anzubieten ist, den sie nicht beherrschen, ähnliche Effekte hervorrufen. Und schließlich ist der Zweifel nicht von der Hand zu weisen, wonach ein bestimmter Lernstil nur schwer zu messen sei und die angebliche Trefferquote nicht viel besser sei, als wenn man raten würde.

Wenn man dieser doch langen Forschungstradition eine Kernbotschaft abringen kann, dann dürfte es die folgende sein: Lernen ist umso effektiver, je mehr Freude es bereitet. Und Freude entsteht nicht in erster Linie, wenn bestimmte Bedingungen gegeben sind, sondern wenn die Lernsituation das Vorwissen und die Vorerfahrungen aufgreift, an bestehende Denkweisen anknüpft und damit Herausforderungen setzt.

Das Selbstkonzept: Ein Schlüssel zum erfolgreichen Lernen.

Ein Kapitel über die Haltung „Rede über Lernen, nicht über Lehren!" kann nicht geschrieben werden, ohne einen der wirkmächtigsten Faktoren erfolgreichen Lernens zu beleuchten: Das Selbstkonzept. An ihm lässt sich verdeutlichen, was es bedeutet, das Vorwissen und die Vorerfahrungen der Lernenden als Ausgangspunkt für das Lehren zu nehmen.

In „Visible Learning" wird für diesen Faktor eine Effektstärke von 0,47 angegeben. Was ist unter Selbstkonzept zu verstehen? Zur Beantwortung dieser Frage wird häufig das Seil-Modell angeführt (vgl. Hattie 1992):

Die Seil-Metapher soll betonen, dass es keinen einzelnen Faden gibt, der dem Selbstkonzept zugrunde liegt, sondern dass es viele einander überlappende Selbstkonzepte gibt und dass die Stärke des Seils nicht in einer Faser liegt, die sich über die gesamte Länge hindurchzieht, sondern in der Verflechtung vieler Fasern. Diese vielen Fasern beziehen sich auf die Prozesse des Selbstkonzepts, wie zum Beispiel Selbstwirksamkeit und Motivation, auf die im Folgenden zur Verdeutlichung näher eingegangen wird.

Zunächst zur Selbstwirksamkeit: Es gibt Lernende, die ihren Lernerfolg mehr dem Glück zuschreiben, das sie womöglich hatten, und ihren Misserfolg als Scheitern ihrer Persönlichkeit interpretieren, was sich negativ auf das Selbstvertrauen auswirkt. Und es gibt Lernende, die ihren Lernerfolg mehr dem Einsatz zuschreiben, den sie aufbrachten, und ihren Misserfolg damit zu erklären versuchen, beim nächsten Mal mehr Einsatz aufbringen zu müssen. Während die erste Gruppe von Lernenden eine geringe Selbstwirksamkeitsüberzeugung hat, zeichnet sich die zweite Gruppe von Lernenden durch eine hohe Selbstwirksamkeitsüberzeugung aus. Längerfristig betrachtet sind Lernende mit einer hohen Selbstwirksamkeitsüberzeugung erfolgreicher als Lernende mit einer geringen Selbstwirksamkeitsüberzeugung. Denn sie suchen die Herausforderung, scheuen schwierige Aufgaben nicht, bringen Einsatz und zeigen Lerneifer. Und vielleicht noch wichtiger: Sie sehen Fehler als Chance!

In ähnlicher Weise werden Unterschiede im Hinblick auf die Motivation bedeutsam: So gibt es Lernende, die lernen, weil sie eine Belohnung erhalten (sachfremde / extrinsische Motivation). Und es gibt Lernende, die lernen, weil sie an der Sache interessiert sind (sachbezogene / intrinsische Motivation). Der Unterschied in der Motivation macht sich nicht in der Leistungsbereitschaft deutlich – was viele vermuten, aber aus eigener Erfahrung wissen. Sondern er zeigt sich vielmehr in der Nachhaltigkeit des Lernzuwachses einerseits und der Verständnistiefe des Gelernten andererseits. In beiden Fällen ist eine sachbezogene Motivation einer sachfremden Motivation überlegen.

Lehrpersonen müssen demzufolge wissen, wie Schülerinnen und Schüler Informationen über ihr Selbst verarbeiten. So können sie das Vertrauen der Lernenden in die Bewältigung herausfordernder Aufgaben, die Ausdauer angesichts von Fehlern und Versagen, Offenheit und Bereitschaft bei der Interaktion mit Peers und den Stolz bei der Investierung von Energie in Handlungen, die zu erfolgreichen Lernleistungen führen, entwickeln und verbessern. Infolgedessen ist es wichtig, vor der Steigerung der Lernleistung nicht nur das Vorwissen und die Vorerfahrungen zu erheben, sondern auch eine intensive Analyse des Selbstkonzeptes vorzunehmen.

Womit kann ich anfangen?

Es zählt sicherlich zu einer der größten Herausforderungen des Schulalltages, als Lehrperson immer und immer wieder die Lernausgangslage der Lernenden in den Blick zu nehmen: sie ist schwierig und kostet Zeit, häufig bringt sie nicht mal neue Erkenntnisse. Und dennoch ist sie wichtig, um das Lehren am Lernen orientieren zu können.

Vor dem Hintergrund der angestellten Überlegungen erscheinen eine Reihe von Fragen wichtig, andere wiederum unwichtig. So lohnt es sich angesichts mangelnder Evidenz nicht, die Lernstile zu erheben. Demgegenüber erscheint ein detaillierter Blick auf das Leistungsniveau im Unterrichtsfach unabdingbar: Befindet sich der Lernende auf dem Niveau der Reproduktion, der Reorganisation, des Transfers oder des Problemlösens?

Ebenso weisen die Forschungen zum Selbstkonzept darauf hin, Motivation und Selbstwirksamkeitsüberzeugung zu analysieren. Und schließlich legen die Studien zur Schülerpersönlichkeit nahe, den Grad der Gewissenhaftigkeit der Lernenden zu erfassen.

Damit ist eine Auswahl getroffen, die als Einstieg in die Haltung „Rede über Lernen, nicht über Lehren!" gesehen werden kann. Sie basiert auf Evidenz, möchte aber nicht den Anspruch auf Vollständigkeit erheben. Die folgende Tabelle versteht sich folglich als Anregung, wie das Gesagte umgesetzt werden kann:

Name	Leistungsniveau				Motivation sachfremd			Motivation sachbezogen			Selbstwirksamkeit			Gewissenhaftigkeit		
	Reproduktion	*Reorganisation*	*Transfer*	*Problemlösen*	1	2	3	1	2	3	1	2	3	1	2	3
1. Anna		x			x				x			x				x
2. Karl			x		x					x	x				x	
3. Martina				x						x			x			x
4. Stefan	x		x		x			x				x			x	
...																

Erläuterung der Tabelle am Beispiel der Lernausgangslage von Anna: Anna befindet sich auf dem Leistungsniveau der Reorganisation und weist eine geringe sachfremde Motivation sowie eine mittlere sachbezogene Motivation auf. Im Hinblick auf Ihre Selbstwirksamkeit lässt sich ebenfalls eine mittlere Ausprägung feststellen, wohingegen sie sich sehr gewissenhaft in der Ausübung ihrer schulischen Aufgaben zeigt.

Ein weiterer Schritt zur Haltung „Rede über Lernen, nicht über Lehren!" ist darin zu sehen, die weiter oben angesprochenen Verfahren zur Erhebung des Vorwissens und der Vorerfahrungen in den Unterricht zu integrieren. Halten Sie sich dabei ein Ergebnis der empirischen Bildungsforschung vor Augen: Lernende wissen bereits 50 Prozent dessen, was ihnen im Unterricht zum Lernen angeboten wird! Ohne einem Utilitarismus Tür und Tor zu öffnen, aber doch mit dem Anspruch, für das schulische Lernen Verantwortung zu übernehmen: Wir müssen mit dieser Verschwendung der Lernzeit brechen! Ein Test zu Beginn einer Unterrichtssequenz, ein Mind Mapping am Anfang einer Stunde und ein Concept Mapping nach den ersten Lernphasen sind praktikable Verfahren, um das Vorwissen und die Vorerfahrungen der Lernenden in den Blick nehmen zu können. Hier ein Beispiel einer Concept Mapping:

Rede über Lernen, nicht über Lehren!

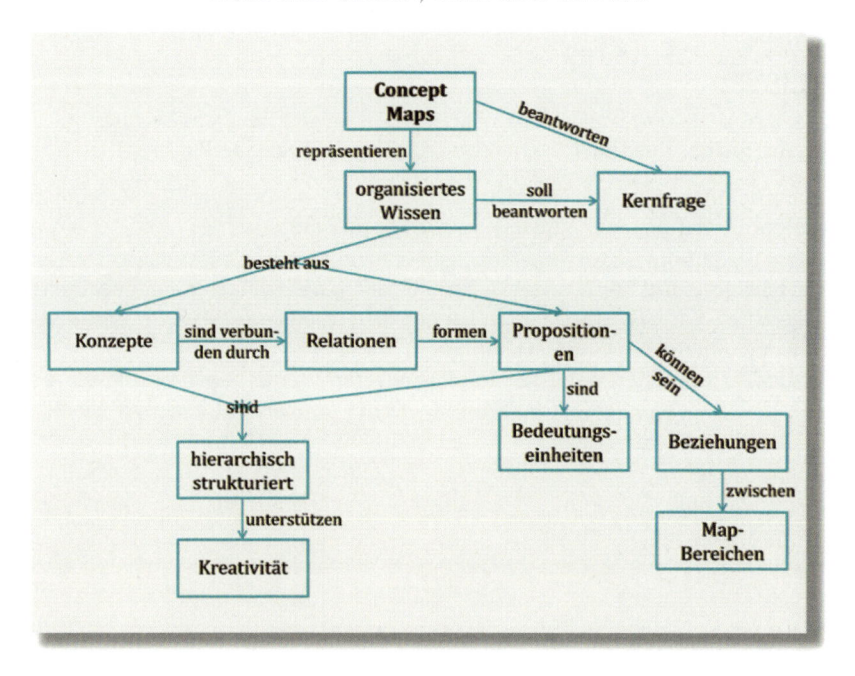

```
                    ┌─────────┐
                    │ Concept │  beantworten
                    │  Maps   │─────────────┐
                    └─────────┘             │
                   repräsentieren           ▼
                         │         ┌──────────────┐  soll      ┌───────────┐
                         └────────▶│ organisiertes│ beantworten│ Kernfrage │
                                   │    Wissen    │───────────▶│           │
                                   └──────────────┘            └───────────┘
                        besteht aus │
          ┌─────────────────────────┼──────────────────────┐
          ▼                         ▼                      ▼
      ┌──────────┐ sind verbun- ┌──────────┐  formen  ┌──────────────┐
      │ Konzepte │ den durch    │Relationen│─────────▶│ Proposition- │  können
      │          │─────────────▶│          │          │     en       │  sein
      └──────────┘              └──────────┘          └──────────────┘───────┐
           │ sind                                            │ sind          │
           ▼                                                 ▼               ▼
    ┌──────────────┐                                  ┌─────────────┐  ┌────────────┐
    │ hierarchisch │                                  │ Bedeutungs- │  │ Beziehungen│
    │ strukturiert │                                  │  einheiten  │  │            │
    └──────────────┘                                  └─────────────┘  └────────────┘
           │ unterstützen                                                     │ zwischen
           ▼                                                                  ▼
    ┌──────────────┐                                                   ┌────────────┐
    │  Kreativität │                                                   │    Map-    │
    │              │                                                   │  Bereichen │
    └──────────────┘                                                   └────────────┘
```

CHECKLISTE:

Reflektieren Sie bei Ihrer nächsten Unterrichtsplanung folgende Punkte:

- ✓ Berücksichtigen Sie die unterschiedlichen Leistungsniveaus der Reproduktion, der Reorganisation, des Transfers und des Problemlösens!
- ✓ Achten Sie auf die Selbstwirksamkeitsüberzeugungen Ihrer Lernenden!
- ✓ Versuchen Sie, die Motivation der Schülerinnen und Schüler wahrzunehmen!
- ✓ Verschaffen Sie sich einen Überblick auf die Arbeitsweise Ihrer Lernenden, insbesondere über deren Gewissenhaftigkeit!
- ✓ Versuchen Sie, eine kognitive Überlastung durch einen unstrukturierten Unterricht in Form von vagen Arbeitsaufträgen und unübersichtlichen Arbeitsblättern und Tafelbildern zu vermeiden!
- ✓ Achten Sie in allen Unterrichtsphasen, besonders aber in denen der Selbstständigkeit und Selbsttätigkeit, auf mögliche Formen der Über- und Unterforderung und greifen Sie behutsam ein!

ÜBUNG:

1. Gehen Sie zurück zum Fragenbogen zur Selbstreflexion am Anfang des Kapitels und füllen Sie diesen mit einer anderen Farbe aus. Wo hat sich Ihre Sicht der Dinge verändert und vor allem warum? Diskutieren Sie Ihre Einschätzungen mit einer Kollegin oder einem Kollegen.
2. Analysieren Sie die Lernausgangslage Ihrer Lernenden im Hinblick auf Leistungsniveau, Selbstwirksamkeitsüberzeugung, Motivation und Gewissenhaftigkeit. Diskutieren Sie Ihre Analyse mit einer Kollegin oder einem Kollegen, der Ihre Klasse ebenfalls kennt.
3. Planen Sie Ihre nächste Unterrichtsstunde unter Rückgriff der Analyse der Lernausgangslage und bauen Sie ein Concept Mapping ein. Diskutieren Sie Ihre Planung und Umsetzung mit einer Kollegin oder einem Kollegen.

2 Setze die Herausforderung!

FRAGEBOGEN ZUR SELBSTREFLEXION:

Schätzen Sie sich im Hinblick auf folgende Aussagen ein:
1 = stimmt gar nicht; 5 = stimmt voll und ganz.

	1	2	3	4	5
Ich bin hervorragend dazu in der Lage, ...		**KÖNNEN**			
... herausfordernde Aufgaben auf der Grundlage von Lernständen zu entwickeln.	O	O	O	O	O
... herausfordernde Lernziele auf der Grundlage von Lernständen zu setzen.	O	O	O	O	O
Ich weiß ganz genau, ...		**WISSEN**			
... dass die Aufgaben im Unterricht herausfordernd sein sollen.	O	O	O	O	O
... das die Lernanforderungen für die Schülerinnen und Schüler herausfordernd sein sollen.	O	O	O	O	O
Stets ist es mein Ziel, ...		**WOLLEN**			
... meinen Unterricht so zu gestalten, dass er herausfordernde Ziele auf der Grundlage des Lernstandes beinhaltet.	O	O	O	O	O
... Aufgaben so zu gestalten, dass sie die Schülerinnen und Schüler herausfordern.	O	O	O	O	O
Ich bin fest davon überzeugt, ...		**WERTEN**			
... dass es wichtig ist, dafür zu sorgen, das Schülerinnen und Schüler sich anstrengen müssen.	O	O	O	O	O
... dass herausfordernde Lernziele nur auf der Grundlage des Lernstands formuliert werden können.	O	O	O	O	O

VIGNETTE:

Jede Lehrperson hat schon einmal die leuchtenden Augen eines Lernenden gesehen, wenn Lernen nicht nur sachlich, sondern auch emotional sichtbar wird: Der Lernende nimmt die Herausforderung an und stellt sich einer für ihn schwierigen Aufgabe. Das Gefühl, das er hat, ist spürbar: „Das wird eng. Das schaffe ich vielleicht nicht. Die Gefahr, dass ich scheitere, ist groß. Aber ich versuche es!" Wie groß ist die Freude, die einmal mehr spürbar ist, wenn der Einsatz und die Anstrengung des Lernenden von Erfolg gekrönt werden? Das sind die Momente, für die es sich zu lehren lohnt – vergleichbar mit dem Applaus, den ein Bühnenschauspieler erhält.

Worum geht es in diesem Kapitel?

Diese Vignette soll die Kernbotschaft des vorliegenden Kapitels veranschaulichen: Lernen braucht Herausforderung. Dabei ist es die zentrale Aufgabe von Lehrpersonen, für diese zu sorgen und gleichzeitig Über- und Unterforderung zu vermeiden.

> Nachdem Sie dieses Kapitel gelesen haben, sollten Sie in der Lage sein, vor dem Hintergrund dieser Kernbotschaft zu erklären, …
> - inwiefern die Faktoren „Klarheit der Lehrperson", „Ziele" und „Akzeleration" bedeutsam sind.
> - wie ein Flow-Erlebnis herbeigeführt werden kann.
> - welche Möglichkeiten der Lernzieltaxonomie es gibt und wie diese effektiv eingesetzt werden können.
> - was unter dem „Goldilock Principle" zu verstehen ist und welche Bedeutung es für Schule und Unterricht hat.

Welche Faktoren aus „Visible Learning" stützen diese Haltung?

Es scheint nahezu selbstverständlich zu sein, dass im Unterricht Ziele verfolgt werden – dabei lässt sich ohne Weiteres darüber nachdenken, ob diese dann als Lernziele oder als Lehrziele zu bezeichnen sind. Weit wichtiger aber als diese Begrifflichkeiten und die scheinbare Selbstverständlichkeit ist das empirische Ergebnis, dass Lehrpersonen sich bei ihrer Planung nur selten Gedanken über die Ziele machen (vgl. Wernke & Zierer 2015). Häufig können sie nicht einmal nach der Unterrichtsstunde Ziele benennen – und die Lernenden ebenfalls nicht: Sie verlassen das Klassenzimmer genauso, wie sie es einige Minuten zuvor betreten haben.

Unternehmen Sie selbst den Versuch und befragen Sie Ihre Lernenden nach dem Unterricht, was das Ziel der Stunde war – wählen Sie dabei eine Stunde, die auf Sie den Anschein macht, erfolgreich gewesen zu sein, und eine, von der Sie glauben, dass sie nicht ans Ziel führte. Sie werden den Unterschied vermutlich auch bei den Lernenden schnell erkennen.

Wer keine klaren Vorstellungen davon hat, in welche Richtung sich das Lernen der Schülerinnen und Schüler bewegen soll, kann keine Hilfestellung geben und überlässt es mehr oder weniger dem Zufall, ob Lernen stattfindet oder nicht. In „Visible Learning" findet sich eine Reihe von Faktoren, die auf diesen Punkt hinweisen:

Klarheit der Lehrperson

Der Faktor „Klarheit der Lehrperson" ist einer jener Faktoren, der in keiner Zusammenstellung von Qualitätsstandards für Unterricht fehlt: Ob bei Andreas Helmke (2014) oder bei Hilbert Meyer (2013), ob bei Jere Brophy (1999) oder im MET-Projekt (2010), überall findet sich der Hinweis, dass einer der Garanten für erfolgreichen Unterricht in der Klarheit der Lehrperson zu sehen ist. Und ohne Zweifel steht er in einem Zusammenhang zur Haltung „Setze die Herausforderung!". Die Effektstärke von 0,75, wie sie in „Visible Learning" errechnet wird, überrascht somit wenig. Woran lässt sich die Klarheit der Lehrperson erkennen? Folgt man der deutschen Didaktik-Tradition bei der Beantwortung dieser Frage,

Setze die Herausforderung!

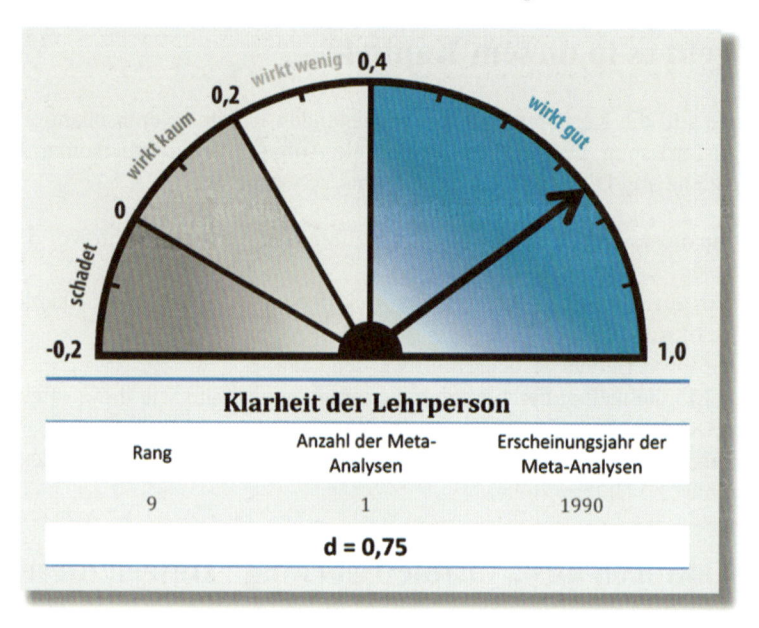

Klarheit der Lehrperson

Rang	Anzahl der Meta-Analysen	Erscheinungsjahr der Meta-Analysen
9	1	1990

d = 0,75

so zeigt sie sich darin, dass Lehrpersonen alle Planungsschritte im Hinblick auf Ziele, Inhalte, Methoden und Medien benennen, begründen und beispielhaft darlegen können. Daraus resultiert letztendlich die Möglichkeit, Lernaufgaben so zu stellen, dass sie Lernende als Herausforderung wahrnehmen.

Ziele

In „Visible Learning" erreicht der Faktor „Ziele" eine Effektstärke von 0,50. Er steht in unmittelbarer Beziehung zu einer Reihe von anderen Faktoren, die bereits angesprochen

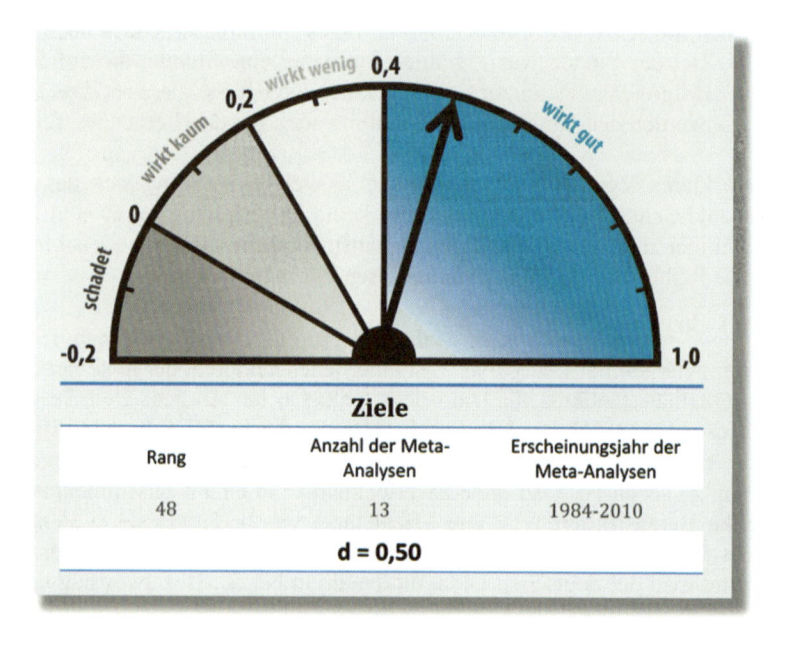

Ziele

Rang	Anzahl der Meta-Analysen	Erscheinungsjahr der Meta-Analysen
48	13	1984-2010

d = 0,50

worden sind. Allen voran ist der Faktor „Erkenntnisstufen" zu nennen, der im Rahmen der Haltung „Rede über Lernen, nicht über Lehren!" erläutert wurde. Dort wurde darauf aufmerksam gemacht, dass Lernprozesse umso erfolgreicher sind, je besser es gelingt, das Vorwissen und die Vorerfahrungen der Lernenden aufzugreifen und als Grundlage für den Unterricht zu nehmen. Insofern sind Ziele auf unterschiedlichen Niveaus zu definieren, worauf weiter unten noch näher eingegangen wird. Wichtig in diesem Zusammenhang ist außerdem, dass mit diesen Zielen nicht die Ziele gemeint sind, die in Lehrplänen zu finden sind. Diese sind nämlich viel zu weit weg von den Lernenden und der konkreten Unterrichtssituation als dass sie all das, was von guten Zielen erwartet werden muss, erfüllen können. Vor allem die Überlegungen von Robert F. Mager geben Hinweise, was unter guten Zielen zu verstehen ist. Dieser definiert folgende drei Kriterien (vgl. Kiel et al. 2014, S. 66):

1. Es müssen beobachtbare Verhaltensweisen der Lernenden beschrieben werden, die diese nach Ablauf des Unterrichts beherrschen sollen (z. B. aufschreiben, berechnen, ablesen).
2. Es müssen die Bedingungen genannt werden, unter denen das Verhalten der Lernenden kontrolliert werden soll (z. B. die zugestandene Bearbeitungszeit, die erlaubten oder verbotenen Hilfsmittel, die zugelassene Zusammenarbeit mit anderen Lernenden).
3. Es muss ein Bewertungsmaßstab angegeben werden, nach dem entschieden werden kann, ob und in welchem Ausmaß die Lernenden das Ziel erreicht haben (z. B. die Angabe, wie viel Aufgaben aus der Gesamtmenge richtig gelöst sein müssen).

Damit wird auch deutlich, warum die in pädagogischen Kontexten so häufig zu findende Botschaft „Gib dein Bestes!" für den Lernprozess wenig hilfreich ist. Sie ist viel zu vage, viel zu ungenau und viel zu beliebig, um eine detaillierte und eindringliche Analyse zuzulassen. Wenn beispielsweise ein Läufer sich vornimmt, bei seiner 10-Kilometer-Strecke das Beste zu geben, wie soll er seinen Lauf dann bewerten? Besser wird es sein, wenn er sich eine konkrete Zeit als Ziel setzt und versucht, diese zu erreichen – beispielsweise die zehn Kilometer in weniger als 60 Minuten zu laufen. Infolgedessen zeigt sich auch bei diesem Faktor: Es geht um die Herausforderung, die Schülerinnen und Schüler brauchen, um erfolgreich zu lernen. Und damit ist einer der entscheidenden Punkte von erfolgreichen Zielen angesprochen: Es reicht nicht aus, wenn Lehrpersonen sich Klarheit über die Ziele des Unterrichts verschafft haben. So wichtig diese ist, sie ist nur der erste Schritt. Der zweite Schritt liegt darin, dass diese Klarheit auch auf Seiten der Lernenden besteht und in diesem Sinn sowohl ein Einvernehmen über das weitere Vorgehen erzielt wird als auch die Erfolgskriterien für das Lernen sichtbar gemacht werden.

Überspringen einer Klasse (Akzeleration)

Das Überspringen einer Klasse ist eine Maßnahme, die auf derselben Annahme basiert wie die Nicht-Versetzung: Dem Lernenden durch eine strukturelle Anpassung des Lerntempos zu helfen. Im Hinblick auf ihre Effekte und ihre Häufigkeit könnten beide Faktoren aber nicht unterschiedlicher sein: Während die Nicht-Versetzung im Vergleich häufig eingesetzt wird, kommt es nur in Ausnahmefällen zum Überspringen einer Klasse. Während die Nicht-Versetzung negative Effekte nach sich zieht, führt das Überspringen einer Klasse zu positiven Effekten. In „Visible Learning" erreicht die Nicht-Versetzung eine Effektstärke von -0,13 und das Überspringen einer Klasse (Akzeleration) eine Effektstärke von 0,68. Warum zeigt sich das Überspringen einer Klasse so erfolgreich? Was geschieht hier, was

Setze die Herausforderung!

Überspringen einer Klasse (Akzeleration)

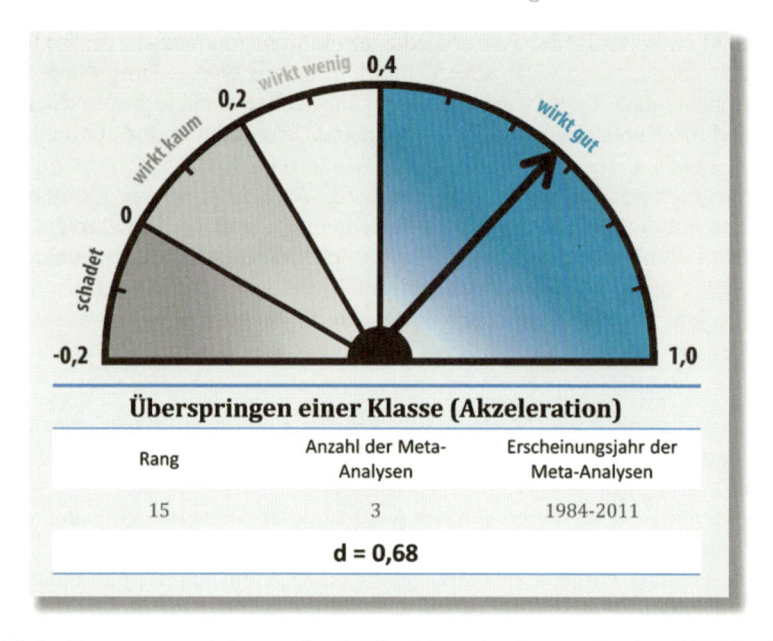

Rang	Anzahl der Meta-Analysen	Erscheinungsjahr der Meta-Analysen
15	3	1984-2011

d = 0,68

bei der Nicht-Versetzung nicht passiert? Die Meta-Analysen, die in „Visible Learning" ausgewertet werden, weisen darauf hin, dass es nicht die strukturelle Maßnahme ist, sondern vor allem das, was in den daran anschließenden Interaktionen passiert: Lernende bleiben nach der Nicht-Versetzung in der Regel nur sitzen – und zwar im wörtlichen Sinn, weil sie häufig im selben Klassenzimmer auf die neuen Klassenkameradinnen und -kameraden warten. Nur selten wird intensiv an den Problemen gearbeitet und das Scheitern im Lernprozess als Chance wahrgenommen. Nur selten folgen intensive Gespräche mit allen Beteiligten und ein detaillierter und differenzierter Förderplan. Auf diesem Weg lernen Sitzenbleiber meist nichts Neues, sondern langweilen sich und machen die Fehler, die sie bereits gemacht haben, erneut. Anders zeigen sich die Interaktionen nach dem Überspringen einer Klasse: Der Lernende erhält Lernaufgaben, die seinem Leistungsniveau eher entsprechen als die bisherigen – und das allein durch das Überspringen einer Klasse und ohne dass die Lehrperson gezielt darauf eingehen muss. Es kommt folglich zu einer Passung und damit zu einer Herausforderung im Unterricht, die vor dem Überspringen einer Klasse nicht in diesem Maß gegeben war.

Die Faktoren „Klarheit der Lehrperson", „Ziele" und „Akzeleration" weisen infolgedessen daraufhin, dass erfolgreiches Unterrichten stets zu Herausforderungen bei den Lernenden führt. Grundlegend hierfür sind auf Seiten der Lernenden Klarheit über die zu erreichenden Ziele, ein daraus folgendes Einvernehmen über den zu beschreitenden Weg und eine Vorstellung, woran Lernerfolg sichtbar wird. Verfahren, die all das Gesagte ermöglichen, setzen die Herausforderung.

Der Flow und seine Bedeutung für das Lernen.

Aus all den vielen Studien, die sich mit der Bedeutung der Herausforderung für das Lernen befassen, ragt aus unserer Sicht eine heraus. Die Rede ist von den Forschungen zum „Flow" – ein Begriff aus dem Englischen, der auf Mihály Csíkszentmihályi (2010) zurückgeht. Dieser konnte nachweisen, dass Menschen vor allem dann ein tiefes und nachhaltiges

Glücksgefühl erleben und geradezu in einen Zustand des vollständigen Aufgehens in einer Tätigkeit kommen, was er als Flow bezeichnet, wenn es zu einer Passung zwischen den eigenen Fähigkeiten und den nötigen Anforderungen kommt. Häufig wird der Zusammenhang in einer ähnlichen Abbildung, wie der folgenden, darzustellen versucht:

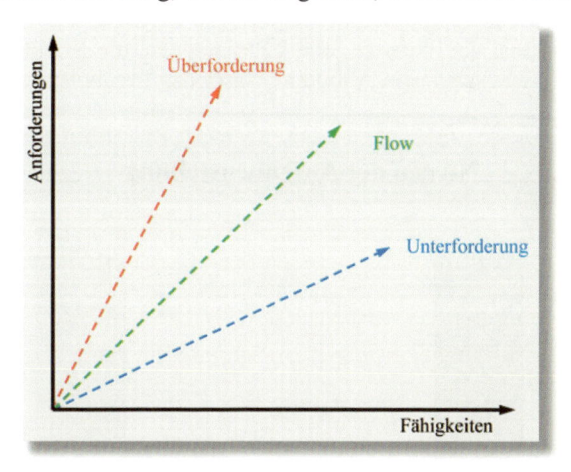

Je größer dabei die Fähigkeiten und die Anforderungen sind, desto stärker kann der Flow werden. Insofern ist es gerade die Herausforderung, die den Flow auslösen kann, und jede Form der Über- oder Unterforderung kann den Flow verhindern – Mihály Csíkszentmihályi nennt beispielsweise Angst und Langeweile als Zustände der Über- bzw. Unterforderung, die negativ wirken können. Dass die Faktoren „Zielklarheit", „Erkenntnisstufen" und „Motivation" wichtig sind, um einen Flow herbeiführen zu können, liegt auf der Hand, weil ihre Berücksichtigung die Grundvoraussetzung für eine mögliche Passung zwischen Fähigkeiten und Anforderungen darstellt. Infolgedessen zeigt sich in diesem Zusammenhang erneut die Wechselwirkungen der einzelnen Faktoren, aber auch die der Haltungen, wie sie im vorliegenden Buch besprochen werden.

Lernzieltaxonomien: Ein wichtiger Schritt zu sichtbaren Lernen und erfolgreichem Lehren.

Es ist eine naheliegende Frage: Was machen Lehrpersonen konkret anders, die von der Haltung „Setze die Herausforderung!" getragen werden? Forschungen im Zusammenhang mit Lernzieltaxonomien konnten den Nachweis erbringen, dass es beobachtbare Unterschiede im Lehrerverhalten gibt.

Ausgangspunkt für diese Forschungen sind Lernzieltaxonomien, wie sie beispielsweise John Biggs und Kevin Collis (1982) entwickelt und als SOLO-Modell („Structure of observed learning outcomes") veröffentlicht haben. In diesem Modell gibt es fünf Ebenen, die von Inkompetenz bis Expertentum reichen:

- prästrukturelle Ebene: kein Wissen
- uni-strukturelle Ebene: Wissen zu einem relevanten Aspekt
- multi-strukturelle Ebene: Wissen zu mehreren, unverknüpften Aspekten
- relationale Ebene: Wissen zu mehreren, verknüpften Aspekten
- erweitert abstrakte Ebene: auf neuen Sachverhalt übertragenes Wissen

Während die zweite und dritte Ebenen das Oberflächenverständnis betreffen, beziehen sich die vierte und fünfte Ebenen auf das Tiefenverständnis. In Unterrichtsbeobachtungen wurde entsprechend dieser Kategorisierung untersucht, wie sich das Niveau der Aufgabenstellung bei erfahrenen Lehrpersonen im Vergleich zu Experten-Lehrpersonen unterscheidet – dabei wurden als erfahren jene Lehrpersonen bezeichnet, die Effektstärken unterhalb von 0,4 auf die Lernenden hatten, und als Experten jene Lehrpersonen, die Effektstärken über 0,4 auf die Lernenden hatten. Nachstehende Abbildung fasst das Ergebnis zusammen (vgl. Hattie 2014, S. 33):

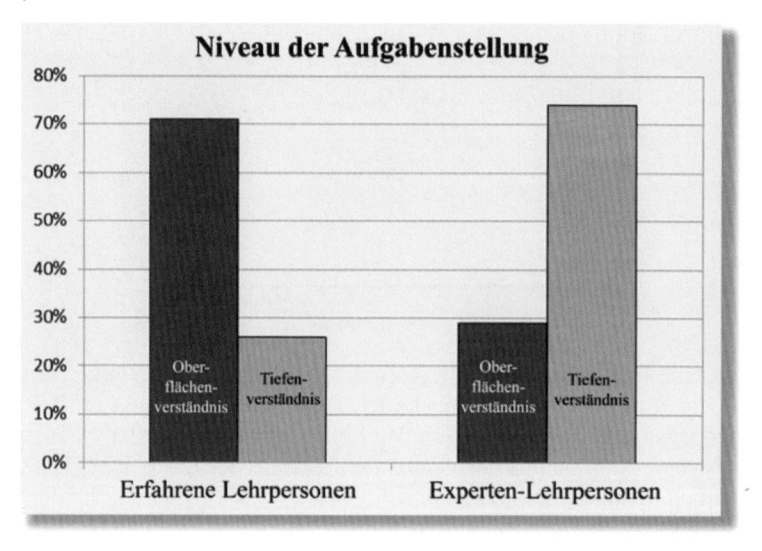

Niveau der Aufgabenstellung

(Balkendiagramm: Erfahrene Lehrpersonen – Oberflächenverständnis ca. 71%, Tiefenverständnis ca. 25%; Experten-Lehrpersonen – Oberflächenverständnis ca. 29%, Tiefenverständnis ca. 74%)

Während also erfahrende Lehrpersonen den Großteil ihrer Aufgaben im Bereich des Oberflächenverständnisses stellen, dringen Experten-Lehrpersonen hauptsächlich in den Bereich des Tiefenverständnisses vor. Entscheidend hier: Wie kommt dieser Unterschied zustande? Nicht allein dadurch, was eine naheliegende Vermutung wäre, dass Experten-Lehrpersonen ständig vermehrt Aufgaben im Bereich des Tiefenverständnis stellen. Das würde jeden Lernenden überfordern und verkennen, das Oberflächenverständnis die Grundlage für Tiefenverständnis ist. Vielmehr resultiert der Unterschied daraus, dass erfahrene Lehrpersonen zu lange im Bereich des Oberflächenverständnisses verharren und so den Moment verkennen, in dem es an der Zeit wäre, in den Bereich des Tiefenverständnisses vorzudringen und dementsprechend die Messlatte höherzulegen, eine Herausforderung im Lernprozess zu erzeugen.

Es gibt in diesem Zusammenhang das ernüchternde Ergebnis einer Studie, dass Lernende bereits 50 Prozent dessen, was sie in Schule und Unterricht lernen sollen, schon wissen (vgl. Hattie 2013, S. 153). Dieses Ergebnis ist die Folge einer Haltung der Lehrperson, die eben nicht darauf bedacht ist, so oft es geht, eine Herausforderung zu setzen, sondern vielleicht lieber das bewährte Schema F abzuspulen.

Eine kleine Anekdote am Rande: Viktoria lernte als Erstklässlerin in der ersten Woche die Zahl 1, in der zweiten Woche die Zahl 2, in der dritten Woche die Zahl 3 usw. usf. Nach einer Woche fragte sie, warum sie nur Sachen lernen muss, die sie schon im Kindergarten gelernt hat. Und noch schlimmer war: Das stundenlange Ausmalen, das daran geknüpft war – das mochte sie im Kindergarten, aber nicht mehr in der Schule ...

Auch für Lernzieltaxonomien gilt, dass sie keine Selbstläufer sind und es durchaus bessere und schlechtere gibt. Konsens besteht jedoch dahingehend, dass es für die Planung des

Unterrichts immer besser ist, eine Lernzieltaxonomie im Kopf zu haben, als gar keine (vgl. Hattie 2013 und 2014). Insofern dürfte die Entscheidung letztendlich bei der Lehrperson liegen, mit welcher Lernzieltaxonomie am besten gearbeitet werden kann.

Da im Rahmen der Haltung „Rede über Lernen, nicht über Lehren!" bereits die Lernzieltaxonomie des Deutschen Bildungsrates (1970) eingeführt wurde, soll diese abschließend zum SOLO-Modell in Beziehung gesetzt werden. Ebenso wird das Modell „Depth of Knowledge" (DOK) von Norman L. Webb (1997) angeführt, weil es insbesondere in den USA weit verbreitet ist. Es umfasst ebenfalls vier DOK-Level. Insofern ist auffallend: Die Gemeinsamkeiten der verschiedenen Lernzieltaxonomien sind größer als die Unterschiede:

	SOLO-Modell	Lernzieltaxonomie des Deutschen Bildungsrates	DOK-Level
Oberflächen-verständnis	uni-strukturell	Reproduktion	Recall & Reproduction
	multi-strukturell	Reorganisation	Skills & Concepts
Tiefen-verständnis	relational	Transfer	Strategic Thinking & Reasoning
	erweitert abstrakt	Problemlösen	Extended Thinking

Das „Goldilock Principle".

Vor dem Hintergrund der bisher angestellten Überlegungen ist ein Zusammenhang hervorzuheben, der in der Literatur als „Goldilock Principle" bezeichnet wird und auf die Kindergeschichte „The Three Bears" zurückgeht: Ein Mädchen namens Goldilock kommt in ein Haus, in dem drei Bären wohnen. Jeder der drei Bären hat seine Vorlieben im Hinblick auf Essen, Wohnen und Schlafen. Nachdem das Mädchen bei allen drei Bären sowohl das Essen als auch einen Stuhl und das Bett testet, kommt es zu dem Schluss: Bei dem einen Bären ist das Essen zu heiß, der Stuhl zu groß und das Bett zu hart. Bei dem anderen Bären ist das Essen zu kalt, der Stuhl zu klein und das Bett zu weich. Nur bei einem Bären passt alles: „Just right."

Der Kerngedanke der Kindergeschichte ist, dass es zwischen Extremen immer eine Mitte gibt, die zu bestimmten Voraussetzungen am besten passt. In verschiedenen Wissenschaftsfeldern konnte dieser Effekt nachgewiesen und beispielsweise in der Medizin und in den Kommunikationswissenschaften aufgezeigt werden, dass ein Medikament über- oder unterdosiert sein kann und in Unternehmen zu viel oder zu wenig Gesprächsanlässe vorhanden sind. Letztendlich ist es in vielen Zusammenhängen die goldene Mitte beziehungsweise das rechte Maß, das darüber entscheidet, ob Erfolg möglich wird – ein Gedanke, der bereits bei Aristoteles zu finden ist.

Überträgt man dieses Prinzip auf Schule und Unterricht, so zeigt sich eine zentrale Einsicht, auf die bereits im Rahmen des Kapitels „Rede über Lernen, nicht über Lehren!" hingewiesen wurde und die für die Haltung „Setze die Herausforderung!" entscheidend ist: Es ist für den Lernerfolg wenig hilfreich, einem Lernenden, der auf dem Niveau der Reproduktion sich befindet, mit Aufgaben auf dem Niveau des Transfers zu überfordern. Ebenso erscheint es wenig sinnvoll, einen Lernenden, der auf dem Niveau des Problemlösens steht, mit Aufgaben auf dem Niveau der Reorganisation zu unterfordern. Vielmehr kommt es darauf an, eine Passung zwischen Anforderungsniveau einerseits und Leistungsniveau andererseits herbeizuführen. Gelingt dies der Lehrperson, ist die Herausforderung gesetzt und die Voraussetzungen sind gegeben, um einen größtmöglichen Lernerfolg zu erzielen. Es liegt auf der Hand, dass sowohl Kompetenz als auch Haltung von Lehrpersonen entscheidend sind, um das „Goldilock Principle" umzusetzen. Vor allem das Bemühen, jedem Lernenden gerecht zu werden, und die Fähigkeit, differenzierte Ziele zu formulieren und zu kommunizieren, sind in diesem Zusammenhang zu nennen.

Womit kann ich anfangen?

Angesichts der angestellten Überlegungen lassen sich als Einstieg in die Arbeit mit der Haltung „Setze die Herausforderung!" folgende zwei Bereiche nennen:

Erstens lohnt es sich, die Aufgaben, die man im Unterricht stellt, kritisch zu hinterfragen – am besten mit einer Kollegin oder einem Kollegen. Dabei sollte geprüft werden, auf welchen Niveaus sich diese befinden. Im Fall einer Einseitigkeit oder Vorliebe für ein bestimmtes Niveau ist man gefordert, für eine Stunde bewusst Fragen auf unterschiedlichen Niveaus vorzubereiten mit dem Ziel, mindestens eine für den Bereich der Reproduktion, der Reorganisation, des Transfers und des Problemlösens zu haben. Nachstehend ein Beispiel aus dem Sachunterricht. In diesem wurde die Bestimmung von Laubbäumen mithilfe ihrer Blätter und Früchte durchgenommen, woraus sich folgende Aufgaben ergeben können:

Reproduktion:

Wie heißen diese Früchte? Zu welchem Baum gehören sie?

Frucht _____ _____ _____

Baum _____ _____ _____

Reorganisation:

Wie heißt dieser Baum?

    a) Meine Nadeln haben auf der Unterseite zwei weiße Streifen. _____

    b) Meine Nadeln wachsen immer zu zweit. _____

    c) Meine Blätter sind dreieckig und gesägt. _____

    d) Meine Blätter sind spitz und gelappt. _____

Transfer:

Welche Bedeutung hat der Wald?

_____
_____

Problemlösen:

In Frau Müllers Gemüsebeet wächst eine Birke, obwohl der Baum von niemandem eingepflanzt wurde. Erkläre sinnvoll und genau!

_____
_____

Zweitens lohnt es sich, die Zielformulierungen einer kritischen Reflexion zu unterziehen. Dazu zunächst eine einfache Gegenüberstellung zweier Beispiele, die Sie am besten mit einer Kollegin oder einem Kollegen auf Brauchbarkeit hin besprechen. Wenn Sie selbst eine Zielformulierung haben und besprechen wollen – noch besser:

Beispiel 1:

Lernende sollen für einen Geschäftsbrief die Anrede schreiben können.

Beispiel 2:

Lernende sollen von zehn vorgegebenen Geschäftsbriefen mindestens acht mit einer korrekten Anrede versehen.

Ziehen Sie zur weiteren Reflexion die oben besprochenen Kriterien von Robert F. Mager heran, wonach bei einer effektiven Zielformulierung das beobachtbare Verhalten, die Bedingungen und der Bewertungsmaßstab zu nennen sind. Welche Schlüsse lassen sich ziehen? Wie lassen sich die Beispiele optimieren? Und wie lassen sie sich im Hinblick auf Reproduktion, Reorganisation, Transfer und Problemlösen weiterdenken?

Wichtig dabei ist, dass es das perfekt formulierte Lernziel sicherlich nicht gibt und auch nicht geben wird. Aber es gibt ohne Frage schlecht formulierte und gut formulierte. Und Letztere müssen das Ziel von Lehrpersonen sein, sofern sie für ihre Lernenden eine Herausforderung setzen wollen.

Aufgabenniveau und Zielformulierung – beide Bereiche zusammen ergeben die Grundlage für das, was in „Visible Learning" die 1+ Strategie genannt wird: Der Lernausgangslage des Lernenden so zu begegnen, dass man die Messlatte immer ein Stückchen höher legt und ihn dadurch immer wieder an seine Leistungsgrenzen bringt. Anschaulich kann dieser Gedanken an Computerspielen gemacht werden, beispielsweise an „Angry Birds", die genau das tun: Kaum hat man ein Level gelöst, geht es an das nächste und die Herausforderung steigt etwas an. Man kann von diesem Vergleich halten was man will, aber die Kernbotschaft ist auch für Lehrpersonen wichtig: Wenn wir wollen, dass Lernende Fortschritte erzielen, dann müssen wir erstens ihre Lernausgangslage berücksichtigen und zweitens unser Angebot darauf ausrichten – und zwar so, dass Lernende die gestellten Aufgaben gerade noch erreichen können.

Auch hier zeigt sich ganz deutlich: Wer an seine Grenzen geht, wird Fehler machen – und daraus lernen! Wir brauchen also eine Lernkultur, in der es nicht darum geht, keine Fehler zu machen oder sie bestmöglich zu vermeiden. Stattdessen brauchen wir eine Lernkultur, in der Fehler erwünscht sind, ja sogar Fehler provoziert, weil diese entscheidend für den Lernerfolg sind.

CHECKLISTE:

Reflektieren Sie bei Ihrer nächsten Unterrichtsplanung folgende Punkte:

- ✓ Sorgen Sie für Zielklarheit, indem Sie sich selbst klar werden über Ihre Ziele!
- ✓ Stellen Sie ein Einvernehmen mit den Lernenden im Hinblick auf die Ziele her!
- ✓ Machen Sie deutlich, worin der Lernerfolg besteht und wie er sichtbar wird!
- ✓ Nehmen Sie Ihre Analyse der Lernausgangslage zur Hand! Im Rahmen der Haltung „Rede über Lernen, nicht über Lehren!" sind hierzu erste Schritte genannt.
- ✓ Berücksichtigen Sie die analysierte Lernausgangslage und formulieren Sie darauf aufbauend Ziele auf verschiedenen Niveaus!
- ✓ Achten Sie darauf, dass Aufgaben im Unterricht verschiedene Niveaus repräsentieren!
- ✓ Nutzen Sie eine Lernzieltaxonomie!
- ✓ Sorgen Sie durch differenzierte Zielvorgaben dafür, dass es zu einer Passung zwischen Anforderungsniveau einerseits und Leistungsniveau andererseits kommt!
- ✓ Bauen Sie in den Unterricht eine Phase ein, um Ihre Einschätzung im Hinblick auf das Niveau der Ziele und Aufgaben mit der Einschätzung Ihrer Schülerinnen und Schüler abzugleichen!
- ✓ Denken Sie bei der Formulierung der Ziele daran, dass diese erstens das beobachtbare Verhalten beschreiben, zweitens die entsprechenden Bedingungen benennen und drittens einen Bewertungsmaßstab enthalten!
- ✓ Überprüfen Sie Ihre Ziele im Hinblick auf Klarheit und Passung!

ÜBUNG:

1. Gehen Sie zurück zum Fragenbogen zur Selbstreflexion am Anfang des Kapitels und füllen Sie diesen mit einer anderen Farbe aus. Wo hat sich Ihre Sicht der Dinge verändert und vor allem warum? Diskutieren Sie Ihre Einschätzungen mit einer Kollegin oder einem Kollegen.
2. Formulieren Sie für Ihre nächste Unterrichtsstunde Ziele auf dem Niveau der Reproduktion, der Reorganisation, des Transfers und dem Problemlösen. Erstellen Sie dazu Lernaufgaben für den Unterricht oder für die Hausaufgabe. Diskutieren Sie sowohl die Ziele als auch die Aufgaben mit einer Kollegin oder einem Kollegen.
3. Setzen Sie Ihre Unterrichtsplanung um und besprechen Sie mit den Lernenden ebenfalls die Lernaufgaben auf den unterschiedlichen Niveaus. Nehmen Sie diese Rückmeldungen zum Anlass, erneut das Gespräch mit einer Kollegin oder einem Kollegen zu suchen und Ihre Zielformulierungen und Lernaufgaben zu überdenken.
4. Lassen Sie Ihre Schülerinnen und Schüler das Ziel der Stunde aufschreiben und vergleichen Sie die Antworten mit Ihrer Planung. Nehmen Sie diese Rückmeldungen zum Anlass, das Gespräch mit den Lernenden und einer Kollegin oder einem Kollegen zu suchen.

3 Betrachte Lernen als harte Arbeit!

Fragebogen zur Selbstreflexion:

Schätzen Sie sich im Hinblick auf folgende Aussagen ein:
1 = stimmt gar nicht; 5 = stimmt voll und ganz.

	1	2	3	4	5
Ich bin hervorragend dazu in der Lage, ...			KÖNNEN		
... Fehler im Unterricht zu benennen.	O	O	O	O	O
... Fehler konstruktiv zu nutzen.	O	O	O	O	O
Ich weiß ganz genau, ...			WISSEN		
... dass Fehler zum Lernalltag dazu gehören.	O	O	O	O	O
... dass Anstrengung zum Lernen dazu gehört.	O	O	O	O	O
Stets ist es mein Ziel, ...			WOLLEN		
... Fehler konstruktiv zu nutzen.	O	O	O	O	O
... Fehler im Unterricht zuzulassen.	O	O	O	O	O
Ich bin fest davon überzeugt, ...			WERTEN		
... dass Einsatz und Anstrengung zum Fortschritt schulischer Leistungen führt.	O	O	O	O	O
... dass bewusstes und regelmäßiges Üben schulische Leistungen fördert.	O	O	O	O	O

Vignette:

Es ist eine der beeindruckendsten Beobachtungen, einem Baby dabei zuzusehen, wie es lernt, auf den eigenen Beinen zu stehen: Beispielsweise hält es sich an den Stuhlbeinen fest, zieht sich hoch und steht auf. Danach setzt es sich wieder hin und wiederholt den Vorgang. Immer und immer wieder. Manchmal kann man mehr als zehn, zwanzig solcher Wiederholungen hintereinander beobachten. Dabei kann man als Beobachter nicht nur sehen, sondern förmlich auch spüren, welch harte Arbeit das alles für ein Baby ist: Die Gesichtszüge sagen mehr als tausend Worte, die ein Baby noch nicht sprechen kann – obschon es unter Umständen durch ein angestrengtes Stöhnen deutlich zu machen versucht, welchen Einsatz es an den Tag legen muss, um zu lernen. Wie von selbst wiederholt das Baby in den nächsten Tagen diesen Vorgang und es wird schnell ersichtlich, dass es dabei immer besser wird – solange, bis es eines Tages ohne Probleme aufstehen kann.

Worum geht es in diesem Kapitel?

Diese Vignette soll die Kernbotschaft des vorliegenden Kapitels veranschaulichen: Lernen erfordert Einsatz und bewusstes Üben. Insofern sind erfolgreiche Lehrpersonen nicht nur in der Lage, Phasen des bewussten Übens in den Unterricht zu integrieren, sondern sie bringen auch die dafür nötigen Haltungen mit und betrachten Lernen als harte Arbeit.

> Nachdem Sie dieses Kapitel gelesen haben, sollten Sie in der Lage sein, vor dem Hintergrund dieser Kernbotschaft zu erklären, …
> - inwiefern die Faktoren „Bewusstes Üben", „Konzentration, Ausdauer, Engagement" und „Hausaufgaben" bedeutsam sind.
> - inwiefern die Vergessenskurve für die Kernbotschaft wichtig ist.
> - welche Gefahren von neuen Medien ausgehen können.
> - welches die Grundprinzipien bewussten Übens sind und wie sie im AVIVA-Modell angewendet werden können.

Welche Faktoren aus „Visible Learning" stützen diese Haltung?

Es scheint eine der hartnäckigsten Mythen und der beständigsten Ideologien zu sein, dass Lernen etwas Einfaches sein muss. Viele angehende Lehrpersonen beginnen mit dieser Einstellung ihre Lehrerbiographie – und werden jäh enttäuscht, wenn sie feststellen müssen, dass Lernen eben nichts Einfaches ist, sondern Anstrengung und Einsatz erfordert. Sicherlich wäre es wünschenswert, wenn jeder Mensch alles lernen kann, wie es bereits Johann Amos Comenius in seiner „Didactica Magna" propagierte. Realistisch betrachtet bleibt diese Forderung aber nicht mehr als ein philanthropischer Wunsch: Nicht jeder kann Fußball spielen wie Ronaldo oder Maradona. Nicht jeder kann Basketball spielen wie Michael Jordan oder Magic Johnson. Und nicht jeder kann alles lernen.

Die Forderung, Lernen sei etwas Einfaches, kann darüber hinaus zu falschen Schlussfolgerungen führen – beispielsweise der, dass es die Aufgabe von Lehrpersonen sei, für diese Einfachheit zu sorgen und Lernen so zu gestalten, dass von Seiten der Schülerinnen und Schüler wenig, am besten sogar nichts gefordert wird. Der Lernerfolg fällt dann förmlich vom Himmel und direkt in den Schoß der Lernenden.

Dabei ist nichts falscher als das, wie wir aus zahlreichen Studien aus unterschiedlichen Disziplinen wissen: Aus der Expertenforschung ist beispielsweise bekannt, dass die Bereitschaft und Fähigkeit, an die Grenzen der eigenen Leistungsfähigkeit zu gehen, ein entscheidendes Moment im Berufsleben von erfolgreichen Menschen ist. Lernen hat mit dem Ausloten der eigenen Möglichkeiten zu tun, mit der Frage, wo die eigenen Grenzen sind, mit Versuch und Irrtum, mit Fehlern, Irrwegen und Umwegen. Und all das ist für den Lernenden nicht einfach, weil er in jedem Moment des Lernprozesses die Möglichkeit des Scheiterns vor Augen geführt bekommt und insofern mit Disziplin, Einsatz und Anstrengung bei der Sache bleiben muss, um erfolgreich zu sein.

Diese Überlegungen zeigen, dass Lernen harte Arbeit ist und eine der wichtigsten Herausforderungen für Lehrpersonen darin besteht, diese Haltung nicht nur selbst im Hinblick auf den Lernprozess der Schülerinnen und Schüler einzunehmen, sondern auch den Lernenden diese Haltung zu vermitteln. Sie ist die Basis für lebenslanges Lernen, für eine Bildung über die Lebensspanne.

Gleichzeitig lässt sich damit auch die scheinbare Widersprüchlichkeit zwischen harter Arbeit und Freude auflösen, die nicht in der Sache begründet ist und insofern jeglicher Logik entbehrt, sondern aus Vorurteilen herrührt: Für viele Menschen ist Arbeit negativ konnotiert – leider muss man angesichts der Bedeutung der Arbeit für ein erfülltes Leben ergänzen. Zwei psychologische Studien mögen helfen, um genau das Gegenteil deutlich zu machen, nämlich dass harte Arbeit einer der besten Wege ist, um zu tiefer Zufriedenheit und Genugtuung zu gelangen:

Zum einen hat Mihály Csíkszentmihályi mit seinen Flow-Forschungen gezeigt, dass Menschen, die aufgrund von Anstrengung und Einsatz, den diese in einer für sie herausfordernden Situation zeigen, in einen Zustand des Getragenwerdens verfallen können. In diesem wird Raum und Zeit vergessen und es setzt ein Erleben ein, das zu nachhaltigen Gefühlen der Freude führen kann.

Zum anderen konnte im IKEA-Effekt nachgewiesen werden, dass Menschen, die Einsatz und Anstrengung in eine Handlung gelegt und dann auch zum erfolgreichen Abschluss geführt haben, ein tiefes Gefühl der Freude erreichen. So wurde beispielsweise nachgewiesen, dass Menschen, denen es gelungen ist, ein IKEA-Regal aufzubauen, diesem einen wesentlich höheren Wert beimessen als einem teuer erworbenen antiquarischen Möbelstück – und das vor allem deswegen, weil dem IKEA-Regal ein Wert übertragen wurde, sich aus der emotionalen Verbindung speist, etwas dank harter Arbeit erfolgreich zu Ende gebracht zu haben.

Infolgedessen ist es die Aufgabe von Lehrpersonen, tagtäglich Lernprozesse so herausfordernd zu gestalten, dass sie von den Schülerinnen und Schülern gerade noch gemeistert werden können, also Anstrengung und Einsatz erfordern. Je besser dies gelingt, desto eher setzt eine Freude des Lernens ein, die in Schulen häufig allzu früh verloren geht – eben weil diese Herausforderung nicht gegeben ist, sondern stattdessen Unterforderung oder Überforderung vorherrschen: Wo ist die Herausforderung bei einem Erstklässler, der Woche für Woche wieder nur ausmalt, was er im Kindergarten bereits ausgiebig geübt hat, oder der in kleinen Schritten jeden Buchstaben lernt, den er schon längst kennt? Wo ist die Herausforderung für einen Schüler, der das Stundenziel der vorausgegangenen Stunde nicht erreicht hat, die Lehrperson aber ohne Rücksicht auf Verluste einfach mit dem Lehrplan weitermacht? Es scheint einfacher zu sein, Lernende zu über- und zu unterfordern, als sie herauszufordern: Man muss nur das, was man immer schon gemacht hat, weiterhin tun, ohne danach zu fragen, ob es passend ist oder nicht.

In „Visible Learning" finden sich eine Reihe von Faktoren, die die Haltung stützen, Lernen als harte Arbeit zu sehen. Drei von diesen werden im Folgenden herausgegriffen und näher erläutert: „Bewusstes Üben", „Konzentration, Ausdauer, Engagement" und „Hausaufgaben".

Bewusstes Üben

Übung zählt zu einem der ältesten und damit am besten begründbaren Unterrichtsprinzipien überhaupt. Bereits bei antiken Autoren finden sich Hinweise, wie am besten zu üben sei. Insofern überrascht es nicht, dass es eine Vielzahl an aktuellen empirischen Studien gibt, die der Frage nachgehen, wie Übungsphasen gestaltet sein müssen, damit der Lernerfolg möglichst groß ist. In „Visible Learning" wird für den Faktor „Bewusstes Üben" eine Effektstärke von 0,71 errechnet, was in der Rangliste einen zwölften Platz zur Folge hat. Wichtiger als diese Statistik ist die Kernbotschaft: Schülerinnen und Schüler müssen bewusst üben, um erfolgreich und nachhaltig zu lernen. Dabei zeichnet sich bewusstes Üben durch drei Merkmale aus: Erstens ist es herausfordernd. Damit ist gemeint, dass es nicht ein

Betrachte Lernen als harte Arbeit!

Bewusstes Üben

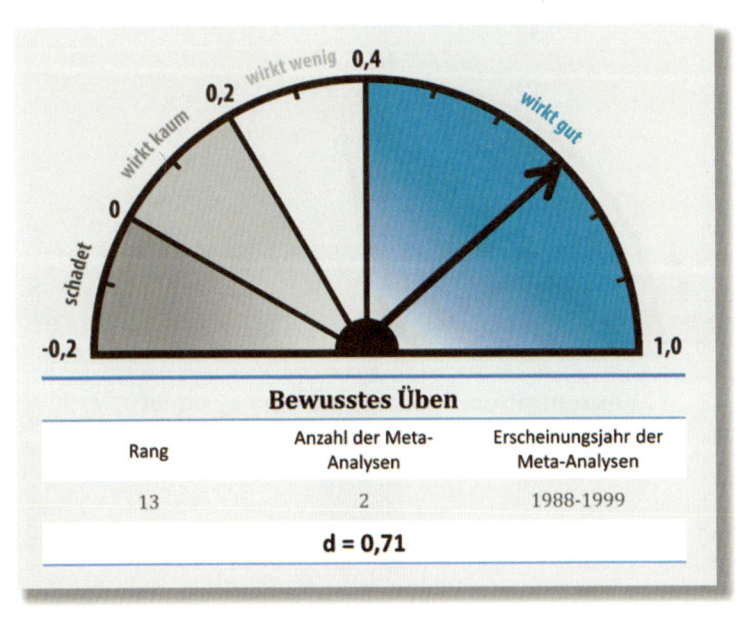

Rang	Anzahl der Meta-Analysen	Erscheinungsjahr der Meta-Analysen
13	2	1988-1999

d = 0,71

stupides Üben von bereits Gewusstem und Beherrschtem ist, sondern den Lernenden stets an seinen Leistungsgrenzen heranführt und den Moment nicht übersieht, an dem der Lernende zu Mehr in der Lage ist. Zweitens ist es regelmäßig. Vielfach verliert sich die Diskussion hinsichtlich der zeitlichen Anordnung des Übens in der Frage, wann denn der richtige Zeitpunkt für die nächste Wiederholung ist. Denn die Antwort ist einfach und liegt auf der Hand: Es kommt darauf an! Für den einen Schüler mag es früher sein als für den anderen Schüler. So wichtig also diese Diskussion im Allgemeinen ist, im Besonderen hilft sie wenig. Dennoch verweist sie darauf, dass eine Regelmäßigkeit notwendig ist. Lernen erfolgt selten auf Anhieb. Üben heißt Fehler machen und Fehler erfordern mal mehr, mal weniger Zeit zur Reflexion und zur Verarbeitung. Drittens ist es vielfältig. Allein schon aufgrund des Herausforderungscharakters und der Regelmäßigkeit resultiert eine Vielfalt im Übungsprozess. Je nach Fortschreiten des Leistungsstandes und ebenso je nach Tagesform sind Lernphasen zu gestalten. Und auch aus motivationaler Sicht bietet es sich an, einer adaptiven Vielfalt den Vorzug vor einer Einfalt zu geben. Damit soll nicht einer Vielfalt um der Vielfalt Tür und Tor geöffnet werden. Vielmehr geht es darum, je nach Situation und Kontext zu entscheiden, ob ein Wechsel in der Übungsform notwendig ist oder nicht. Die Notwendigkeit des Wechsels liefert die Analyse der Lernausgangslage und damit der Lernende – und die klärende Antwort darauf, ob der Wechsel erfolgreich war oder nicht, liefert eine entsprechende Rückmeldung am Ende des Übungsprozesses. Bewusstes Üben zeigt sich vor dem Hintergrund des Gesagten als eine herausfordernde, regelmäßige und vielfältige Auseinandersetzung mit dem Gelernten. Es ist damit nicht zu verwechseln mit einem häufig zu Recht gescholtenem „drilling and killing", das nicht nur die Freude am Fach zunichtemacht, sondern die Freude am Lernen überhaupt: unreflektiert und stupide, geballt über eine kurze Zeitspanne, ohne Rückmeldeschleifen, ohne Erfahrungserweiterung, ohne situative Einbindung und gedankliche Tiefe. Vor allem der letzte Punkt weist nochmals darauf hin, dass Üben nicht nur Wiederholen bedeutet, sondern auch neue Erfahrungen sammeln. Allein schon der Schritt vom Oberflächen- ins Tiefenverständnis, der nach

Konzentration, Ausdauer und Engagement

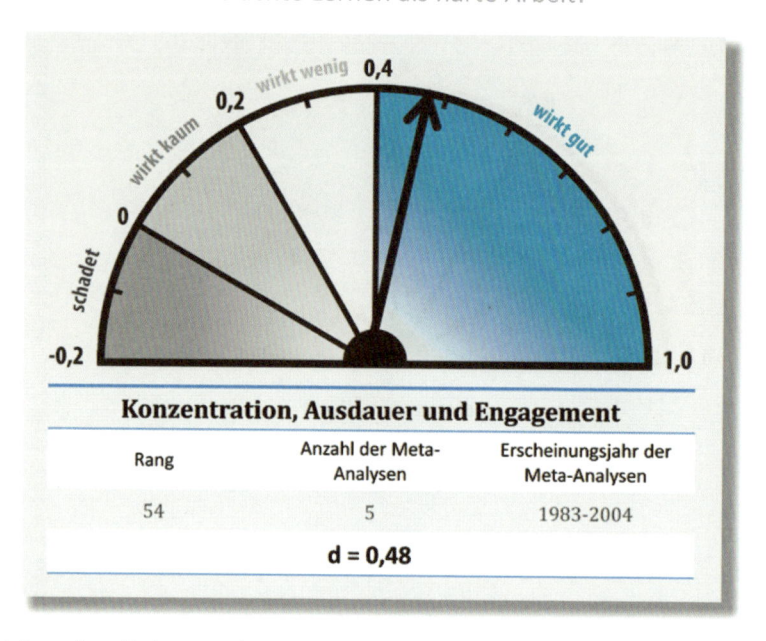

Rang	Anzahl der Meta-Analysen	Erscheinungsjahr der Meta-Analysen
54	5	1983–2004

d = 0,48

dem Erreichen eines Leistungsniveaus auf den Ebenen der Reproduktion und der Reorganisation erfolgt, zeigt dies: Sobald der Lernende sich auf den Ebenen des Transfers und des Problemlösens agiert, muss das bereits Bekannte mit Neuem verknüpft werden.

Konzentration, Ausdauer und Engagement

Eine ähnliche Schlussfolgerung legt die Auseinandersetzung mit dem Faktor „Konzentration, Ausdauer und Engagement" nahe – eine idealtypische Eigenschaft von Lernenden, die für viele zu einem Schlüssel für Bildungserfolg wird. Und in der Tat untermauert eine Effektstärke von 0,48 diese Annahme. Allerdings ist in diesem Zusammenhang darauf hinzuweisen, dass Konzentration, Ausdauer und Engagement alleine nicht ausreicht, um erfolgreich zu lernen. Denn letztendlich nützt ein hohes Maß an Konzentration, Ausdauer und Engagement nichts, wenn Lernende es falsch einsetzten oder bereits über- oder unterfordert sind. Damit zeigt sich, dass die Richtung des Zusammenhangs zwischen Konzentration, Ausdauer und Engagement einerseits und Lernerfolg andererseits nicht zweiseitig ist, sondern nur einseitig: Lernerfolg erfordert Konzentration, Ausdauer und Engagement. Und die Umkehrung, dass nämlich Engagement nicht zu einem Lernerfolg führen muss, macht auf ein Grundmoment jeglichen Unterrichts aufmerksam: Lehr-Lern-Prozesse können misslingen, können scheitern.

Hausaufgaben

Mit dem Faktor „Hausaufgaben" verbindet sich häufig eine Diskussion, die in der Praxis einseitig geführt wird: Welchen Sinn und Zweck haben Hausaufgaben? Die Klagen, dass Kinder und Jugendliche oft stundenlang vor den Hausaufgaben sitzen und gar nicht wissen, wofür diese gut seien, ist ohne Zweifel berechtigt – aber es wäre verkehrt, daraus zu folgern, dass Hausaufgaben per se schlecht sind. Vielmehr kommt es darauf an, sie so zu stellen und in den Unterricht einzubinden, dass sie Lernprozesse vor- und nachbereiten und damit unterstützen können. Dass all dies keine Selbstverständlichkeit ist, zeigt die geringe Effektstärke von 0,33, die der Faktor „Hausaufgaben" in „Visible Learning" erreicht. Um

Hausaufgaben

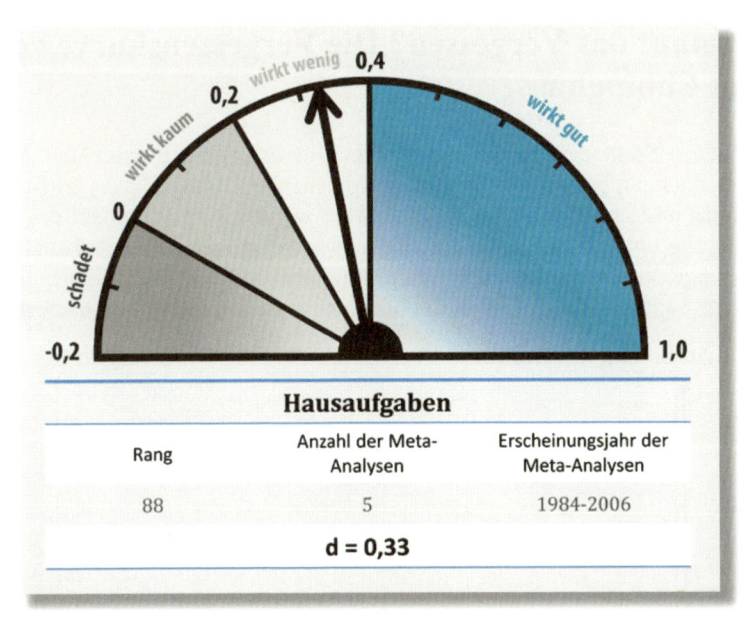

Rang	Anzahl der Meta-Analysen	Erscheinungsjahr der Meta-Analysen
88	5	1984-2006

d = 0,33

folglich richtige Schlüsse aus den empirischen Daten ziehen zu können, ist es auch in diesem Fall zunächst notwendig zu verstehen, warum ein Faktor eine geringe Effektstärke aufweist, um in einem zweiten Schritt dann seine Wirkung entsprechend erhöhen zu können. Warum also haben Hausaufgaben so geringe Effekte, wo Lernende doch so viel Zeit aufbringen, um sie vollständig zu erledigen? Solange Hausaufgaben mehr einem „drilling and killing" gleichen, also einem stupiden Wiederholen ohne Herausforderung, können sie nicht viel mehr sein als Zeitverschwendung. Wenn dann noch dazukommt, dass sie in den darauffolgenden Stunden nicht einmal aufgegriffen werden, geschweige denn entsprechend gewürdigt werden, dann können die Effekte sogar ins Negative fallen, weil eine Demotivierung die Folge sein kann und sich negative Emotionen breit machen können. Diese negativen Emotionen können übrigens auch entstehen, wenn Lehrpersonen Hausaufgaben in Konkurrenz zu etwas Positivem bringen und sie dadurch in einem schlechten Licht erscheinen lassen. Dies ist beispielsweise gegeben, wenn Hausaufgaben als eine Art Geschenk den Lernenden erlassen werden, weil das Wetter schön ist oder weil gerade Ferien anstehen. Hausaufgaben werden so stigmatisiert und negativ besetzt. Aber wenn Hausaufgaben als eine Form des bewussten Übens gesehen werden, das sowohl der Vor- als auch der Nachbereitung des Unterrichts dient, das herausfordernd, regelmäßig und vielfältig gestellt wird, das die so wichtigen Fehler im Lernprozess offenlegt, an denen dann in den Folgestunden weitergearbeitet wird, dann sind Hausaufgaben ein Schlüssel für erfolgreiches Unterrichten. Aufgrund der höheren Effektstärke an weiterführenden Schulen im Vergleich zur Primarstufe liegt der Verdacht nahe, dass dies dort besser gelingt. Allerdings ist zu bedenken, dass Hausaufgaben machen erst gelernt sein will, bevor es Effekte auf das Lernen selbst erzielen kann – und das passiert in der Grundschule. Insofern kann für alle Schulstufen festgehalten werden, dass Hausaufgaben, sinnvoll in den Unterricht integriert, wichtig sind, um Lernprozesse erfolgreich zu gestalten. Die Orientierung an den Kriterien bewussten Übens kann hierbei helfen – herausfordernd, regelmäßig und vielfältig – gepaart mit dem Bemühen der Lehrperson, eine positive Haltung gegenüber Hausaufgaben auf Seiten der Lernenden anzubahnen.

Wann beginnt das Vergessen? Die Vergessenskurve von Hermann Ebbinghaus.

An verschiedenen Stellen ist bereits angeklungen, dass Lernen Einsatz und Anstrengung erfordert, um nachhaltig zu sein. Finden entsprechende Übungsphasen nicht statt, dann verliert sich das mühsam erworbene Wissen. Aber wann tritt der Moment des Vergessens ein? In der Psychologie gibt es hierzu eine Reihe von Forschungen. Am bekanntesten ist die sogenannte Vergessenskurve von Hermann Ebbinghaus, die vor Augen führt, dass der Moment des Vergessens mit dem Moment des Merkens einsetzt (vgl. Ebbinghaus 1885):

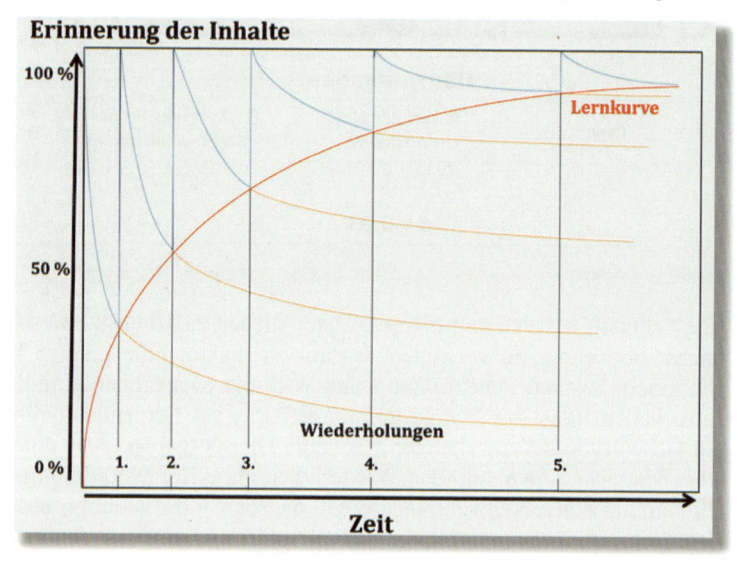

Nicht nur die Forschungen von Ebbinghaus zeigen, dass mindestens sechs bis acht Wiederholungen notwendig sind, um eine Information vom Kurzzeitgedächtnis ins Langzeitgedächtnis zu bringen. Folgen diese Wiederholungen nicht auf den Lernprozess, dann nimmt das Vergessen seinen Lauf – und als Lehrperson kann man sich sicher sein, dass bald nichts mehr von dem, was man vermitteln wollte, auf Seiten der Lernenden noch vorhanden ist.

Warum ignoriert Schule und Unterricht diese fundamentalen Erkenntnisse so häufig? Warum haben viele die Auffassung, dass es reicht, den Lernenden einmal etwas zu sagen, damit diese das für immer gespeichert haben? Warum glauben viele immer noch, dass Lernen abgeschlossen ist, wenn der Lernende einmal gezeigt hat, dass er etwas kann? Warum hat Üben eine so negative Konnotation in manchen Kreisen? Es ist höchste Zeit, diesen pädagogischen Irrglauben zu korrigieren und Übung, Einsatz und Anstrengung einen festen Platz in der Didaktik zuzusprechen. Das menschliche Gehirn braucht all das, sehnt sich nach harter Arbeit. Demzufolge zählt es zur Professionalität von Lehrpersonen, den Unterricht so zu gestalten, dass herausfordernde, regelmäßige und vielfältige Übungsphasen enthalten sind.

Alles nur eine Frage der Technik? Gefährliche Botschaften im Kontext neuer Medien.

Es zählt aktuell zu den wichtigsten bildungspolitischen Aufgaben, Schulen nicht nur ans Netz zu bringen, sondern auch mit der dazugehörigen neuesten Technik auszustatten. Es findet sich kein Kultusministerium, das nicht eine Initiative in diesem Bereich gestartet hat. Alle Bundesländer haben sich auf den Weg gemacht, aus Schulen digitale Lernanstalten zu machen und dafür Unsummen an Geldern bereitzustellen. Denn für viele stellen neue Medien den entscheidenden Schritt dar, Bildung und Erziehung in ein neues Jahrtausend zu führen. Die damit verbundene Hoffnung: Lernen wird leicht. Und damit beginnt das Problem in diesem Kontext, wie zahlreiche Studien der empirischen Bildungsforschung mittlerweile zeigen konnten: Allein das Aufrüsten von Schulen mit Computern, Tablets und Smartboards revolutioniert Lernen nicht. Neue Medien kommen beispielsweise in „Visible Learning" über Effektstärken zwischen 0,2 und 0,4 nicht hinaus: „Computerunterstützung" erreicht eine Effektstärke von 0,37, „Simulationen und Simulationsspiele" eine von 0,33, „Nutzung von Taschenrechner" eine von 0,27 und „Visuelle bzw. audiovisuelle Methoden" eine von 0,22. Keiner dieser technischen Errungenschaften ändert also die Natur des Lernens, die sich vor allem darin zeigt, dass Lernen harte Arbeit ist. Zudem sind die Gründe für diese geringen Effektstärken offensichtlich: Allein das Bereitstellen von neuen Medien führt nicht dazu, dass Lehrpersonen ihren Unterrichtsstil ändern und dann das durchaus vorhandene Potenzial der neuen Medien ausschöpfen. Vielmehr werden neue Medien in erster Linie als Ersatz für traditionelle Medien genutzt: Der Computer als Lexikonersatz, das Tablet als Arbeitsblattersatz und das Smartboard als Tafelersatz. Allerdings liegt es sicherlich nicht nur an den Lehrpersonen, dass die neuen Medien (noch) nicht die Effekte erzielen konnten, die viele erhoffen. Ein Mangel ist auch an den Programmen selbst auszumachen, die mit den neuen Medien in die Klassenzimmer kommen: Häufig optisch und akustisch überfrachtet, durch ein Blinken hier und Ploppen dort, führen sie zu einem „cognitive overload" und insofern zu einer Überlastung des Arbeitsgedächtnisses. Euphoriker der neuen Medien argumentieren an dieser Stelle gerne damit, dass die genannten Einwände durchaus berechtigt sind – aber dies nur für die ältere Hardware und Software gelte, wohingegen die neuesten Errungenschaften des Computerzeitalters bereits einen Schritt weiter seien und all das Gesagte aufgeholt hätten. Aber auch hier spricht die Forschung eine andere Sprache. Denn dieser Fortschritt kann die genannten Einwände nicht beheben. Die neueste Technik braucht ebenso den Menschen, der sie bedienen kann, und Programmierer heute sind nicht davor gefeit, das durchaus vorhandene Mehr an Programmiermöglichkeiten falsch zu lenken. Wir warten also auf eine entsprechende digitale Revolution in der Pädagogik nun schon seit über zwanzig, dreißig Jahren, so dass man geneigt ist zu folgern: Sie wird in dieser Form auch nicht kommen. „Pädagogik vor Technik!" lautet daher die Devise. Und damit ist auch die häufig zu findende Botschaft von neuen Medien zu revidieren: Aus technischer Sicht mag es durchaus darum gehen, Lernprozesse so zu gestalten, dass sie „einfacher" werden – ja sogar für die Lehrperson mag dieser Gedanke zielführend sein. Aber für die Lernenden ist diese Botschaft falsch, weil Lernen für den Einzelnen nur in seltenen Fällen etwas Leichtes ist, pauschal definitiv nicht. Insofern muss es vielmehr darum gehen, den Schülerinnen und Schülern deutlich zu machen, dass Einsatz und Anstrengung hilfreich für Lernprozesse sind. Erst vor diesem Hintergrund wird die Bedeutung neuer Medien ersichtlich: Sie helfen den Lernenden, an ihre Grenzen zu gehen, können Fehler auf eine andere, besondere Art und Weise sichtbar machen, zeigen unter Umständen eindringlich auf, wo Irrwege im Lernprozess sind. Ein Beispiel hierzu: Ein Sportlehrer, der den Bewegungsablauf einer Schülerin auf Video aufnimmt und danach mit ihr in den Austausch tritt, den Film vor- und zurückspielt, in die Zeitlupe geht, regt kognitive Prozesse an, die mit traditionellen Medien nicht möglich wären. Insofern haben neue Medien das Potenzial nicht nur als Informationsträger zu fungieren, sondern zur Informationsverarbeitung eingesetzt zu werden.

Der Fehler sorgt für den Unterschied! Ein Plädoyer für eine Kultur des Fehlers.

Vielleicht fällt es Ihnen an dieser Stelle beim Lesen auf: Eine der beständigsten Kernbotschaften des vorliegenden Buches ist, Fehler im Unterricht nicht vermeiden zu wollen, sondern als etwas Notwendiges zu erachten. Wer lernt, macht Fehler. Und wer lehrt, macht Fehler.

Wie gehen wir mit Fehlern um? Begrüßen wir sie oder versuchen wir sie zu vermeiden? Häufig dominiert eine Vermeidungshaltung: Kinder in der Grundschule weinen, wenn sie einen Fehler machen, laufen aus dem Klassenzimmer und wollen nicht mehr Lernen. In diesen und ähnlichen Situationen liegt es an der Lehrperson, welche Wirkung von Fehlern in Zukunft ausgeht. Gelingt es ihr, dass Fehler im Lernprozess als wichtig angesehen werden oder bleibt weiterhin das Gefühl und die Einsicht der Lernenden, Fehler seien ein Zeichen von Schwäche. Dass das Lehrer-Schüler-Feedback hier entscheidend ist, wird in Kapitel „Gib und fordere Rückmeldung!" nochmals versucht, deutlich zu machen.

Kürzlich haben wir mit einem Kollegen den Versuch unternommen, uns eine Mathematikstunde vorzustellen, in der der Fehler im Zentrum des Unterrichts steht. Wie könnte diese Stunde aufgebaut sein? Wie könnte sie aussehen? Leider sind wir kläglich gescheitert. Gerade im Mathematikunterricht wird man so sozialisiert, dass Fehler keinen Platz haben. Der ganze Unterricht zielt ja darauf ab, keine Fehler zu machen. Es wäre eine didaktische Revolution, wenn in diesen Fächern ein Umdenken stattfinden würde: bewusst Fehler machen zu lassen und Fehler als entscheidendes Planungsmoment zu sehen. In erlebnispädagogischen Maßnahmen ist dieser Zugang schon Gang und Gäbe – und er funktioniert, wie die hohe Effektstärke von 0,52 zeigt.

Wir brauchen also eine Fehlerkultur, die der gängigen diametral gegenübersteht. Wer lernt, geht Irrwege und muss Umwege machen. Selten gelangt man direkt ans Ziel. Und weiter: Bei Bildung geht es im Kern um Persönlichkeitsveränderungen. Nicht alle Veränderungen sind einfach und leicht zu haben. Es liegt an uns Lehrpersonen, welchen Stellenwert Fehler im Lernprozess haben und wie Lernende mit ihren Fehlern umgehen.

Womit kann ich anfangen?

Ein möglicher Punkt, die bisherigen Überlegungen in den Schulalltag zu integrieren und umzusetzen, zeigt sich in der zeitlichen und strukturellen Unterrichtsplanung. In der Literatur wird dieser Vorgang mit Artikulation bezeichnet und findet seinen Ursprung nicht zuletzt bei Johann Friedrich Herbart (1964): Aufbauend auf seinen philosophischen und psychologischen Grundannahmen stellt er folgendes Artikulationsschema auf, das seiner Ansicht nach im Unterricht Anwendung finden muss, wenn Lehren und Lernen erfolgreich sein sollen:

Vertiefung	Klarheit
	Assoziation
Besinnung	System
	Methode

An den Begrifflichkeiten wird ersichtlich, wie sehr das Artikulationsschema von Herbart in seinem pädagogischen Gesamtkonzept verflochten ist. Was ist darunter im Einzelnen zu verstehen? Grundsätzlich unterscheidet Herbart zwei Phasen, die sich im steten Wechsel ablösen und austauschen: Die Vertiefung in die Sache und die Besinnung auf das Gelernte über die Sache. Jede dieser Phasen selbst ist unterteilt in zwei Stufen: Die Vertiefung erfolgt erstens über die Stufe der Klarheit, in der den Schülerinnen und Schülern die Sache in allen Einzelheiten vor Augen geführt wird, und zweitens über die Stufe der Assoziation, in der das Gelernte mit bereits Bekanntem verknüpft wird. Die Besinnung erfolgt erstens über die Stufe des Systems, in der das Gelernte in einen größeren Zusammenhang gestellt und eingeordnet wird, und zweitens über die Stufe der Methode, in der das Gelernte angewendet und geübt wird.

Während also die Artikulation bei Herbart noch von pädagogischen und didaktischen Ideen getragen wird, kann man für entsprechende Verfahren in der landläufigen Schulpraxis feststellen, dass sie verkümmert sind: Häufig liest und spricht man vom „Einstieg", „Hauptteil" und „Schluss" einer Stunde, was mehr an einen Deutschaufsatz erinnert, als an eine professionelle Planungsstruktur. Insofern kann ein erster Schritt zur Umsetzung der Haltung, Lernen als harte Arbeit zu sehen, in einer didaktisch orientierten Artikulation des Unterrichts liegen. In dieser finden sich bewusst initiierte Phasen des Übens und Wiederholens. Ein Verfahren in diesem Zusammenhang, das sowohl wissenschaftlich als auch praktisch überzeugt, ist das so genannte AVIVA-Modell von Christoph Städeli (2010). In diesem versucht er den Unterrichtsprozess nach empirischen Kriterien zu strukturieren, die für erfolgreiches Lernen und Lehren wichtig sind. Das Akronym setzt sich aus den Anfangsbuchstaben der folgenden fünf Phasen zusammen:

A – Ankommen und Einstimmen: Zu Beginn einer Unterrichtsstunde ist es wichtig, eine lernförderliche Atmosphäre zu schaffen. Unterricht ist im Wesentlichen Beziehungsarbeit (Lehrer-Schüler-Beziehung $d = 0{,}72$). Regeln und Rituale, wie beispielsweise zur Begrüßung, können hilfreich sein, um ein entsprechendes Lehr- und Lernklima aufzubauen. Zudem ist bereits in dieser Phase des Unterrichts eine Klarheit hinsichtlich zentraler didaktischer Kategorien herbeizuführen (Klarheit der Lehrperson $d = 0{,}75$). Sie zeigt sich beispielsweise darin, dass alle Beteiligten im Unterrichtsgeschehen wissen, was das Ziel der Unterrichtsstunde ist, an welchen Inhalten gearbeitet werden soll, welche Methoden anzuwenden sind und welche Medien zur Verfügung stehen. Schön ist diese Klarheit im Unterricht zu beobachten, wenn es Lehrpersonen gelingt, einen Unterrichtseinstieg so zu gestalten, dass die Lernenden die Zielangabe formulieren und diese anschließend an der Tafel oder am Smartboard festgehalten wird. Vor allem die Überlegungen zur Motivierung im Unterricht, auf die am Beispiel des ARZZ-Modells im Kapitel „Sieh dich als Veränderungsagent!" noch eingegangen wird, können in diesem Zusammenhang hilfreich sein (Motivation $d = 0{,}48$). Denn sie eröffnen eine Reihe von Möglichkeitsräumen, wie zum Einstieg in eine Unterrichtsstunde Motivation erzeugt werden kann. Gewarnt sei an dieser Stelle vor der sogenannten „Ostereiersuchmethode": Sofern Lernende nach einer angemessenen Zeitspanne die Zielangabe nicht nennen können, ist es besser, diese als Lehrperson zur Diskussion zu stellen, als zu lange bei der Suche nach den treffenden Begrifflichkeiten zu verharren.

Beispiel:

Die Lehrperson bringt zur Adventszeit eine brennende Kerze mit. Nach der Begrüßung und einem Gespräch über die Adventszeit und die Bedeutung von Kerzenlicht, kann der Austausch auf die Gefahren von Feuer gelenkt werden. Erste Ideen der Lernenden folgen und nach einem kurzen Austausch über die Vorerfahrungen der Lernenden nimmt die Lehrperson ein Glas und deutet an, dieses über die Kerze zu stülpen. Schülerinnen und Schüler haben hierzu unterschiedliche Vermutungen und Erklärungen, auch Vorwissen kann bereits artikuliert und demgemäß wiederholt werden. Nachdem die Lehrperson das Glas über die Kerze gestülpt hat, dauert es einige Sekunden der Spannung bis die Kerze erlischt. Dieser Impuls kann die Aufmerksamkeit der Lernenden binden – entweder in Form einer Bestätigung von bereits Gewusstem oder in Form einer Irritation. Die Fragestellung „Warum erlischt die Kerze unter dem Glas?" sollte daraufhin für alle nachvollziehbar sein und als Zielangabe fixiert werden.

V – Vorwissen aktivieren: Die Anknüpfung an den Lern- und Leistungsstand der Schülerinnen und Schüler ist ein zentraler Aspekt für erfolgreiches Unterrichten. Forschungsergebnisse aus der Neuropsychologie zeigen: Je besser es gelingt, das Vorwissen der Lernenden zu aktivieren, desto unmittelbarer und nachhaltiger ist ihr Lernen. Infolgedessen ist es eine der größten Herausforderungen für Lehrpersonen, erstens das Vorwissen der Lernenden sichtbar zu machen, um zweitens darauf aufbauen zu können (Erkenntnisstufen d = 1,28). Es liegt auf der Hand, dass dadurch eine Übung des bereits Gelerntem erfolgt, indem es wiederholt wird – meist auf den Ebenen der Reproduktion und Reorganisation. Dabei ist es nicht nur wichtig, diese Übung im Unterricht einzubauen, sondern auch mit den Lernenden darüber zu sprechen (Meta-kognitive Strukturen d = 0,69): Warum machen wir das? Warum ist es sinnvoll, zu Beginn einer Unterrichtsstunde zu wiederholen? Warum ist es wichtig zu üben?

Beispiel:

Nachdem das Ziel der Unterrichtsstunde geklärt ist, schließt eine Phase des Warm-Up an: Schülerinnen und Schüler suchen sich eine Reihe von Aufgaben, die zu ihrem Leistungsniveau passen und wiederholen den relevanten Unterrichtsstoff. Die Lehrperson agiert im Hintergrund, greift ein, wenn Lernende sich über- oder unterschätzen, gibt Hinweise, falls Fehler passieren, und regt an, über Lernen, insbesondere über Fehler zu sprechen.

I – Informieren: Durch die Auseinandersetzung mit dem Vorwissen wird ersichtlich, wo zusätzliche Erkenntnis notwendig ist, um die Unterrichtsfrage beantworten zu können. Häufig ergeben sich bereits aus den Schülervermutungen einzelne Lernschritte, die zentrale Feinziele markieren. Insofern ist eine Phase der Informierung notwendig, die entweder fremdgesteuert durch die Lehrperson oder selbstgesteuert durch die Lernen erfolgen kann. In beiden Fällen wird Einsatz und Anstrengung erforderlich sein, um für sich das Neue zu erschließen. Methodisch ist der Phantasie kaum Grenzen gesetzt und insofern sei an das breite Spektrum an Arbeits- und Aktionsformen sowie Sozialformen verwiesen. Hervorhebenswert sind aufgrund der bisher ermittelten Effektstärken beispielsweise „Klassendiskussionen" (d = 0,82), „Concept Mapping" (0,60), „Direkte Instruktion" (d = 0,59) und „Kooperatives Lernen" (d = 0,42). Entscheidend für die Wahl der Methode in diesem Kontext ist nicht die Methode selbst, sondern ob die Methode geeignet ist, das gesteckte Ziel zu erreichen oder nicht. Letzteres (Ziele d = 0,50) ist immer in Abhängigkeit zur Lernausgangslage zu sehen und insofern so zu formulieren, dass die Lernenden es gerade noch erreichen können. Damit setzt die Lehrperson die Herausforderung – eine Haltung die im vorausgegangenen Kapitel bereits erläutert wurde, lediglich auf die Leistungsniveaus der Reproduktion, der Reorganisation, des Transfers und des Problemlösens sei an dieser Stelle erinnert.

Beispiel:

Um verstehen zu können, warum eine Kerze unter dem Glas langsam, aber sicher erlischt, sind zwei Erkenntnisse und damit auch Feinziele wichtig: Erstens braucht Feuer Luft zum Brennen. Zweitens brennt Feuer umso länger, je mehr Luft vorhanden ist. Diese Erkenntnisse lassen sich durch verschiedene Versuche gewinnen, beispielsweise indem Gläser unterschiedlicher Größe auf jeweils eine brennende Kerze gestellt werden und die Beobachtung folgt, dass diese abhängig von der Größe des Glases der Reihe nach ausgehen.

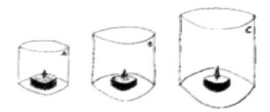

V – Verarbeiten: Nachdem die Schülerinnen und Schüler die Feinziele erarbeitet haben, ist es notwendig, den Erkenntnisgewinn zu sichern. Hierfür ist die Sichtbarmachung des Lernerfolges unerlässlich. Denn allein die Fremdeinschätzung durch die Lehrperson ist häufig nicht korrekt, sicherlich unscharf. Nicht selten lässt sich beobachten, dass Lehrpersonen ihren Unterricht als sehr erfolgreich einschätzen, wohingegen Lernende sich darin unendlich gelangweilt haben – Evidenzbasierung anstelle zweifelhafter Fremdeinschätzung lautet die Devise. Einer der vielversprechendsten Wege zu diesem Zweck ist eine Phase der bewussten Übung, in der das Gelernte verarbeitet wird. Dabei ist erneut die Rückkoppelung zum Lern- und Leistungsniveau wichtig. So macht es beispielsweise keinen Sinn, einem Lernenden, der sich auf dem Niveau der Reproduktion befindet, mit Aufgaben auf dem Niveau des Problemlösens zu überfordern. Ebenso wie es wenig zielführend erscheint, einem Lernenden, der auf dem Niveau des Problemlösens steht, mit Aufgaben auf dem Niveau der Reproduktion zu unterfordern. Es kommt folglich auf die Passung an, die beim Lernenden zur Herausforderung führt. Dass Oberflächenverständnis einem Tiefenverständnis vorausgeht, ja vorausgehen muss, sei hier nochmals betont.

Beispiel:

Zur Sicherung der Erkenntnis, dass ein Feuer umso länger brennt, je mehr Luft vorhanden ist, könnten auf den unterschiedlichen Niveaus folgende Aufgaben helfen, um den Lernerfolg sichtbar zu machen und gleichzeitig das Gelernte zu wiederholen und zu festigen:

Reproduktion:

Kreuze an, welche Kerze am längsten brennt!

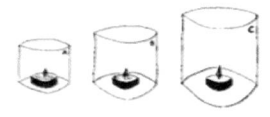

Reorganisation:

Male aus den vorhandenen Gläsern dasjenige gelb an, bei dem die Kerze am schnellsten erlischt, und dasjenige grün an, bei dem die Kerze am langsamsten erlischt.

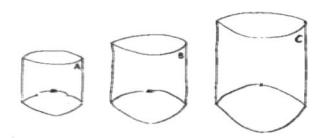

Transfer und Problemlösen:

Für den Bereich des Transfers und des Problemlösens bietet sich im behandelten Beispiel an, eine weitere Lebensnähe des Themas aufzugreifen. Die Rede ist vom Kaminofen. Diesen kennen viele Kinder. Das Feuer darin erscheint zunächst ebenfalls wie die Kerze unter dem Glas. Und dennoch brennt das Feuer im Kamin. Folgende Versuche können helfen, eine Erklärung zu finden und damit das erworbene Wissen für die Problemlösung einzusetzen:

Kerze erlischt.	Kerze erlischt.	Kerze brennt weiter.
(Glas auf Klötzchen)	(Loch im Glas)	(Glas auf Klötzchen und Loch im Glas)

Schülerinnen und Schüler können erkennen, dass Feuer nicht nur Luft braucht, sondern auch eine ausreichende Luftzirkulation notwendig ist, durch die die verbrauchte Luft durch frische Luft ersetzt wird.

A – Auswerten: Der eigenverantwortliche Lernende, der Schüler als Autor seines eigenen Lebens, um eine Formulierung von Julian Nida-Rümelin (2015) aufzugreifen, ist Ziel schulischer Bildung. Insofern bildet eine Phase des Auswertens den Abschluss einer didaktisch durchdachten Stunde. In dieser geht es um zwei Aspekte: Zum einen ist es wichtig, Lernende behutsam an Fragen der Selbstreflexion zum eigenen Lernen und demgemäß der Selbstregulation heranzuführen (Meta-kognitive Strategien d = 0,69). Hierfür können Feedbackfragen, auf die im Rahmen des Kapitels „Gib und fordere Rückmeldung!" detailliert eingegangen wird, eine Orientierung geben (Feedback d = 0,75): Was ist mir gut gelungen, was schlecht? Wo habe ich Fehler gemacht? Wie konnte ich diese Fehler nutzen? Woran muss ich noch weiter arbeiten? Gerade die zuletzt genannte Frage eröffnet den zweiten Aspekt: Lernen ist mit dem Ende der Unterrichtsstunde nicht abgeschlossen. Es geht weiter. Insbesondere sinnvoll gestellte Hausaufgaben (d = 0,33) eigenen sich, um den Lernerfolg des Unterrichts nachhaltig zu sichern und zu vertiefen. Formen der Hausaufgabe, die einem bewussten Üben gleichen, sind einem unbewusstem Pauken vorzuziehen. Demzufolge sind sie herausfordernd, regelmäßig und vielfältig zu stellen.

Beispiel:

Zur Aktivierung meta-kognitiver Prozesse bietet es sich bei Versuchen an, den Lernenden die Möglichkeit zu geben, (1) Vermutungen über den Versuchsausgang zu äußern, (2) den Versuch selbst durchzuführen, (3) die Beobachtung zu notieren und schließlich (4) den Ausgang des Versuchs mit der zuvor genannten Vermutung zu vergleichen und einen Schluss daraus zu ziehen. Des Weiteren können für die Anbahnung meta-kognitiver Strukturen beispielsweise Lerntagebücher hilfreich sein. Im hier geschilderten Unterrichtsbeispiel ist es darüber hinaus wichtig, erstens darauf zu achten, dass lange Haare aus dem Gesicht sind und mit einem Haargummi sicher zusammengebunden sind und zweitens innerhalb der Gruppe einen Anzünder zu bestimmen, der sicher und zuverlässig mit Streichhölzern umgehen kann. Als Hausaufgaben können nochmals verschiedene Aufgaben auf den Niveaus der Reproduktion, der Reorganisation, des Transfers und des Problemlösens angeboten werden, die die Lernenden in Rücksprache mit der Lehrperson auswählen und bearbeiten. Dadurch erfährt das Gelernte eine weitere Übungs- und Wiederholungsphase.

CHECKLISTE:

Reflektieren Sie bei Ihrer nächsten Unterrichtsplanung folgende Punkte:

- ✓ Oberflächenverständnis ist Grundlage für Tiefenverständnis!
- ✓ Oberflächenverständnis ist ein wichtiger Schritt auf dem Weg zum Tiefenverständnis als Ziel!
- ✓ Vielfältige Übungsformen sind besser als Eintönigkeit!
- ✓ Regelmäßiges Üben ist wirksamer als geballtes Üben!
- ✓ Erfolgreiches Üben braucht Herausforderung!
- ✓ Novizen brauchen Übung – Experten aber auch!
- ✓ Bewusstes Üben gehört in alle Phasen des Unterrichts!
- ✓ Fehler sind im Lernprozess notwendig! Sehen Sie Fehler als etwas Positives!
- ✓ Nutzen Sie Fehler im und für den Unterricht! Bedenken Sie also in Ihrer Unterrichtsplanung, wo Fehler passieren können, und auch, wie Sie Fehler bei den Lernenden provozieren können!

ÜBUNG:

1. Gehen Sie zurück zum Fragenbogen zur Selbstreflexion am Anfang des Kapitels und füllen Sie diesen mit einer anderen Farbe aus. Wo hat sich Ihre Sicht der Dinge verändert und vor allem warum? Diskutieren Sie Ihre Einschätzungen mit einer Kollegin oder einem Kollegen.
2. Planen Sie Ihre nächste Unterrichtsstunde mithilfe des AVIVA-Modells. Berücksichtigen Sie dabei Phasen des bewussten Übens so oft es geht. Kontrollieren Sie die Checkliste hierzu. Diskutieren Sie Ihre Planung und Umsetzung mit einer Kollegin oder einem Kollegen.

4 Entwickle positive Beziehungen!

Fragebogen zur Selbstreflexion:

Schätzen Sie sich im Hinblick auf folgende Aussagen ein:
1 = stimmt gar nicht; 5 = stimmt voll und ganz.

	1	2	3	4	5
Ich bin hervorragend dazu in der Lage, ...		KÖNNEN			
... das Umfeld meiner Schülerinnen und Schüler zu berücksichtigen.	O	O	O	O	O
... in der Klasse eine Gemeinschaft zu etablieren.	O	O	O	O	O
Ich weiß ganz genau, ...		WISSEN			
... dass eine positive Beziehung zu Schülerinnen und Schüler wichtig ist.	O	O	O	O	O
... dass das Umfeld von Schülerinnen und Schüler großen Einfluss auf ihr Lernen hat.	O	O	O	O	O
Stets ist es mein Ziel, ...		WOLLEN			
... dass meine Schülerinnen und Schüler mir vertrauen können.	O	O	O	O	O
... meinen Schülerinnen und Schüler Vertrauen entgegenzubringen.	O	O	O	O	O
Ich bin fest davon überzeugt, ...		WERTEN			
... dass eine positive Beziehung zu meinen Schülerinnen und Schüler wichtig ist.	O	O	O	O	O
... dass es wichtig ist, eine Gemeinschaft in der Klasse zu etablieren.	O	O	O	O	O

Vignette

Es gibt nur wenige Kinder, die beim ersten Sprung vom Startblock ins Wasser keine Angst haben. Die Möglichkeiten, die man als Mutter oder Vater in diesem und ähnlichen Momenten hat, sind gering: Spricht man nicht mit dem Kind, ist das Vorhaben zum Scheitern verurteilt. Und sucht man das Gespräch, nimmt es schnell eine anstrengende und intensive Fahrt auf. Denn Kinder sagen in solchen Situationen schnell die Wahrheit und versuchen ihren Gefühlen Ausdruck zu verleihen: „Schimpf mich nicht.", „Ich verstehe das nicht." oder „Ich kann das nicht." sind Formulierungen, die signalisieren, dass Hilfe benötigt wird. Mag im Vorfeld mit dem Kind der Sprung vom Startblock ins Wasser noch so detailliert besprochen worden sein. Wenn es ernst wird, reicht die Theorie nicht mehr aus. Es braucht dann die helfende Hand, eine Atmosphäre des Vertrauens und Zutrauens, eine Atmosphäre der Geborgenheit.

Worum geht es in diesem Kapitel?

Diese Vignette soll die Kernbotschaft des vorliegenden Kapitels veranschaulichen: Lernen braucht intakte Beziehungen – sei es zwischen Kindern und Eltern oder zwischen Lernenden und Lehrpersonen. Unterricht ist demzufolge im Kern Beziehungsarbeit. Und je intensiver und erfolgreicher diese verläuft, desto größer sind die Lernerfolge.

> Nachdem Sie dieses Kapitel gelesen haben, sollten Sie in der Lage sein, vor dem Hintergrund dieser Kernbotschaft zu erklären, ...
> - inwiefern die Faktoren „Lehrererwartungen", „Lehrer-Schüler-Beziehung" und „Angstreduktion" bedeutsam sind.
> - welche Bedeutung der IKEA-Effekt auf die Entwicklung einer intakten Lehrer-Schüler-Beziehung hat.
> - warum zur Stärkung der Lehrer-Schüler-Beziehung ein „Noch nicht" immer besser ist als ein „Nicht".
> - inwiefern Humor und Freude Eingang in Schule und Unterricht finden müssen und zur Verbesserung der Lehrer-Schüler-Beziehung beitragen können.
> - was der Chamäleon-Effekt besagt und worin die Kraft von Regeln und Ritualen für den Aufbau und Erhalt einer intakten Lehrer-Schüler-Beziehung zu sehen ist.
> - warum die Glaubwürdigkeit der Lehrperson ein Schlüssel für eine intakte Lehrer-Schüler-Beziehung ist.

Welche Faktoren aus „Visible Learning" stützen diese Haltung?

Im Kern ist es keine neue Erkenntnis, dass Lernen eine Atmosphäre der Geborgenheit, des Vertrauens und Zutrauens braucht und dass unter Angst und Repression wenig erfolgreich gelernt werden kann. Man denke nur an den „pädagogischen Takt" von Johann Friedrich Herbart, an den „pädagogischen Bezug" von Hermann Nohl oder gar an die „pädagogische Liebe" von Otto Friedrich Bollnow. All diese Konzepte weisen darauf hin, wie wichtig die Lehrer-Schüler-Beziehung für den Bildungserfolg ist – obschon der Begriff der Liebe in Folge der Skandale in Internaten, allen voran an der Odenwaldschule, nicht unproblematisch ist. Vor diesem Hintergrund sind die Ergebnisse, die in „Visible Learning" präsentiert werden, aber nicht weniger bedeutsam. Denn darin werden aus einer empirischen Betrachtungsweise die Einsichten der geisteswissenschaftlichen Pädagogik untermauert. Zudem erweist sich der empirische Zugang als hilfreich, wenn es darum geht, Handlungsanweisungen für Lehrpersonen abzuleiten.

Mithilfe der Faktoren „Lehrererwartungen", „Lehrer-Schüler-Beziehung" und „Angstreduktion" soll im Folgenden dargelegt werden, welche empirischen Belege angeführt werden können, um die Haltung „Entwickle positive Beziehungen!" nachzuzeichnen:

Lehrererwartungen

Die Effektstärke von 0,43, die in „Visible Learning" für den Faktor „Lehrererwartungen" angegeben wird, lässt aufhorchen und macht neugierig auf die Forschungsergebnisse in diesem Kontext. Vor allem die Arbeiten von Robert Rosenthal und Lenore F. Jacobson sind zu nennen, denn sie zählen zu den einflussreichsten und sind bekannt geworden als „Pyg-

Entwickle positive Beziehungen!

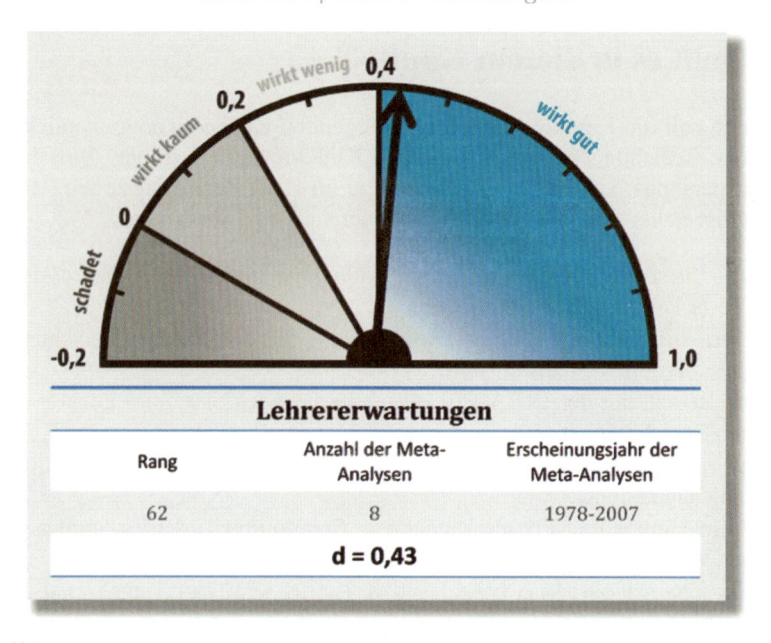

	Lehrererwartungen	
Rang	Anzahl der Meta-Analysen	Erscheinungsjahr der Meta-Analysen
62	8	1978–2007
	d = 0,43	

malion-Effekt" (1968). Was hat es damit auf sich? In Untersuchungen konnte nachgewiesen werden, dass Lehrpersonen, die ein besonders positives Bild von Lernenden haben, diese stärker fördern als deren Mitschülerinnen und Mitschüler. Dies zeigt sich beispielsweise an der Intensität der Zuwendung, an der Geduld bei Lernprozessen oder an den Wartezeiten bei Schülerantworten – mit dem weitreichenden Effekt, dass diese Lernende daraufhin tatsächlich bessere Leistungen zeigen als ihre Mitschülerinnen und Mitschüler. Verblüffend ist dabei, dass dieser Effekt auch eintritt, wenn die Erwartungshaltung der Lehrpersonen jeglicher Vernunft entbehrt und beispielsweise auf einer reinen Zufallsstichprobe basiert. So geschehen in den Studien von Robert Rosenthal und Lenore F. Jacobson, in denen zufällig den Lernenden unterschiedliche Ergebnisse aus Intelligenztests zugewiesen und daraufhin der Lehrperson mitgeteilt wurden. In umgekehrter Weise lässt der Pygmalion-Effekt den Schluss zu, dass negative Lehrererwartungen zu schlechteren Lernleistungen führen können. Insofern sollten sich Lehrpersonen ihrer Erwartungen bewusst werden, denn sie können zu sogenannten selbsterfüllenden Prophezeiungen werden. Offenheit gegenüber Entwicklungsprozessen gepaart mit einer positiven Grundeinstellung gegenüber Lernenden sind für ein lernförderliches Klima unabdingbar.

Lehrer-Schüler-Beziehung

Es zählt zu den grundlegendsten Erkenntnissen der Pädagogik, dass eine intakte Lehrer-Schüler-Beziehung unabdingbar für den Lernerfolg ist. Sie kann insofern als „conditio sine qua non" im schulischen Kontext gesehen werden und es überrascht nicht, dass für diesen Faktor in „Visible Learning" eine Effektstärke von 0,72 zu finden ist. So unstrittig diese Einsicht in die Bedeutung der Lehrer-Schüler-Beziehung ist, so vielfältig und facettenreich zeigt sich ein damit verbundener Anspruch: Angefangen bei einer Reihe von Kompetenzen, die notwendig sind, um eine lernförderliche Atmosphäre herzustellen, sind auch eine Vielzahl an Haltungen auf Seiten der Lehrperson entscheidend. Beides zusammen, Kompetenz und Haltung, kann das Schülerverhalten positiv beeinflussen und nachhaltig auf Lernprozesse wirken. Obschon die Forschungen zur Lehrer-Schüler-Beziehung vielfältig sind,

Entwickle positive Beziehungen!

Lehrer-Schüler-Beziehung

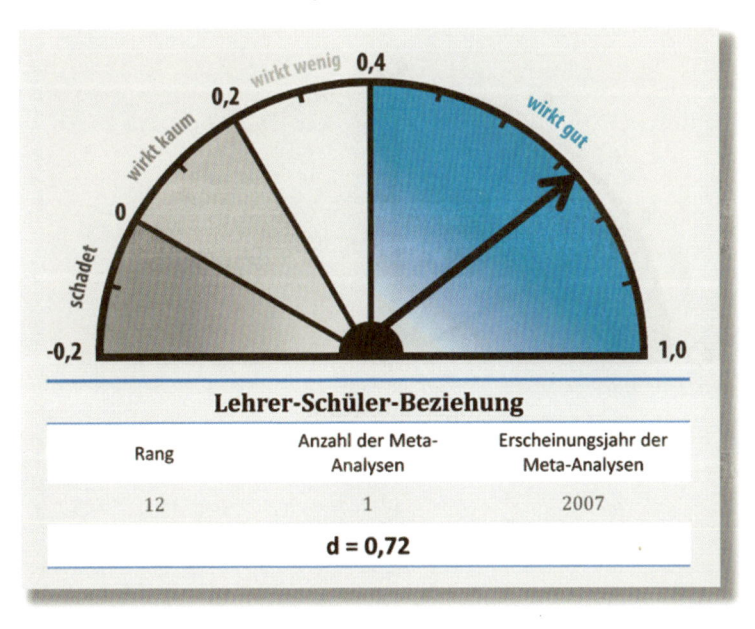

Rang	Anzahl der Meta-Analysen	Erscheinungsjahr der Meta-Analysen
12	1	2007

d = 0,72

am Beispiel der Erziehungsstile lassen sich die Kernbotschaften veranschaulichen: Gemeinhin werden vier Erziehungsstile unterschieden – autoritär, permissiv, vernachlässigend und autoritativ –, die im Hinblick auf die Persönlichkeitsentfaltung unterschiedlich wirksam sind. Sie unterscheiden sich im Wesentlichen bezüglich ihrer Ausprägung der Interaktion auf den Ebenen der Nähe vs. Distanz und der Lenkung vs. Freiheit – klassische Dichotomien der Erziehung im Schleiermacherschen Sinn. Erstens ist der autoritäre Erziehungsstil dadurch gekennzeichnet, dass er einen niedrigen Grad an Nähe und einen hohen Grad an Lenkung vorweist. Demgegenüber ist zweitens für den permissiven Erziehungsstil charakteristisch, dass er durch einen hohen Grad an Nähe und einen geringen Grad an Lenkung bestimmt ist. Drittens zeigt sich der vernachlässigende Erziehungsstil in einem geringen Grad an Nähe und einem geringen Grad an Lenkung. Und schließlich kann viertens für den autoritativen Erziehungsstil ein hoher Grad an Nähe und ein hoher Grad an Lenkung festgestellt werden. Auch wenn sich in der Literatur diese Typologien nicht immer decken, einheitlich ist die Forschungslage, dass ein autoritativer Erziehungsstil für Bildungsprozesse die größten Potenziale mitbringt.

Angstreduktion

Es mag durchaus sein, dass in der einen oder anderen Situation Menschen aufgrund von Angst lernen. Für Bildungsprozesse aber, in denen es um nachhaltiges, sinnvolles und verstehendes Lernen geht, in dem die Persönlichkeitsentfaltung in ihrer Ganzheit und Komplexität im Zentrum steht, erweist sich Angst als schädlich. Infolgedessen zeigen sich Verfahren zur Angstreduktion förderlich auf Lernprozesse, für die in „Visible Learning" eine Effektstärke von 0,40 errechnet werden. Daraus ergeht die Forderung an Lehrpersonen, in der Interaktion mit den Lernenden Wege zu vermeiden, die Angst erzeugen und verstärken, und stattdessen Wege zu beschreiben, die Angst abbauen, zudem Vertrauen wecken und Zutrauen signalisieren. Vor allem das Selbstkonzept der Lernenden, ein weiterer Faktor mit einer Effektstärke (d = 0,47) im erwünschten Bereich, wird davon profitieren, indem sie

Entwickle positive Beziehungen!

Angstreduktion

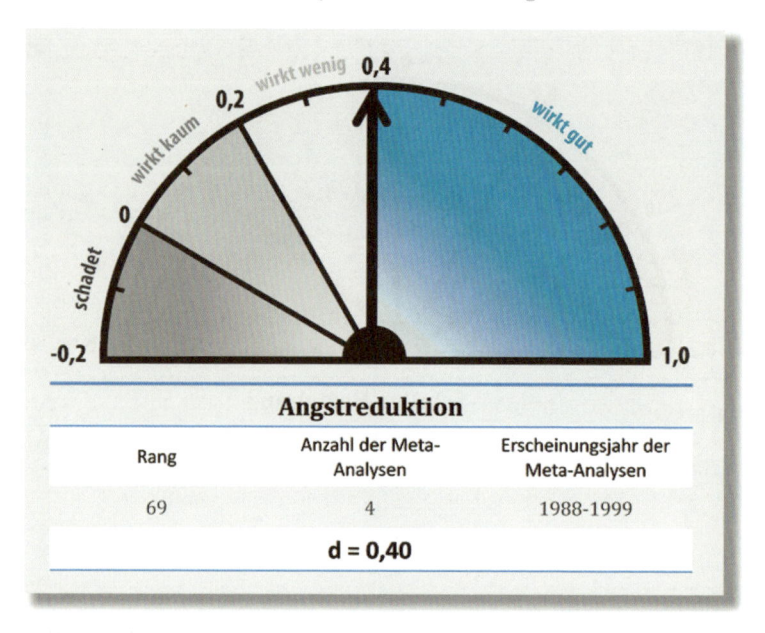

Rang	Anzahl der Meta-Analysen	Erscheinungsjahr der Meta-Analysen
69	4	1988-1999

d = 0,40

zuversichtlicher an Herausforderungen herantreten und des Weiteren ihre Leistung nicht mehr ihren Fähigkeiten zuschreiben, sondern ihrer Anstrengung, die aus dem Zutrauen der Lehrperson resultiert.

Wie weiter oben erwähnt wurde, liefert die empirische Betrachtungsweise für die Umsetzung der Haltung „Entwickle positive Beziehungen!" konkrete Handlungsanweisungen, die den Versuch einer sofortigen Umsetzung ermöglichen. Im Folgenden werden zu diesem Zweck einige Beispiele angeführt.

Der IKEA-Effekt.

Kennen Sie den IKEA-Effekt (vgl. Hattie & Yates 2015, S. 295f.)? Wenn nicht, dann kennen Sie aber sicher IKEA und haben unter Umständen schon die Erfahrung gemacht, dass es gar nicht so einfach ist, ein Regal aus den tausend Teilen, die man beim Kauf erhält, zusammenzubauen. In wirtschaftspsychologischen Studien wurde festgestellt, dass Menschen, denen dies gelingt, dem IKEA-Regal einen wesentlich höheren Wert beimessen als einem teuer erworbenen Antiquariatsstück. Wie kommt dieser Unterschied zustande? Er ist zurückzuführen auf die Anstrengung und den Einsatz, die aufgebracht werden mussten, um aus den Einzelteilen ein Ganzes zu formen. Diese Anstrengung und dieser Einsatz gehen insofern direkt in das Produkt über, bleiben nachhaltig in Erinnerung und führen zu einer Wertsteigerung. Welche Folgen sind daraus für Schule und Unterricht zu ziehen? Wann immer ein Lernender mit Anstrengung und Einsatz eine Sache bearbeitet, ist es die Pflicht der Lehrperson, der Leistung des Lernenden mit Wertschätzung und Respekt zu begegnen. Tun Lehrpersonen das, ist eine Stärkung der Lehrer-Schüler-Beziehung die Folge. Tun sie das nicht, kann es zu Brüchen in der Lehrer-Schüler-Beziehung kommen.

„Noch nicht" anstelle von „nicht": Carol Dweck und ihre Forschungen.

Es ist eines der einfachsten Studiendesigns in der psychologischen Forschung und umso erstaunlicher sind die Ergebnisse, die Carol Dweck (2012) berichtet und die unter der Zuspitzung „not yet" bekannt geworden sind. So wurde untersucht, welchen Einfluss es hat, ob Lehrpersonen zu Lernenden sagen „Das kannst du nicht." oder „Das kannst du noch nicht." Während die erste Aussage den Lernenden demotiviert, frustriert und stigmatisiert, führt die zweite Aussage zu einer Zuversicht, einer Anstrengungsbereitschaft und einer Leistungssteigerung. Warum? Weil dieses „noch nicht" dem Lernenden signalisiert, dass er das Ziel erreichen kann, wenn er sich anstrengt, dass er auf dem richtigen Weg ist, den es sich weiterzugehen lohnt, dass sein Einsatz von Erfolg gekrönt sein kann, wenn er weiterhin an sich arbeitet. Vor diesem Hintergrund ist es wichtig, dass Lehrpersonen die eigene Sprache und Ausdrucksweise, insbesondere ihr Feedback-Verhalten, immer wieder hinterfragen und am besten mit einer Kollegin oder einem Kollegen reflektieren.

Schick ein Lächeln auf die Reise!

Es ist im Grund keine bahnbrechende Erkenntnis, dass Humor und Freude wesentliche Bestandteile eines erfolgreichen Unterrichts sind und förderlich auf den Lernprozess wirken. Bereits bei antiken Denkern finden sich entsprechende Stellungnahmen. Mittlerweile liegen auch empirische Ergebnisse dazu vor, die ebenso aus dieser Perspektive zeigen: Unterricht ohne Humor und Freude kann nicht gelingen. Man ist geneigt zu folgern, dass ein Unterricht, in dem nicht gelacht wird, aufhört, Unterricht zu sein. Daraus ergeht nicht die Anforderung an die Lehrperson, ständig Lernende zum Lachen zu bringen oder gar selbst zum Clown zu mutieren. Aber doch ist es notwendig, dass Lernen bei allem erforderlichen Ernst auch Phasen des Lachens über sich selbst, über das Fach und über die Schule ermöglichen muss. Psychologisch betrachtet haben Lehrpersonen einen Trumpf in der Hand. Denn Lächeln ist ansteckend – vor allem wenn es von Herzen kommt, ehrlich und authentisch ist und in einer Gemeinschaft geteilt wird. In den 1990er Jahren wurde zu diesem Phänomen eine Studie durchgeführt (vgl. Hattie & Yates 2015, S. 250f.): In Fußgängerzonen von Großstädten wurden vom Versuchsleiter fremde Personen angelächelt. Das Ergebnis: Mehr als die Hälfte der Passanten lächelte automatisch zurück. Es liegt also an uns Lehrpersonen, ob im Unterricht gelacht wird oder nicht und ob Humor und Freude Eingang finden. Ebenso wie Lächeln positive Signale in Richtung Beziehungsebene sendet, sind aus einem Nicht-Lächeln negative Signale die Konsequenz. Wer griesgrämig das Klassenzimmer betritt, braucht sich nicht wundern, wenn keiner lacht – höchstens hinter vorgehaltener Hand über die griesgrämige Lehrperson.

Über den Chamäleon-Effekt und die Kraft von Regeln und Ritualen.

Regeln und Rituale sind Bestandteil jeder Gemeinschaft und Kennzeichen von Kulturen. Sie geben Orientierung, schaffen Vertrauen und Zutrauen, bilden ein Gefühl von Zugehörigkeit und Gemeinschaft aus und sind Ausdruck gegenseitiger Wertschätzung. Es lohnt sich daher, in Schule und Unterricht auf einen gemeinsamen und nach Möglichkeit auch einheitlichen Katalog an Regeln und Ritualen hinzuwirken, um von hier aus die Lehrer-

Schüler-Beziehung zu stärken. Das können und sollen einfache Formen, wie beispielsweise das Rituale des Begrüßens zu Beginn des Unterrichts und des Verabschiedens am Ende des Unterrichts, sein. Fehlen diese Regeln und Rituale ist häufig mangelnder Respekt und fehlende Achtung die Folge – und beides wirkt sich negativ auf die Lernleistung und den Unterrichtserfolg aus.

Interessant sind in diesem Zusammenhang die Studien zum so genannten Chamäleon-Effekt. Darin konnte nachgewiesen werden, dass Menschen, die sich in räumlicher Nähe zueinander befinden, gegenseitig bestimmte Handlungen nachahmen, ohne sich dessen bewusst zu sein: Körperhaltung, beiläufige Bewegungen, Gestik, Mimik, Sprachgeschwindigkeit und Intonation, um nur ein paar Beispiele zu nennen. Zu beobachten ist dieser Effekt bereits bei Kleinkindern, die ihre Eltern imitieren, aber auch in Büros und eben in Schulen und Klassenzimmern. Im Kern verdeutlicht der Chamäleon-Effekt, dass Menschen unbewusst in einem wechselseitigen Verhältnis zueinander stehen und es zu gegenseitigen Anpassungen kommt. Dieser Vorgang wird auch Mimikry genannt und lässt sich ebenso neurowissenschaftlich mit der Theorie der Spiegelneuronen erklären (vgl. Hattie & Yates 2015, S. 278f.). Je intensiver die Beziehungen sind, desto stärker ist die Nachahmung.

Die Tragweite dieser Forschungsergebnisse liegt für Schule und Unterricht auf der Hand: Wenn es uns Lehrpersonen gelingt, einen ersten Zugang zu den Lernenden zu haben, dann liegt es an uns, diesen Zugang optimal zu nutzen. Durch Vorbild, durch Leidenschaft, durch Kompetenz und Haltung können wir ein bestimmtes Verhalten auf Seiten der Lernenden erreichen. Achten Sie infolgedessen darauf, wie Sie das Klassenzimmer betreten, wie Sie mit Lernenden interagieren, welche Gestik und Mimik Sie verwenden usw. usf. Und seien Sie pünktlich, schreiben Sie ordentlich und zeigen Sie sich von Ihrer gewissenhaftesten Seite – das erspart Ihnen viele zeitraubende Diskussionen.

Und da all das Gesagte auch für die Peers gilt, sind Regeln und Rituale von so entscheidender Bedeutung. Denn Lernende, die sich an Regeln und Ritualen halten, wirken positiv auf andere Lernende. Je besser es folglich gelingt, sozial angesehene Lernende für eine Sache zu gewinnen, desto größer wird deren Wirkung auf die Lerngruppe sein. Das lässt sich bereits bei den oben genannten Haltungen zu Pünktlichkeit, Sorgfalt und Gewissenhaftigkeit nachweisen.

Nun ist leider auch der umgekehrte Fall möglich, dass nämlich Lernende durch ihr Verhalten eben negativ wirken können. Kurz gesagt: Störende Lernende können anstecken und andere Lernende zu Störern machen. Die Studien zur Klassenführung, auf die im Kapitel „Sehe dich als Veränderungsagent!" hingewiesen wird, weisen auf diesen Zusammenhang hin und machen deutlich: Je früher es gelingt, dieses Verhalten in den Griff zu bekommen, desto geringer sind die negativen Auswirkungen. Und wichtiger noch: Besser als jede Intervention ist die Prävention. Haben Sie folglich Ihre „Pappenheimer" im Blick und agieren Sie gerade mit diesen besonders bewusst. Dass dies nicht immer einfach ist und kraftraubend sein kann, ist hinlänglich bekannt. Diese Lernenden aber ihrem Schicksal zu überlassen, was häufig nach Resignation auf Seiten von Lehrpersonen die Folge ist, wird weder dem Einzelnen gerecht, noch ist es förderlich für die Klassengemeinschaft. Schlimmer noch: Resignation auf Seiten von Lehrpersonen führt zu Frustrationen. Bleiben Sie also dran! Tauschen Sie sich aus und nehmen Sie diese Herausforderung an! Nur mit dieser Haltung können Sie erfolgreich sein.

Wer einmal lügt, dem glaubt man nicht ... Glaubwürdigkeit als Kern intakter Lehrer-Schüler-Beziehung.

Im Grund bedarf es nicht wirklich einer empirischen Erforschung, um herauszufinden, welchen Einfluss Glaubwürdigkeit auf Kommunikation und Kooperation hat: Jeder von uns hat die Erfahrung gemacht, dass ohne Glaubwürdigkeit ein menschliches Miteinander nur schwer möglich ist. Vor diesem Hintergrund ist es nicht überraschend, dass in „Visible Learning" der Faktor „Glaubwürdigkeit" eine Effektstärke von 0,90 erreicht.
Worin kann ein Lernender die Glaubwürdigkeit der Lehrperson erkennen? Sicherlich an einem gerechten Urteil – so mitunter die häufigste Antwort, die Schülerinnen und Schüler auf die eben gestellte Frage geben. Im Allgemeinen mag diese Aussage zweifelsfrei sein, im Besonderen ist häufig strittig, was gerecht ist und was nicht. Ein intensiver Dialog und ein offener Austausch über die Gründe, die die Lehrperson zu ihrer Entscheidung bewogen haben, sind der einzige Ausweg. Nur so kann der Lernende Einsicht gewinnen, warum etwas so ist, wie es ist. Des Weiteren ist Ehrlichkeit zu nennen, die sich bereits an den Ausführungen zum IKEA-Effekt und zu Carol Dweck erkennen lässt: Gestellte Aufgaben ernst zu nehmen und angemessen zu würdigen, Lernwege durch eine oberflächliche Rückmeldung nicht zu versperren, sondern durch intensives Feedback aufzuzeigen. In diesem Sinn sei auch davor gewarnt, Fehler zu beschönigen oder gar zu verschweigen. Vertrauen wird auf diesem Weg nicht erreicht – schon gar nicht, wenn der Lernende selbst um seine Schwächen weiß. Denn dann leidet die Glaubwürdigkeit der Lehrperson darunter. Kompetenz und Haltung, dem Lernenden eine differenzierte Rückmeldung geben zu können, sind hier gefordert und stärken die Lehrer-Schüler-Beziehung.

Womit kann ich anfangen?

Die beschriebenen Beispiele weisen auf den Einfluss hin, den Lehrpersonen haben können – vor allem, wenn es um die Beziehungsebene geht, die im Unterricht bestimmend ist. Denken Sie also an

- Ihr Auftreten,
- Ihre Körperhaltung,
- Ihre Gestik und Ihre Mimik,
- Ihre Stimmlage,
- Ihr Lächeln und
- Ihren Augenkontakt.

Es ist in Schule und Unterricht nicht nur wichtig, *was* Lehrpersonen sagen, sondern auch *wie* und *warum* sie es sagen. Reflektieren Sie also immer wieder und vor allem in schwierigen Situationen das, *was* sie sagen und auch *wie* und *warum* sie es sagen. Hinterfragen Sie sich und beobachten Sie Ihre Wirkung auf die Lernenden. Nutzen Sie hierfür die Möglichkeiten der neuen Medien und zeichnen Sie sich selbst auf Video auf (Micro-Teaching, das auch Videographie enthält, kommt auf eine Effektstärke von 0,88) – mit Smartphones geht das schnell und einfach. Entscheidend für den Erfolg dieser Maßnahmen ist aber: Eine Videoaufnahme allein bringt wenig. Sie will analysiert und reflektiert werden! Suchen Sie folglich das Gespräch mit den Lernenden und Ihren Kolleginnen und Kollegen, um in Momenten des Zweifels und der Unsicherheit Ihrer Selbstwahrnehmung eine Fremdwahrnehmung als Vergleichseinschätzung zu erhalten und in Momenten der Sicherheit eine Zustimmung zu bekommen. „Was erwarte ich?", „Was bestärkt mich?", „Was überrascht mich?" und „Was will ich ändern?" können demgemäß Anhaltspunkte für eine entsprechende Reflexion sein.

Die angestellten Überlegungen zeigen, wie sehr die Haltung „Entwickle positive Beziehungen!" mit anderen Haltungen zusammenhängt. Hier nur zwei kurze Beispiele: „Betrachte Lernen als harte Arbeit!" erfordert eine Fehlerkultur, in der Fehler als notwendig im Lernprozess erachtet und begrüßt werden, wofür eine intakte Lehrer-Schüler-Beziehung grundlegend ist. Und „Gib und fordere Rückmeldung!" verdeutlicht, wie komplex die Interaktion zwischen den Lernenden und der Lehrperson ist und worauf es ankommt, wenn durch Feedback die Lehrer-Schüler-Beziehung gestärkt werden soll. Insofern sei besonders an dieser Stelle auf die anderen Kapitel im vorliegenden Buch verwiesen.

CHECKLISTE

Reflektieren Sie bei Ihrer nächsten Unterrichtsplanung folgende Punkte:

- ✓ Vergewissern Sie sich Ihrer Erwartungen, die Sie gegenüber Ihren Lernenden haben!
- ✓ Vermeiden Sie negative Zuschreibungen!
- ✓ Versuchen Sie, den Lernprozessen Ihrer Schülerinnen und Schüler gegenüber offen und positiv eingestellt zu sein!
- ✓ Vergegenwärtigen Sie sich immer wieder, dass jeder Mensch lernen kann, auch wenn die Situation noch so aussichtslos erscheint!
- ✓ Wann immer Sie merken, dass Lernende sich anstrengen und Einsatz zeigen, gehen Sie wertschätzend mit den Arbeiten und Leistungen um!
- ✓ Achten Sie auf Ihre Sprache und verwenden Sie Ausdrucksweisen, die dem Lernenden signalisieren, dass er ans Ziel kommen kann, wenn er sich anstrengt! „Noch nicht" ist besser als „nicht"!
- ✓ Lassen Sie Humor und Freude im Unterricht zu und lachen Sie mit Ihren Schülerinnen und Schülern!
- ✓ Seien Sie Vorbild und nutzen Sie den Chamäleon-Effekt!
- ✓ Achten Sie auf Ihre Glaubwürdigkeit! Seien Sie ehrlich und gerecht, indem Sie die Gründe für Ihre Entscheidungen offenlegen!

ÜBUNG

1. Gehen Sie zurück zum Fragenbogen zur Selbstreflexion am Anfang des Kapitels und füllen Sie diesen mit einer anderen Farbe aus. Wo hat sich Ihre Sicht der Dinge verändert und vor allem warum? Diskutieren Sie Ihre Einschätzungen mit einer Kollegin oder einem Kollegen.
2. Planen Sie Ihre nächste Unterrichtsstunde und bauen Sie eine Phase ein, in der Sie wertschätzend mit den Lernleistungen Ihrer Schülerinnen und Schüler umgehen wollen. Kontrollieren Sie die Checkliste hierzu. Diskutieren Sie Ihre geplante und umgesetzte Gesprächsführung mit einer Kollegin oder einem Kollegen.
3. Probieren Sie in einer der nächsten Unterrichtsstunden aus, welche Wirkung Ihr Lächeln auf die Lernenden hat oder welchen Effekt eine humorvolle Bemerkung über Schule und Unterricht nach sich zieht. Reflektieren Sie Ihre Erfahrung mit einer Kollegin oder einem Kollegen.

5 Verwende Dialog anstelle von Monolog!

Verwende Dialog anstelle von Monolog!

FRAGEBOGEN ZUR SELBSTREFLEXION:

Schätzen Sie sich im Hinblick auf folgende Aussagen ein:
1 = stimmt gar nicht; 5 = stimmt voll und ganz.

	1	2	3	4	5
Ich bin hervorragend dazu in der Lage, ...			**KÖNNEN**		
... Schülerinnen und Schüler zu ermutigen, über Inhalte zu sprechen.	O	O	O	O	O
... Schülerinnen und Schüler durch Zusammenarbeit zum Lernerfolg zu führen.	O	O	O	O	O
Ich weiß ganz genau, ...			**WISSEN**		
... dass Arbeitsaufträge klar formuliert sein müssen.	O	O	O	O	O
... welchen Nutzen kooperative Methoden (z. B. Think-Pair-Share) haben.	O	O	O	O	O
Stets ist es mein Ziel, ...			**WOLLEN**		
... dass Schülerinnen und Schüler stärker miteinander kommunizieren.	O	O	O	O	O
... dass Schülerinnen und Schüler ihre Gedanken- und Lösungsgänge häufiger präsentieren.	O	O	O	O	O
Ich bin fest davon überzeugt, ...			**WERTEN**		
... dass die Kommunikation von Schülerinnen und Schüler wichtig ist.	O	O	O	O	O
... dass ein hohes Maß an Schülerinnen- und Schüler-Beteiligung wichtig ist.	O	O	O	O	O

VIGNETTE:

Es ist einer der Höhepunkte des Unterrichts, wenn Lehrpersonen beobachten können, dass Lernende über das Gelernte ins Gespräch kommen, dabei sachlich argumentieren und kritisch-konstruktiv aufeinander Bezug nehmen. In diesen Momenten werden Lernende zu Lehrpersonen und man würde sich am liebsten zurücklehnen, um sich ganz dem Zuhören zu widmen. Die Kraft der Peers kommt zum Tragen und der Einzelne erfährt den Gewinn des Dialogischen.

Worum geht es in diesem Kapitel?

Diese Vignette soll die Kernbotschaft des vorliegenden Kapitels veranschaulichen: Lernen ist etwas Dialogisches. Es braucht den Austausch mit einem Gegenüber – ob andere Lernende, die Lehrperson oder die Eltern. Am eindringlichsten hat diesen Bildungsgedanken Martin Buber (1958) formuliert: Der Mensch wird am Du zum Ich.

> Nachdem Sie dieses Kapitel gelesen haben, sollten Sie in der Lage sein, vor dem Hintergrund dieser Kernbotschaft zu erklären, …
> - inwiefern die Faktoren „Klassendiskussionen", „Peer-Tutoring" und „Lernen in Kleingruppen" bedeutsam sind.
> - welche Rolle kooperatives Lernen spielen kann.
> - warum direkte Instruktion wichtig ist – und etwas anders als Frontalunterricht ist.
> - inwiefern der Faktor „Reduzierung der Klassengröße" im Kontext der Haltung „Verwende Dialog anstelle von Monolog!" ein Mythos ist.

Welche Faktoren aus „Visible Learning" stützen diese Haltung?

Es war einer der häufigsten Irrtümer, die infolge der Zuspitzung „Auf die Lehrperson kommt es an!" formuliert wurde: In „Visible Learning" sei der Nachweis erbracht worden, dass Frontalunterricht besser sei als jeder andere Unterricht. Und viele begannen daraufhin, das Zepter des Unterrichtens nicht nur vollends in die Hand zu nehmen, sondern auch die Perspektive der Lehrperson über alles andere zu stellen. Dieser „Fast-Food-Hattie" hat mehrere Ursachen:

Erstens ist er auf einen Übersetzungsfehler zurückzuführen, wonach „direct instruction" zu einem alles entscheidenden Faktor mit hoher Effektstärke hochstilisiert und mit Frontalunterricht übersetzt wurde – ein Problem, auf das weiter unten noch Bezug genommen wird.

Zweitens ist die falsche Zuschreibung zu nennen, die zentrale Formel aus „Visible Learning" sei die genannte Zuspitzung: „Auf die Lehrperson kommt es an!". Mehr als einmal finden sich in „Visible Learning" und „Visible Learning for Teachers" aber Bemerkungen, dass es nicht alle Lehrpersonen sind, sondern nur bestimmte – eben jene, die von den Haltungen getragen werden, die im vorliegenden Buch behandelt werden. Liegen diese Haltungen nicht vor, können Lehrpersonen sogar das größte Hindernis im schulischen Lernprozess sein – und nicht selten ist genau das zu beobachten.

Und drittens ist er die Folge einer verkannten dialogischen Struktur von Unterricht, die in einer Reihe von Faktoren zum Vorschein kommt:

Klassendiskussionen

Der Faktor „Klassendiskussionen" ist einer jener Faktoren, der infolge der Erweiterung des Datensatzes von „Visible Learning" auf „Visible Learning for Teachers" ergänzt wird und eine Effektstärke von 0,82 erreicht. Damit dringt er in die vorderen Plätze vor und landet auf Rang 7. Was ist unter dieser Methode zu verstehen und warum ist sie so erfolgreich? Klassendiskussionen zeichnen sich dadurch aus, dass a) eine hohe Schüleraktivität gegeben ist, b) Fragen und Probleme der Lernenden durch sprachliche Auseinandersetzung im Lern-

Verwende Dialog anstelle von Monolog!

Klassendiskussionen

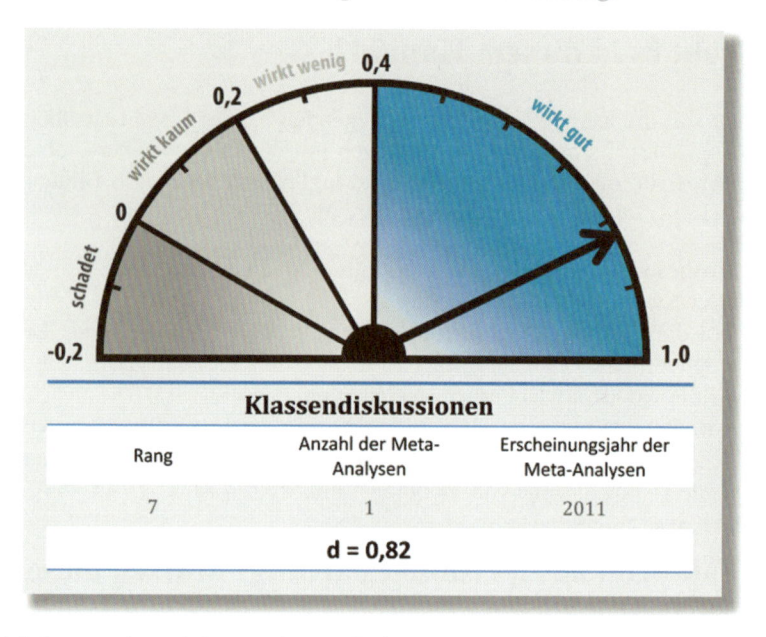

Rang	Anzahl der Meta-Analysen	Erscheinungsjahr der Meta-Analysen
7	1	2011

d = 0,82

prozess sichtbar werden, c) Lernende von Lehrpersonen Feedback einfordern und d) Lehrpersonen vielfältige Rückmeldungen zu ihrem Unterricht erhalten. Damit bündeln Klassendiskussionen eine Reihe von Faktoren, die allesamt hohe Effekte nach sich ziehen. Zentrales Kennzeichen ist insofern der Dialog, die sprachliche Auseinandersetzung. Vor diesem Hintergrund wird ersichtlich, dass Klassendiskussionen nicht zu jedem Zeitpunkt gewinnbringend eingesetzt werden können, sondern von den Lernenden und ihrer Lernausgangslage, insbesondere ihren Kompetenzen im Hinblick auf die Lerninhalte und die sprachliche Ausdruckweise, abhängen. Sie bestätigen aber dennoch deutlich, dass sie vor allem dann, wenn es um Selbstregulation und Tiefenverständnis geht, eine der einflussreichsten Methoden darstellen.

Peer-Tutoring

Es zählt zu einem der beständigsten Ergebnisse, dass Programme, in denen Lernende die Rolle von Lehrenden mitübernehmen und somit zu Tutoren werden, eine hohe Wirkung auf die Lernleistung aller Beteiligten ausüben – also sowohl auf die Unterrichteten als auch auf die Unterrichtenden. In „Visible Learning" erreicht der Faktor dementsprechend eine Effektstärke von 0,55. Wichtigste Einschränkung ist in diesem Zusammenhang, dass Peer-Tutoring nicht als Ersatz für die Lehrperson stehen darf. Denn dann nehmen die Einflüsse schnell ab und können im Fall einer Überforderung sogar negativ werden. Infolgedessen sind solche Programme als Ergänzung zu den Aktivitäten der Lehrperson zu sehen und der Lehrperson kommt die Herausforderung zu, für klare Ziele und transparente Prozesse zu sorgen. Lernen zeigt sich somit auch im Peer-Tutoring als ein dialogischer Prozess, in dem Lernende nicht nur als Konsumenten des Lehrens zu sehen sind, sondern immer auch als Produzenten des Lernens.

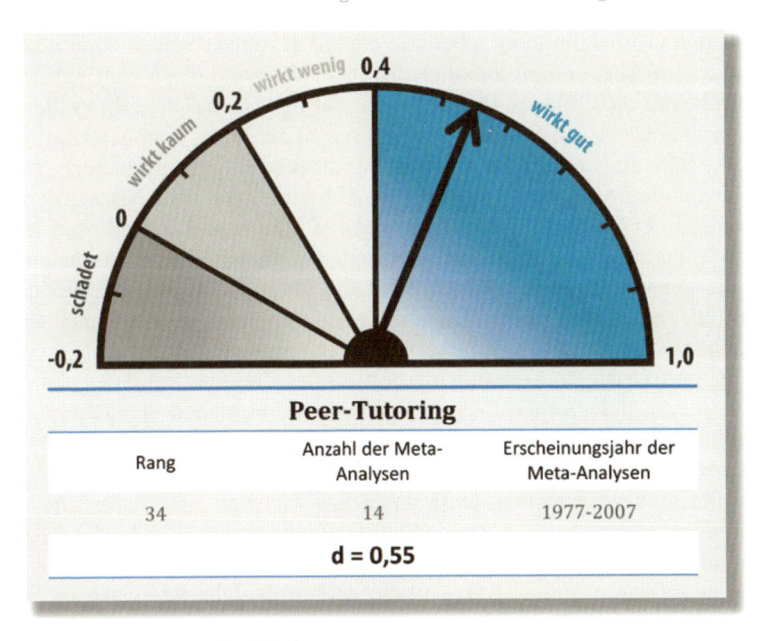

Verwende Dialog anstelle von Monolog!

Peer-Tutoring

Rang	Anzahl der Meta-Analysen	Erscheinungsjahr der Meta-Analysen
34	14	1977-2007

d = 0,55

Aufgabenbezogenes Lernen in Kleingruppen

Die Herausforderung auf Seiten der Lehrpersonen, dass dialogische Prozesse in der Schule und im Unterricht erstens entstehen und zweitens erfolgreich werden, lassen sich am Faktor „Aufgabenbezogenes Lernen in Kleingruppen" verdeutlichen. Dieser erreicht eine Effektstärke von 0,49 – und scheint damit ähnlichen Faktoren, die die Größe der Lerngruppe in den Blick nehmen, zu widersprechen: Der Faktor „Reduzierung der Klassengröße" erreicht nur eine Effektstärke von 0,21 und „Allgemeines Lernen in Kleingruppen", zu verstehen als

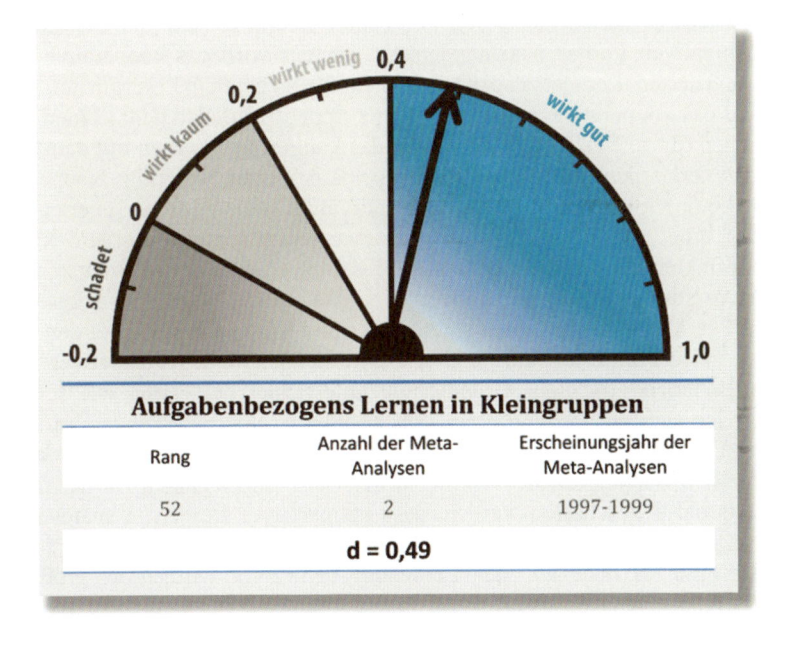

Aufgabenbezogens Lernen in Kleingruppen

Rang	Anzahl der Meta-Analysen	Erscheinungsjahr der Meta-Analysen
52	2	1997-1999

d = 0,49

eine längerfristige Gruppenbildung innerhalb eines Klassenverbandes ohne Bezug zu einer bestimmten Lernaufgabe, kommt lediglich auf 0,18. Wie sind diese Unterschiede zu erklären und worin liegen die Gründe? Das Scheitern auf der einen Seite gibt in diesem Zusammenhang Hinweise für den Erfolg auf der anderen Seite. Denn Voraussetzung für den Erfolg all dieser Maßnahmen ist, dass sie nicht nur strukturell gedacht werden, sondern konkrete Prozessveränderungen nach sich ziehen: Lernziele, die dem Niveau der Lernenden angepasst werden, Aufgaben, die Lernende herausfordern, sowie Methoden und Medien, die zur Lernausgangslage der Schülerinnen und Schüler in einem optimalen Verhältnis stehen. All die genannten Punkte bilden nicht das zentrale Motiv einer Reduzierung der Klassengröße oder eines allgemeinen Lernens in Kleingruppen, kennzeichnen wohl aber ein aufgabenbezogenes Lernen in Kleingruppen. Denn diese Gruppenbildung verfolgt über einen kurz- bis mittelfristigen Zeitraum ein bestimmtes Ziel, das mit dazugehörigen Aufgaben und allen voran dialogischen Lernarrangements zu erreichen versucht wird. In einem entscheidenden Maß hängen also Verfahren der Gruppierung innerhalb einer Schule und einer Klasse von der Haltung der Lehrperson ab, Unterricht als einen Dialog zu begreifen und dementsprechend zu gestalten. Dass dabei das Ziel des Unterrichts und seine Erreichung im Zentrum stehen, soll an dieser Stelle betont werden. Ein häufig beobachtbares, permanentes und ritualisiertes Um- und Versetzen, Neugruppieren und –sortieren der Lernenden, ohne zu wissen, welche Effekte all das nach sich zieht, ist nicht zum Faktor „Aufgabenbezogenes Lernen in Kleingruppen" zu zählen, sondern zu uneffektiven Maßnahmen des Faktors „Allgemeines Lernen in Kleingruppen".

Kooperatives Lernen: Die Kraft der Peers nutzen.

Der Faktor „Kooperatives Lernen" bedarf im Rahmen dieses Kapitels einer gesonderten Betrachtung. Denn kooperatives Lernen, also das Miteinander-Lernen, lässt von sich aus eine Umsetzung der Haltung „Verwende Dialog anstelle von Monolog!" erwarten. Wie zeigt sich die Forschungslage?

Zunächst ist zu bemerken, dass sich in „Visible Learning" ein ganzes Faktorenbündel mit dem kooperativen Lernen auseinandersetzt. Erstens wird das kooperative Lernen mit dem individualisierten Lernen, also dem Lernen für sich alleine, verglichen (d = 0,59). Zweitens wird das kooperative Lernen mit dem kompetitiven, also dem Lernen im Wettbewerb, verglichen (d = 0,54). Und drittens wird das kompetitive Lernen mit dem individualisierten Lernen verglichen (d = 0,24). Das Ergebnis ist damit eindeutig: Kooperatives Lernen ist dem kompetitiven Lernen und dem individualisierten Lernen überlegen und das kompetitiven Lernen zeigt größere Effekte als das individualisierte Lernen. Neben diesen allgemeinen Effekten lohnt es sich, besondere Zusammenhänge in den Blick zu nehmen:

So konnte in Studien nachgewiesen werden, dass die Effektstärke des kooperativen Lernens zunimmt, je älter die Lernenden sind. Der Grund ist derselbe wie bei den Hausaufgaben, die auch umso effektiver sind, je älter die Lernenden sind: Kooperatives Lernen will gelernt sein! Jeder, der in einer Grundschule unterrichtet hat, weiß, wie schwer es für Grundschüler ist, sich zu konzentrieren, sich zu melden und ruhig sitzen zu bleiben, geschweige denn miteinander zusammenzuarbeiten. Das soll nicht heißen, dass kooperatives Lernen in der Grundschule damit unsinnig wäre. Ganz im Gegenteil: In der Grundschule kann die Basis dafür geschaffen werden, dass kooperatives Lernen in späteren Jahren so erfolgreich sein kann. Dieser Zusammenhang lässt sich übrigens für jede Methode feststellen: Je besser eine Methode von den Lernenden beherrscht wird, desto größer kann ihr Nutzen sein.

Des Weiteren konnte in Studien gezeigt werden, dass sich kooperatives Lernen bei bestimmten Aufgaben kaum von den anderen Lernformen hinsichtlich seiner Effektivität unterscheidet – untersucht wurden beispielsweise das Auswendiglernen und das Erledigen der Hausaufgaben. Bei Aufgaben also, die ohne eine dialogische Struktur erfüllt werden können, lässt der Einfluss des kooperativen Lernens nach.

Damit zeigt sich das Geheimnis des Erfolges kooperativer Lernformen: Es ist der Dialog, der die Peers als einflussreiche und entscheidende Größe in den Lernprozess bringt. Für viele wurde damit in „Visible Learning" der Nachweis erbracht, dass der offene Unterricht erfolgreicher ist als der geschlossene Unterricht. Dieser Schluss ist erneut eine Fehlinterpretation und ein schönes Beispiel für einen „Fast-Food-Hattie". Denn es ist nicht die Methode, die erfolgreich ist, sondern die Einbettung der Methode in den Unterricht durch die Lehrperson. Im Fall des kooperativen Lernens sind bestimmte Voraussetzungen zu gewährleisten, wie mithilfe des folgenden Beispiels verdeutlicht werden soll:

Die Lehrperson betritt das Klassenzimmer, bildet Gruppen, verteilt kurzer Hand Arbeitsaufträge auf Zetteln und verlässt das Klassenzimmer. Bis sie wiederkommt, versuchen die Lernenden krampfhaft herauszufinden, was sie eigentlich tun sollen, scheitern aber, weil ihnen nichts klar ist. Effektive Lernzeit sieht anders aus. Kooperatives Lernen bedarf einer Ergänzung.

Direkte Instruktion: Das Pendant zum kooperativen Lernen.

Das gegebene Beispiel zeigt, dass kooperatives Lernen auf Klarheit im Hinblick auf Ziele, Inhalte, Methoden, Medien, Raum und Zeit seitens der Lernenden angewiesen ist. Und dieser Klarheit geht die entsprechende Klarheit seitens der Lehrpersonen voraus. Damit es zu dieser Klarheit auf beiden Seiten kommt, ist eine Phase der direkten Instruktion notwendig – ein Faktor, der mit einer Effektstärke von 0,59 weit vorne im Ranking liegt.

Nun ranken sich um den Faktor „Direkte Instruktion" ebenso viele Mythen wie um den Faktor „Kooperatives Lernen", so dass auch er einer genaueren Betrachtung unterzogen werden muss:

Zurückzuführen sind diese Mythen auf einen Übersetzungsfehler, wonach „direct instruction" mit „Frontalunterricht" gleichgesetzt wurde. Auch wenn ein gut gemachter Frontalunterricht viele Elemente einer direkten Instruktion vorweisen kann, es sind und bleiben zwei unterschiedliche Methoden mit verschiedenen Entwicklungshintergründen:

Direkte Instruktion ist ein Ansatz, der im englischsprachigen „Instructional Design" entwickelt wurde und bis heute weiterentwickelt wird. Infolgedessen liegen unterschiedliche Varianten vor. In „Visible Learning" werden unter anderem folgende Kennzeichen genannt:

1. Klarheit im Hinblick auf die Ziele auf Seiten der Lehrperson
2. Klarheit im Hinblick auf den Lernerfolg auf Seiten der Lernenden
3. Übereinkunft über die Ziele und den Lernerfolg zwischen den Lernenden und der Lehrperson
4. Klarheit im Hinblick auf Methoden- und Medieneinsatz auf Seiten der Lehrperson
5. Sichtbarmachung von Lernerfolg
6. Austausch über den Unterricht zwischen Lernenden und Lehrperson
7. Fortführung des Lernprozesses

Der Unterschied zu vielen Formen des Frontalunterrichts wird hieraus ebenso ersichtlich wie die Bedeutung des Dialoges: Um Klarheit im Hinblick auf die Ziele, die Inhalte, die

Methoden und die Medien auf beiden Seiten herzustellen, ist nicht nur die Klarheit auf Seiten der Lehrperson vonnöten, sondern es sind vor allem intensive Phasen des Austausches, der Kooperation und der Auseinandersetzung wichtig. Und genau dieses Bemühen meint direkte Instruktion, die im Erfolgsfall zu einer entsprechenden Klarheit auf Seiten der Lernenden führt.

Direkte Instruktion beschreibt somit einen Unterricht, indem sowohl die Lehrpersonen als auch die Lernenden genau wissen, wer was, wann, warum, wie, wo und mit wem zu tun hat. Die Lehrperson führt also wie ein Regisseur auf didaktisch geschickte Weise durch den Unterricht, ohne deshalb die Eigenaktivität der Schülerinnen und Schüler zu missachten. Von dieser Form des Unterrichts profitieren nicht zuletzt lernschwache Schülerinnen und Schüler, die mehr als andere auf eine klare Orientierung angewiesen sind.

Der Erfolg einer Phase der direkten Instruktion ist im Einvernehmen über die Ziele, die Inhalte, die Methoden und die Medien zu sehen. Mit anderen Worten: Die Klarheit der Lehrperson kommt in Berührung mit der Klarheit der Lernenden und wird im gegenseitigen Abgleich zur Klarheit des Unterrichts.

Klassengröße: Bedeutsam, aber nicht entscheidend für den Dialog.

Eines gleich vorweg: Wir sind für kleinere Klassen, weil sie vieles ermöglichen können, was besonders wirksam ist. Aber wir sind dagegen, die Klassengröße als Allheilmittel und als neuralgischen Punkt zu sehen, der immer dann ins Feld geführt wird, wenn es um schulische Verantwortung geht. Denn diese liegt nicht in der Struktur, sondern in der Kompetenz und Haltung der Lehrperson. Wie gelangen wir zu dieser Schlussfolgerung?

Auf den ersten Blick erscheint es naheliegend, dass eine Reduzierung der Klassengröße zu besseren Dialogen und damit auch zu einem besseren Unterricht führen müsse. All das tritt aber nicht allein durch eine Reduzierung der Klassengröße ein, wie eine Reihe von Studien belegen. So wurde beispielsweise untersucht, welchen Effekt eine Reduzierung der Klassengröße um 5 oder 10 Lernende auf die schulische Leistung hat. Die in „Visible Learning" errechnete Effektstärke von 0,21 ist gering und überrascht, denn sie widerspricht vermeintlich jeder Erfahrung. Wie kommt das Ergebnis zustande? In einer Reihe von Untersuchungen wurde festgestellt, dass allein die Reduzierung der Klassengröße nur geringe Auswirkungen hat, weil Lehrpersonen durch diese Maßnahme ihr Handeln nicht automatisch ändern. Sie nutzen beispielsweise die kleinere Schüleranzahl nicht von selbst, um besseres Feedback zu geben, um bessere Gespräche mit den Lernenden zu suchen, um die Lernenden besser in den Unterrichtsprozess miteinzubeziehen.

Ein häufiger Einwand an dieser Stelle: „All das kann nicht stimmen, denn in kleineren Klassen kann ich als Lehrperson mehr Feedback geben." Das ist richtig und lässt sich empirisch belegen. Aber erfolgreiches Feedback ist nicht eine Frage der Quantität, sondern der Qualität. Im Rahmen der Haltung „Gib und fordere Rückmeldung!" wird der Unterschied nochmals angesprochen, der bereits an dieser Stelle wichtig wird und zum Tragen kommt: Mehr Feedback bedeutet in der Regel mehr von dem, was Lernende sowieso schon erfahren, und nicht zwangsläufig etwas anderes, was für Lernende ein echter Gewinn wäre. Im Fall des Feedbacks kann man überspitzt formulieren: Was bringt es dem Lernenden, wenn er nach der Reduzierung der Klassengröße nicht nur fünf Mal erfährt, dass er die Aufgabe falsch gelöst hat, sondern zehn Mal? Feedback, und das ist entscheidend, muss nicht mehr werden, um wirken zu können. Es muss ein anderes werden.

Ein weiterer, nicht seltener Einwand ist: „All das kann nicht stimmen, denn in kleineren Klassen wird mehr gesprochen." Auch das ist richtig und lässt sich empirisch erneut belegen. Aber die erste Frage, die sich stellt ist: Wer spricht mehr? Sind es die Lernenden oder ist es die Lehrperson? Häufig füllen eben nicht die Lernenden den freiwerden Raum, sondern es ist die Lehrperson, die mehr spricht (vgl. Hattie 2014, S. 82). Nun sind auch in diesem Fall Quantität und Qualität nicht zu verwechseln. Aber Lehrpersonen sollten nicht dem Irrglauben verfallen, dass ihre Monologe besser sind als alle denkbaren Dialoge mit und zwischen den Lernenden.

Und ein letzter Einwand, der häufig genannt wird: „All das kann nicht stimmen, denn in kleineren Klassen habe ich mehr Zeit und bin weniger gestresst." So naheliegend diese Aussage ist, sie lässt sich empirisch nicht belegen: Lehrpersonen, die in größeren Klassen gestresst sind, sind es häufig auch in kleineren (vgl. Zierer 2016b, S. 12). Denn der Grund für den Stress ist nicht die Klassengröße. Es ist die ausbaufähige Professionalität, insbesondere die erweiterbare Kompetenz und die entwickelbare Haltung.

Der Schluss aus diesen Überlegungen darf nicht sein, dass eine Reduzierung der Klassengröße nichts bringt oder womöglich beliebig die Klassengröße erhöht werden kann – das wäre ein erneutes Beispiel für einen „Fast-Food-Hattie". Vielmehr wird deutlich: Solange Lehrpersonen veränderte Strukturen nicht aufgreifen, bleiben diese nahezu wirkungslos. Gelingt es ihnen aber, diese für intensivere Gespräche, für herausfordernde Auseinandersetzungen und für anregende Dialoge zwischen allen Beteiligten zu nutzen, können sie zu entscheidenden Strukturmerkmalen werden, weil sie vieles, über dessen Wirkung gesicherte Erkenntnisse besteht, überhaupt erst ermöglichen. Aber all das ist kein Selbstläufer, sondern liegt in der Verantwortung, der Kompetenz und der Haltung der Lehrperson begründet.

Womit kann ich anfangen?

Kaum ein Feld ist so vielfältig bestellt wie das der kooperativen Lernformen. Ob Gruppenpuzzle, Fishbowl oder Placemat Activity – die Vielfalt ist nahezu grenzenlos, zumal immer neue Ideen hinzukommen. Insofern lohnt es sich, an dieser Stelle anzufangen und den eigenen Unterricht mit Elementen des kooperativen Lernens zu bereichern. Das Entscheidende aber auch in diesem Kontext: Es geht nicht nur um die Methode, die eingesetzt wird. Wichtiger ist das Suchen nach dem Nachweis, dass die eingesetzte Methode erfolgreich war. Kurzum: Evidenzbasierung als Stichwort und „Kenne deinen Einfluss!" als Leitmotiv.

Gemein ist den Verfahren des kooperativen Lernens der Dreischritt „Nachdenken", „Austauschen" und „Vorstellen" – im englischsprachigen Raum bekannt als „Think-Pair-Share":

In der ersten Phase (Nachdenken) geht es darum, dass sich Lernende in Einzelarbeit ein Thema erschließen. In der zweiten Phase (Austauschen) ist es das Ziel, sich in der Gruppe zu besprechen und die Ergebnisse aus der ersten Phase miteinander zu vergleichen. In der dritten Phase (Vorstellen) besteht schließlich die Aufgabe, das gemeinsame Ergebnis aus der zweiten Phase in einer größeren Runde zu präsentieren.

Nutzen Sie die Vielfalt und bauen Sie Phasen des kooperativen Lernens in Ihren Unterricht ein. Denken Sie dabei daran, dass eine Phase der direkten Instruktion vorausgehen sollte, in der sich die Lernenden Klarheit darüber verschaffen, was das Ziel der kooperativen Phase ist, an welchen Inhalten gearbeitet wird und welche Medien zur Verfügung stehen. Folgende Beispiele können als Anregung für diese Aufgabe gesehen werden (vgl. Kiel et al. 2014):

Verwende Dialog anstelle von Monolog!

Gruppenpuzzle:

Im Gruppenpuzzle wird die Klasse zuerst in Expertengruppen unterteilt, die gemeinsam einen Teilbereich des Stundenthemas erarbeiten müssen. Im Anschluss daran werden neue Gruppen gebildet, so dass aus jeder Expertengruppe ein Lernender darin vertreten ist. In der neuen Gruppe müssen die Lernenden sich die Ergebnisse aus ihren Expertengruppen gegenseitig berichten.

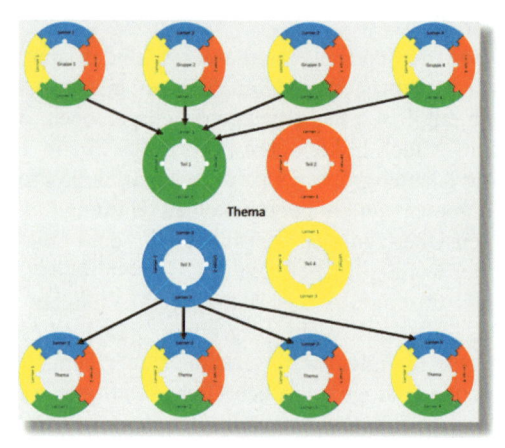

Fishbowl:

Die Klasse wird in einen Innen- und Außenkreis geteilt. Der Innenkreis hat die Aufgabe, ein vorgegebenes Thema zu diskutieren, während der Außenkreis Beobachtungsaufgaben übernimmt. Bei Wunsch und Interesse können Mitglieder des Außenkreises in den Innenkreis wechseln und umgekehrt Mitglieder des Innenkreises in den Außenkreis.

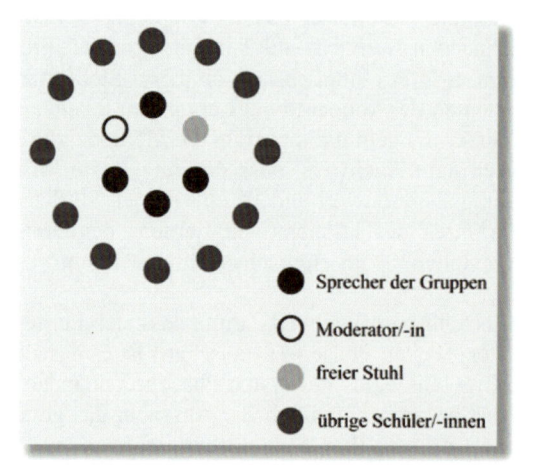

Placemat Activity:

Nach der Aufteilung des Klassenverbandes in Gruppen zu je vier Personen müssen die Lernenden zunächst für sich allein ein Thema bearbeiten und den eigenen Kerngedanken in eines der Randfelder niederschreiben. Danach besteht die Aufgabe, dass sich jeder in der

Gruppe die Lösungsansätze der anderen Gruppenmitglieder durchliest, um dann in eine Diskussion einzutreten. In der Mitte wird dann die Gruppenlösung notiert.

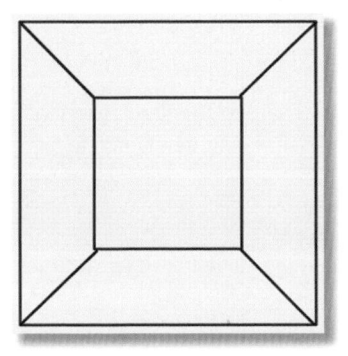

Nutzen Sie das Spektrum an Möglichkeiten, kooperatives Lernen in Ihren Unterricht zu integrieren und damit Dialog anstelle von Monolog zu verwenden. Bedenken Sie aber bitte immer: Es geht hier nicht um methodische Selbstläufer, sondern um die Wahrscheinlichkeit, dass die genannten Verfahren in der Vergangenheit entsprechende Effekte auf die Lernleistung von Schülerinnen und Schüler hatten. Das entbindet Sie folglich nicht von der Pflicht, sondern weist mit Nachdruck darauf hin, selbst nach der Evidenz zu suchen, dass die Methodenwahl auch in Ihrem Unterricht erfolgreich war. Hinweise dazu werden im Rahmen des Kapitels „Gib und fordere Rückmeldung!" gegeben.

CHECKLISTE:

Reflektieren Sie bei Ihrer nächsten Unterrichtsplanung folgende Punkte:

- ✓ Integrieren Sie Phasen des Dialoges in den Unterricht!
- ✓ Orientieren Sie sich bei der Planung des Unterrichts an den genannten Prinzipien der direkten Instruktion!
- ✓ Versuchen Sie Klarheit über Ziele, Inhalte, Methoden und Medien des Unterrichts im Vorfeld zu erlangen!
- ✓ Sorgen Sie mit den Lernenden für Übereinkunft und Einverständnis im Hinblick auf Ziele, Inhalte, Methoden und Medien!
- ✓ Berücksichtigen Sie bereits bei der Planung des Unterrichts Verfahren, mit denen Sie die Wirkung der ausgewählten Methoden sichtbar machen können!
- ✓ Knüpfen Sie die Auflösung des Klassenverbandes an Aufgaben!
- ✓ Vermeiden Sie eine Gruppierung um der Gruppierung wegen!
- ✓ Nutzen Sie die Kraft der Peers durch kooperative Lernformen!
- ✓ Setzen Sie gezielt und bewusst Phasen des Inputs! Sie sind wichtig, um Phasen des Dialoges vorzubereiten, einzuleiten, zu kommentieren, zu sichern und nachzubereiten!

ÜBUNG:

1. Gehen Sie zurück zum Fragenbogen zur Selbstreflexion am Anfang des Kapitels und füllen Sie diesen mit einer anderen Farbe aus. Wo hat sich Ihre Sicht der Dinge verändert und vor allem warum? Diskutieren Sie Ihre Einschätzungen mit einer Kollegin oder einem Kollegen.
2. Planen Sie Ihre nächste Unterrichtsstunde und bauen Sie eine Phase des kooperativen Lernens ein. Holen Sie sich dazu eine Rückmeldung von Ihren Lernenden ein. Diskutieren Sie Planung, Umsetzung und Rückmeldung mit einer Kollegin oder einem Kollegen.
3. Vergleichen Sie Ihre Unterrichtsplanung mit den genannten Merkmalen der direkten Instruktion und ergänzen Sie Ihre Überlegungen, wo Unschärfen anzutreffen sind. Tauschen Sie sich hierzu mit einer Kollegin oder einem Kollegen aus.

6 Informiere alle über die Sprache der Bildung!

FRAGEBOGEN ZUR SELBSTREFLEXION:

Schätzen Sie sich im Hinblick auf folgende Aussagen ein:
1 = stimmt gar nicht; 5 = stimmt voll und ganz.

	1	2	3	4	5
Ich bin hervorragend dazu in der Lage, ...	**KÖNNEN**				
... mit allen Beteiligten zu kooperieren.	O	O	O	O	O
... auf Verständnisprobleme meiner Schülerinnen und Schüler einzugehen.	O	O	O	O	O
Ich weiß ganz genau, ...	**WISSEN**				
... wie ich mich verständlich ausdrücke.	O	O	O	O	O
... wie ich die Themen des Unterrichts verständlich machen kann.	O	O	O	O	O
Stets ist es mein Ziel, ...	**WOLLEN**				
... die Kooperation aller Beteiligten zu fördern.	O	O	O	O	O
... mich allen Beteiligten gegenüber kooperativ zu verhalten.	O	O	O	O	O
Ich bin fest davon überzeugt, ...	**WERTEN**				
... dass ich die Inhalte meines Unterrichts verständlich machen sollte.	O	O	O	O	O
... dass ich auf Verständnisprobleme eingehen muss.	O	O	O	O	O

Vignette:

Jede Lehrperson hat vermutlich schon einmal die Erfahrung gemacht, dass in der Sprechstunde ein Elternteil erscheint, dessen sozioökonomischer Status ein Gespräch über die Lernleistungen des Kindes nur schwer möglich macht. Das kann beispielsweise an sprachlichen Barrieren liegen, aber auch am Bildungsniveau, an der Interaktionsfähigkeit und an kulturellen Hintergründen. Letztendlich bleiben als Lehrperson zwei Möglichkeiten: Entweder man spult sein Lehrplan-Deutsch herunter, das keiner versteht, oder man versucht, die Sprache der Eltern zu sprechen.

Worum geht es in diesem Kapitel?

Diese Vignette soll die Kernbotschaft des vorliegenden Kapitels veranschaulichen: Bildungserfolg ist abhängig von einer gelingenden Kooperation zwischen allen Beteiligten – den Lernenden, ihren Eltern und den betroffenen Lehrpersonen. Diese Kooperation basiert im Kern auf Sprache, so dass auf Seiten der Lehrperson gefordert ist, die Sprache der Bildung allen Beteiligten zu vermitteln und demgemäß die Sprache der Lernenden, die Sprache der Eltern und die Sprache der Schule zu sprechen und situationsbezogen anzuwenden.

> Nachdem Sie dieses Kapitel gelesen haben, sollten Sie in der Lage sein, vor dem Hintergrund dieser Kernbotschaft zu erklären, ...
> - inwiefern die Faktoren „Häusliches Anregungsniveau", „Fernsehen", „Elternunterstützung beim Lernen" und „Familienstruktur" bedeutsam sind.
> - was es mit dem „30 Million Words Gap" auf sich hat und wie damit umzugehen ist.
> - was die Grundlagen erfolgreicher Gespräche sind.
> - was im Zentrum der Sprache der Bildung steht.

Welche Faktoren aus „Visible Learning" stützen diese Haltung?

Es ist eine der beständigsten Argumente in der bildungspolitischen Diskussion und leidenschaftlicher Gegenstand von Strukturdebatten: Bildungserfolg ist vom Elternhaus abhängig. So mancher Politiker zeigt sich ob dieser Begebenheit sogar empört, verkennt dabei aber einen grundlegenden Zusammenhang, der auch als Matthäus-Effekt bezeichnet wird: Wer günstige Voraussetzungen hat, wird ihm zuteil werdende Angebote besser nutzen können. Und wer ungünstige Voraussetzungen hat, wird diese weniger nutzen können.

Allerdings darf man aus pädagogischer Sicht nicht bei dieser Einsicht stehenbleiben. Vielmehr ist zu überlegen, wie damit umzugehen ist. Und damit erhält die bildungspolitische Debatte eine andere Perspektive. Denn es geht nicht mehr um die Empörung über ein Faktum, sondern um begründbare und sinnvolle Möglichkeiten, wie mit diesem Faktum umzugehen ist.

In „Visible Learning" finden sich unter anderem die Faktoren „Häusliches Anregungsniveau", „Fernsehen", „Elternunterstützung beim Lernen" und „Familienstruktur". An ihnen lässt sich aufzeigen, wie die Haltung „Informiere alle über die Sprache der Bildung!" interpretiert werden kann:

Häusliches Anregungsniveau

Die Frage, welche Rolle die elterliche Erziehung auf die Lernleistung von Kindern und Jugendlichen hat, wird seit jeher leidenschaftlich diskutiert. Denn für viele ist die Familie nicht die Quelle einer erfolgreichen Bildung, sondern die Quelle für Bildungsungerechtigkeit. In „Visible Learning" finden sich zwei Faktoren, die zu dieser Auseinandersetzung Aufschluss geben können: Einerseits der Faktor „Sozioökonomischer Status" und andererseits der Faktor „Häusliches Anregungsniveau". Beide Faktoren weisen eine sehr hohe Effektstärke von jeweils 0,52 auf. Während der Faktor „Sozioökonomischer Status" den Bildungsabschluss der Eltern, ihr Einkommen und ihren Beruf im Hinblick auf den Bil-

Häusliches Anregungsniveau

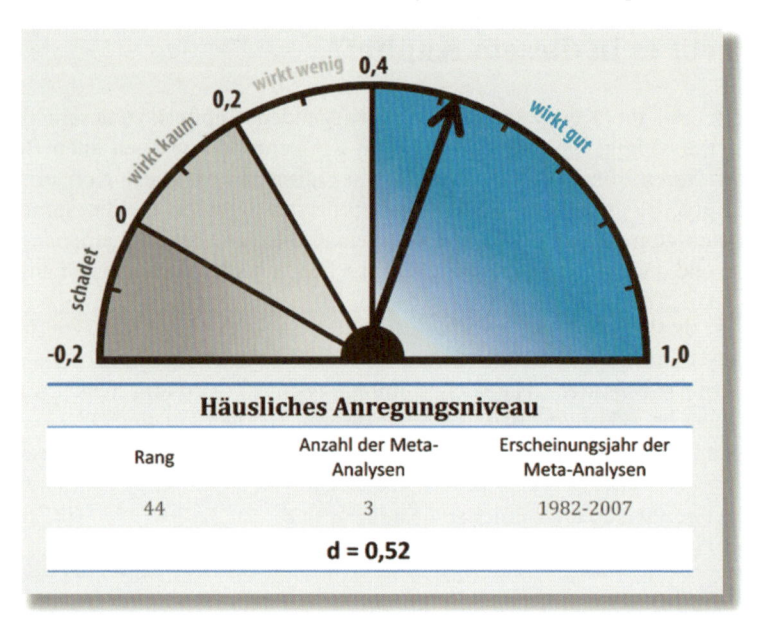

Rang	Anzahl der Meta-Analysen	Erscheinungsjahr der Meta-Analysen
44	3	1982-2007

d = 0,52

dungserfolg von Kindern analysiert, lenkt der Faktor „Häusliches Anregungsniveau" den Blick stärker auf soziopsychologische Aspekte, wie beispielsweise die Qualität der Interaktion zwischen Kindern und Eltern, die Qualität und Quantität der Spiele und Spielsachen. Bisher ist es in den Meta-Analysen nicht gelungen, die Grenzen zwischen beiden Faktoren klar zu ziehen, so dass Überschneidungen und Wechselwirkungen wahrscheinlich sind. Unstrittig ist aber der Einfluss des Elternhauses auf die Kinder, der umso positiver ist, je positiver der sozioökonomische bzw. der soziopsychologische Status ist. Wichtig an dieser Stelle erscheint der Hinweis, dass daran auch schulische Strukturen nichts ändern – obschon das viele gerne hätten und immer wieder propagieren. Egal also, ob Lernende eine Gesamtschule oder ein dreigliedriges Schulsystem besuchen, egal also, ob Lernende in eine Ganztagsschule oder eine Halbtagsschule gehen, die Effekte des Elternhauses bleiben konstant. Demzufolge ist die einzig sinnvolle Schlussfolgerung, Eltern nicht aus der Bildungsarbeit auszuschließen, sondern sie mit allen Mitteln als Partner in den Bildungsprozess hineinzuholen. Denn der Ort der Bildung ist nicht die Struktur. Der Ort der Bildung ist die Interaktion zwischen allen Beteiligten – und die Eltern spielen hier eine zentrale Rolle.

Fernsehen

Inwiefern eine passive Ausprägung des häuslichen Anregungsniveaus negativ wirken kann, macht der Faktor „Fernsehen" deutlich. In „Visible Learning" erreicht er mit -0,18 den vorletzten Rang. Vorsicht ist hinsichtlich der zu ziehenden Schlussfolgerung geboten. Sie lautet nicht: Wenn jemand fernsieht, dann ist er schlecht in der Schule. Vielmehr geht es um den Zusammenhang: Je mehr Zeit Kinder und Jugendliche vor dem Fernseher verbringen, desto mehr leiden ihre schulischen Leistungen darunter. Dass das stundenlange Berieselnlassen auch damit zusammenhängt, dass weder die Eltern, die für die Erziehung zuhause Verantwortung tragen, noch die Schülerinnen und Schüler die Sprache der Bildung sprechen, ist offensichtlich.

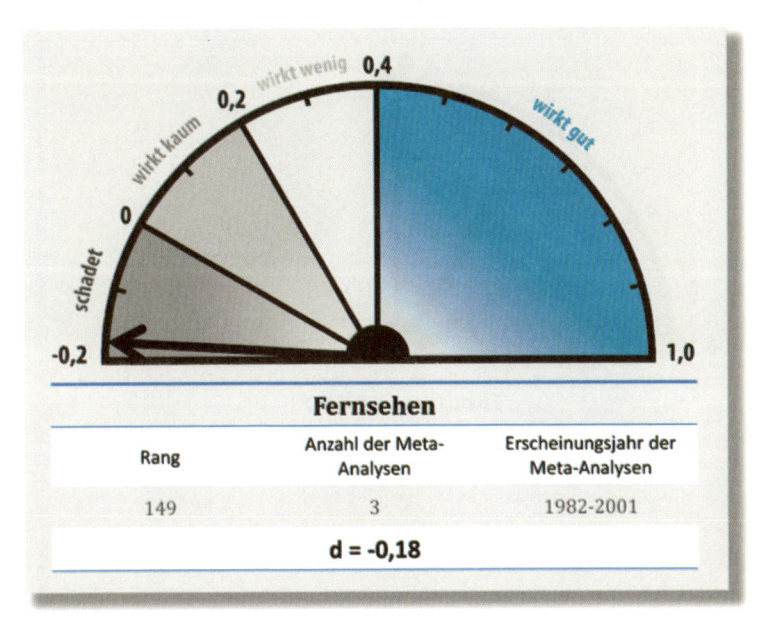

Informiere alle über die Sprache der Bildung!

Fernsehen

Rang	Anzahl der Meta-Analysen	Erscheinungsjahr der Meta-Analysen
149	3	1982-2001

d = -0,18

Elternunterstützung beim Lernen

Vor diesem Hintergrund überrascht es nicht, dass der Faktor „Elternunterstützung beim Lernen" in „Visible Learning" eine Effektstärke von 0,49 erreicht. Allerdings ist an dieser Stelle darauf hinzuweisen, dass diese positiven Effekte nicht zwangsläufig eintreten. Vielmehr können sie auch negativ sein. Infolgedessen hängt es davon ab, was Eltern warum machen. Wenig wirksam erweist sich beispielsweise Strenge und Disziplinierung beim Erledigen der Hausaufgaben. Demgegenüber zeigen sich am einflussreichsten die Hoffnungen und die Erwartung der Eltern an ihre Kinder: Mut machen, den Rücken stärken, Ver-

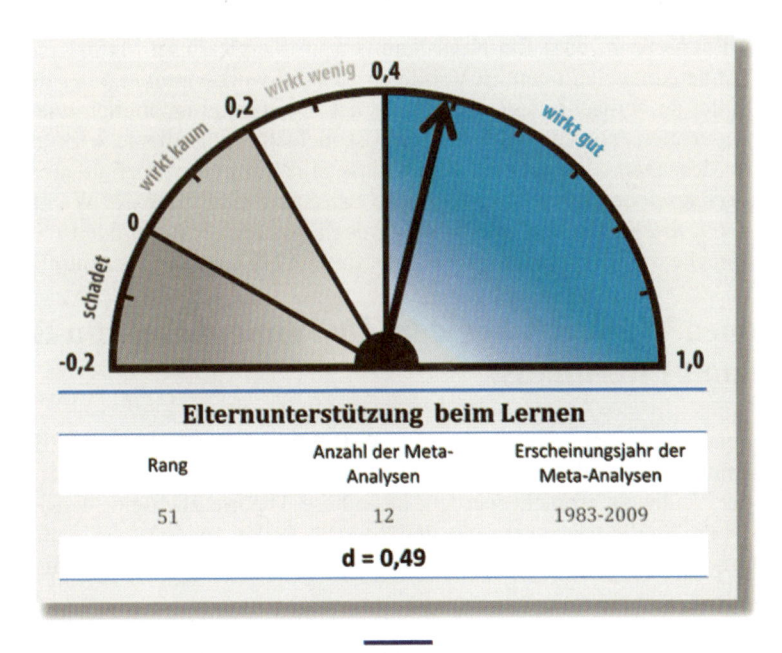

Elternunterstützung beim Lernen

Rang	Anzahl der Meta-Analysen	Erscheinungsjahr der Meta-Analysen
51	12	1983-2009

d = 0,49

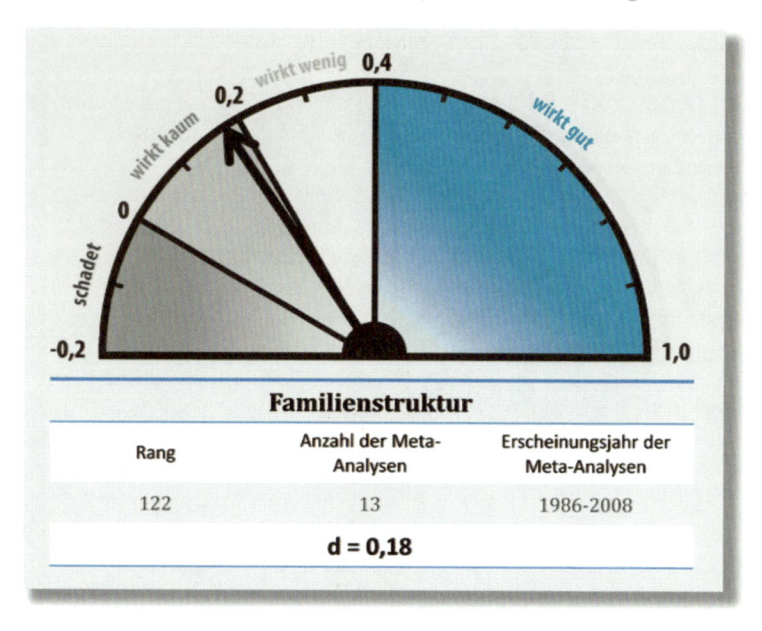

Familienstruktur		
Rang	Anzahl der Meta-Analysen	Erscheinungsjahr der Meta-Analysen
122	13	1986-2008
d = 0,18		

trauen geben, Zutrauen schenken und vieles andere mehr. Vor allem die Kommunikation über das Lernen der Kinder, über Stärken und Schwächen und über die Möglichkeit, Lernen selbst in die Hand nehmen zu können, steht in diesem Zusammenhang an erster Stelle. All das kennzeichnet die Sprache der Bildung und macht deutlich: Erziehung ist im Kern Beziehung.

Familienstruktur

Auch bei der Frage, welche familiäre Struktur die beste für die Lernleistung von Schülerinnen und Schüler ist, greift das Argument, dass diese nicht entscheidend sind. So findet sich in „Visible Learning" für den Faktor „Familienstruktur" eine Effektstärke von 0,18 und in Analysen wird aufgezeigt, dass Ein-Kind-Familien im Vergleich zu Mehr-Kind-Familien, klassische Familienkonstellationen im Vergleich zu Patchwork-Familien oder die Berufstätigkeit der Mutter zu vernachlässigende Effekte hat. Der Grund ist ähnlich wie bei schulischen Strukturdebatten: Die familiäre Struktur ist nicht für sich alleine wirksam, sondern sie bedarf der Menschen. Und hier zeigt sich, dass in nahezu jeder vorfindbaren Familienkonstellation erfolgreiche und nicht-erfolgreiche Erziehung geleistet wird. Wichtiger als die Struktur ist somit die Kompetenz und Haltung der Eltern hinsichtlich der Erziehung. Besonders die Sprache der Bildung erweist sich vor diesem Hintergrund als zentraler Aspekt.

30 Millionen Wörter: Über den Zusammenhang von Bildung, Sprache und Elternhaus.

Es ist einer der Kernaussagen der Philosophie Wilhelm von Humboldts, dass Bildung und Sprache zusammenwirken, das eine auf das andere bezogen ist. In empirischen Forschungen konnte der Nachweis erbracht werden, dass diese Theorie auch eine Evidenz besitzt. Allen voran ist die Studie von Betty Hart und Todd R. Risley zu nennen, die mit dem Titel „The Early Catastrophe: The 30 Million Words Gap by Age 3" im Jahr 2003 für Schlagzeilen sorgte und bis heute unter der Zuspitzung auf „30 Million Words Gap" diskutiert wird. Was haben sie gemacht?

Über Zwei Jahre lang besuchten Betty Hart und Todd R. Risley 42 Familien, um zuhause die Interaktionen zwischen Kindern und ihren Eltern zu erforschen. Hierfür wurden einmal im Monat die Familien für eine Stunde begleitet und die Geschehnisse beobachtet, aufgezeichnet und analysiert – in Summe mehr als 1300 Stunden Datenmaterial. Die Kinder waren zu Beginn der Studie zwischen sieben und neun Monaten alt und am Ende drei Jahre. Um differenzierte Ergebnisse im Hinblick auf den sozioökonomischen Status des Elternhauses zu erhalten, wurden diese – in Klammern die entsprechende Anzahl an Familien aus der Studie – in ein oberes (13), ein mittleres (10) und ein unteres Niveau (13) sowie als Sozialhilfeempfänger (6) eingeteilt. Die gewonnenen Erkenntnisse sind bemerkenswert:

Pointiert formuliert, resümieren Betty Hart und Todd R. Risley, dass Kinder im Alter von drei Jahren bereits ihre Eltern kopieren – beim Reden, beim Gehen, beim Spielen und sogar beim Erziehen der Puppe. Im Detail kommen sie zu dem Ergebnis, dass es in den untersuchten Familien einen dramatischen Unterschied im Hinblick auf Interaktion und Dialog gibt und dieser in einem Zusammenhang zum sozioökonomischen Status steht.

So unterscheiden sich Kinder im Alter von drei Jahren im Hinblick auf ihren Wortschatz deutlich: Kinder aus einem bildungsnahen Milieu verfügen über einen fast drei Mal so großen Wortschatz als Kinder aus einem bildungsfernen Milieu. Dieser Unterschied schwindet in den darauffolgenden Schuljahren nicht. Insofern bleibt ein so genannter Wash-Out-Effekt aus, wonach Schule und Unterricht zu einer Kompensation führen würde. Ganz im Gegenteil: Die Unterschiede bleiben nicht nur bestehen, sie nehmen sogar weiter zu.

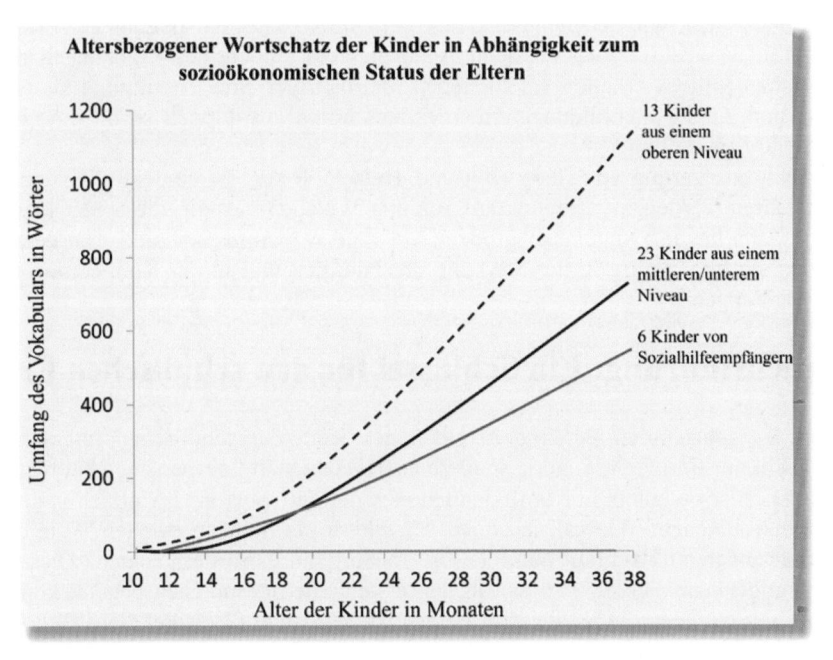

Als einen Grund für diese Unterschiede in den sprachlichen Fähigkeiten identifizieren Betty Hart und Todd R. Risley das häusliche Anregungsniveau im Hinblick auf die sprachliche Auseinandersetzung mit den Kindern. Durch ihre Beobachtungen kommen sie zu folgender Rechnung: Kinder aus bildungsfernen Milieus hören bis zum Alter von drei Jahren ungefähr 45 Millionen Wörter, wohingegen Kinder aus bildungsfernen Milieus gerade mal 15 Millionen Wörter wahrnehmen. Das ergibt den pointierten „30 Million Words Gap":

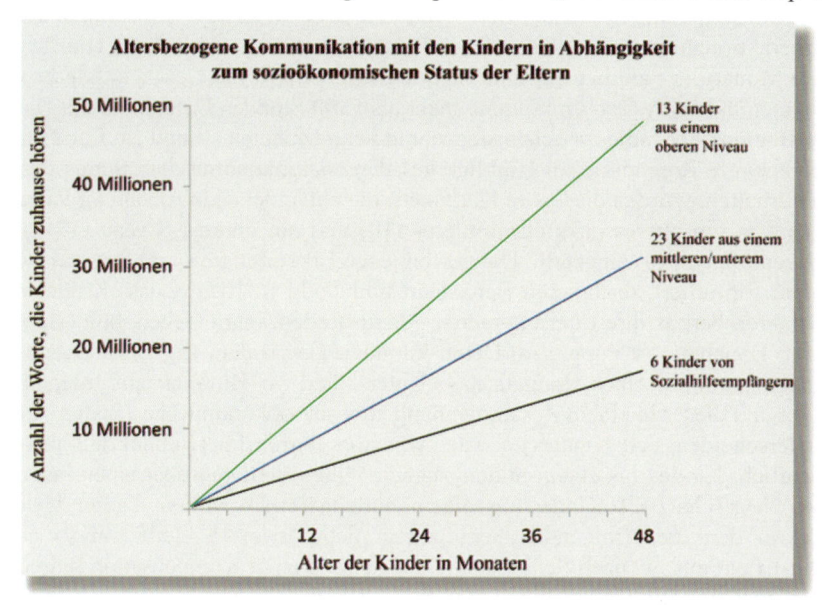

Altersbezogene Kommunikation mit den Kindern in Abhängigkeit zum sozioökonomischen Status der Eltern

(Anzahl der Worte, die Kinder zuhause hören; Alter der Kinder in Monaten: 12, 24, 36, 48)
- 13 Kinder aus einem oberen Niveau
- 23 Kinder aus einem mittleren/unterem Niveau
- 6 Kinder von Sozialhilfeempfängern

Nun sagen Quantitäten wenig über Qualitäten. Daher haben Betty Hart und Todd R. Risley ebenfalls untersucht, wie beispielsweise das Verhältnis zwischen sprachlicher Ermutigung und sprachlicher Entmutigung aussieht. Auch hier ein eindeutiges Ergebnis: Kinder aus bildungsnahen Milieus erhalten bis zu sieben Mal häufiger eine Ermutigung als eine Entmutigung und Kinder aus bildungsfernen Milieus hören gut doppelt so oft eine Entmutigung als eine Ermutigung.

Die Schlussfolgerung von Betty Hart und Todd R. Risley ist eindeutig: Bis zum Alter von drei Jahren werden im Hinblick auf Bildung Weichen gestellt, die später kaum noch und wenn dann nur mit ungeheuer großem Aufwand wettzumachen sind. Die einzige Lösung sehen sie folgerichtig in der Stärkung der Familien und in der Kooperation mit Bildungseinrichtungen.

Gesprächsführung: Ein Schlüssel für den schulischen Erfolg.

Gespräche zwischen allen Beteiligten bilden den Kern der schulischen Interaktion und bereiten nicht nur Berufseinsteigern, sondern auch erfahrenen Lehrpersonen häufig Schwierigkeiten. Dies ist vor allem in Konfliktsituationen der Fall, aber auch vielfach in gewöhnlichen Elterngesprächen: Wie soll ich mich den Eltern gegenüber verhalten? Wie baue ich ein Elterngespräch auf? Worauf muss ich im Umgang mit den Eltern achten? Diese Fragen sind berechtigt, denn Fehler, die man in den ersten Elterngesprächen begeht, können nur schwer wieder gut gemacht werden. Im Folgenden werden am Beispiel eines Elterngespräches Strategien erfolgreicher Gesprächsführung sichtbar gemacht:

Eine gründliche und durchdachte Vorbereitung von Elterngesprächen ist sinnvoll. Prinzipiell bieten sich hierfür die Phasen „Begrüßung", „Sachverhalt ansprechen", „Sachverhalt klären", „Ziele finden", „Lösungen vereinbaren" und „Verabschiedung" an.

Zur Vermeidung von Fehlern kann das so genannte „Vier-Ohren-Modell" nach Friedemann Schulz von Thun (2006) eine Hilfe sein. In diesem werden vier Ebenen einer Kommunikation unterschieden, die jede für sich genommen wichtig ist und nicht übersehen werden darf:

Erstens die Sachebene, die die Daten und Fakten enthält. Zweitens die Ebene der Selbstoffenbarung, auf der der Sprecher bewusst oder unbewusst seine Motive und Emotionen weitergibt. Drittens eine Beziehungsebene, die ausdrückt, in welchem Verhältnis der Sprecher zum Zuhörer steht. Und viertens die Ebene des Appells, die einen Wunsch oder eine Handlungsaufforderung enthält.

Nehmen wir zur Verdeutlichung die folgende Aussage eines Vaters zu Beginn eines fiktiven Elterngespräches (vgl. Winkel, Zierer & Balve 2013, S. 26): „Mein Sohn hat wieder bis 17 Uhr an den Hausaufgaben gesessen."

Der Vater möchte auf der Sachebene mitteilen, dass es viele Hausaufgaben waren, die sein Kind machen musste. Dabei stellte sich heraus, dass der Sohn aus Sicht des Vaters zu lange dafür brauchte und ihm dieser daher leid tat – eine Aussage auf der Ebene der Selbstoffenbarung. Da Sie als Lehrperson auf der Beziehungsebene in der Lage sind, durch die Vergabe von weniger Hausaufgaben Abhilfe zu schaffen, formuliert der Vater damit auch den Appell, dass es in Zukunft bitte weniger Hausaufgaben sein sollten.

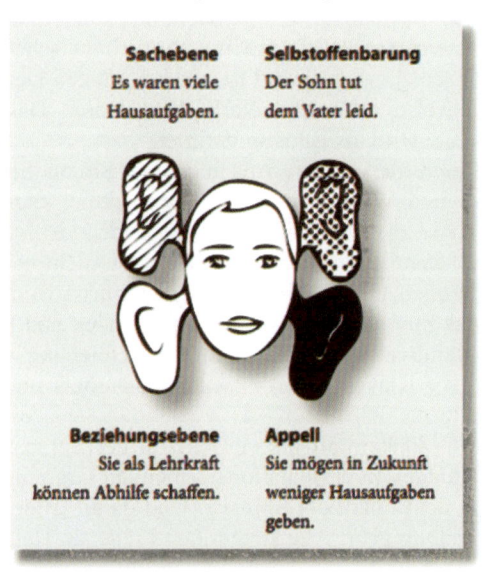

Sachebene
Es waren viele Hausaufgaben.

Selbstoffenbarung
Der Sohn tut dem Vater leid.

Beziehungsebene
Sie als Lehrkraft können Abhilfe schaffen.

Appell
Sie mögen in Zukunft weniger Hausaufgaben geben.

Es wird sicherlich nicht nötig sein, jede Aussage mithilfe des „Vier-Ohren-Modells" zu analysieren, was schlichtweg einer Überforderung gleichkäme. Aber von Zeit zu Zeit und besonders in kritischen Situationen erweist sich dieser reflektierte Blick auf Gesprächssituationen als hilfreich, um gemeinsam eine Lösung zum Wohl des Lernenden zu finden.

Die Grammatik der Sprache der Bildung: Haltungen.

Jede Sprache folgt gewissen Regeln und Gesetzen, hat in diesem Sinn eine Normierung, die für den Vollzug der Sprache verantwortlich ist und diesen erst ermöglicht. Mit anderen Worten gesprochen: Jede Sprache hat eine Grammatik.

Auch im pädagogischen Kontext ist es üblich von einer Grammatik zu sprechen. Besonders bekannt ist der Begriff „Grammar of Schooling" von David Tyack und William Tobin (1994), die damit versuchen, strukturelle Vorgaben (z. B. Einteilung der Unterrichtszeit und der Pausen), rechtliche Rahmenbedingungen (z. B. Lehrpläne) und systemische Fragen (z. B. Gliedrigkeit des Schulsystems) zusammenzufassen und insofern die „Sprache der Schule" beschreiben. Vieles davon besteht seit es Schulen gibt und zeigt sich im Lauf der Zeit als veränderungsresistent. Unter einer Theorie der Schule werden diese Aspekte im deutschsprachigen Raum diskutiert und es wird darin herausgearbeitet, dass vieles davon im Hinblick auf Schule und Unterricht wirksam ist – häufig sogar im verborgenen, so dass man sich an den vielfach thematisierten „heimlichen Lehrplan" (vgl. Jackson 1990), den beispielsweise bereits John Dewey (2009) anspricht, oder auch an die „verborgenen Mechanismen der Macht" erinnert, die Pierre Bourdieu (1992) herausarbeitet.

Worin ist vor diesem Hintergrund die Grammatik der Sprache der Bildung zu sehen? Zunächst ist festzuhalten, dass die Sprache der Bildung ihren Fokus auf die intrapersonalen Aspekte infolge von schulischen Interaktionen legt und damit anders gelagert ist als die Sprache der Schule. Sodann helfen bildungstheoretische Überlegungen weiter, denen zufolge der Kerngedanke von Bildung in der Autorschaft des eigenen Lebens liegt, wie es Julian Nida-Rümelin (2015) umschreibt, und mit den Worten gefasst werden kann: Bildung meint im Wesentlichen nicht das, was man aus mir gemacht hat, sondern das, was ich aus meinem Leben gemacht habe. Diese personale Perspektive, die sich zwischen Personalität einerseits und Individualität andererseits bewegt, findet bereits bei antiken Denkern eine entsprechende Bestimmung, beispielsweise in Senecas Werk „Vita Beata": Das erfüllte, glückliche, in sich stimmige Leben als Ziel wird als Bildung definiert.

Angesichts der Erkenntnisse, die im Anschluss an Simon Sinek, Howard Gardner, Mihály Csíkszentmihályi und William Damon im Einleitungskapitel gewonnen wurden, zeigt sich, dass die Kohärenz, die für Bildung so entscheidend ist, eine Entsprechung in der Suche nach Erfolg findet. Denn auch Bildung bezieht sich nicht nur auf Wissen und Können, sondern auch auf Wollen und Werten. Insofern umfasst Bildung Kompetenzen und Haltungen – und es ist das Zusammenspiel von Kompetenzen und Haltungen, die im Kern Bildung kennzeichnet. Damit ist die doppelseitige Erschließung von Mensch und Welt angesprochen, die Wolfgang Klafki (1996) in seiner Pädagogik und Didaktik herausarbeitet.

Überträgt man diese Gedanken auf die Grammatik der Sprache der Bildung, so lässt sich folgern, dass die Haltungen Repräsentationsformen der Grammatik und die Kompetenzen vergleichbar sind mit dem Inhalt der Sprache. Und damit ist der Kern bestimmt, wenn es um die Sprache der Bildung geht: Alle Beteiligten brauchen Haltungen, die Bildungsarbeit ermöglichen und fördern.

Dabei sind auf Seiten der Lernenden und auf Seiten der Eltern in ähnlicher Weise Haltungen zu definieren, wie es im vorliegenden Buch für Lehrpersonen durchgeführt wurde. Und der kritisch-konstruktive Abgleich dieser Haltungen ist immer – bewusst oder unbewusst – Bestandteil von Kooperationen und Gesprächen zwischen Lernenden, Eltern und Lehrpersonen.

Mit Blick auf die Lernenden sind beispielsweise folgende zehn Haltungen bedeutsam:

1. *Ich sehe Lernen als harte Arbeit.* Es ist eine der Grundeinsichten in Bildungsprozesse, diese mit Einsatz und Anstrengung in Verbindung zu bringen. Lernenden die Haltung zu vermitteln, dass es in erster Linie an ihnen liegt, was sie aus ihrem Leben machen, nährt die Vorstellung, Lernen mit harter Arbeit in Verbindung zu bringen.

2. *Ich nehme Herausforderungen an.* Unterricht als Angebot entzieht sich einem Machbarkeitsdenken. Auch wenn eine Stunde noch so gut vorbereitet und geplant ist, der Erfolg hängt in besonderer Weise von den Lernenden selbst ab. Somit ist Offenheit und Bereitschaft, das Angebot nutzen zu wollen, Voraussetzung.
3. *Ich übe regelmäßig.* Der Glaube, etwas einmal gehört zu haben und dann zu wissen, ist bei Lernenden weit verbreitet. Ihnen aufzuzeigen, dass Lernen so nicht funktioniert, sondern eine Gewissenhaftigkeit im Hinblick auf Wiederholung und Vertiefung notwendig ist, zeigt sich als weitreichende Haltung erfolgreicher schulischer Bildung.
4. *Ich arbeite an meinen Haltungen.* Ähnlich wie auf Seiten der Lehrpersonen gefordert wird, sich selbst in Frage zu stellen, ist dies auch auf Seiten der Lernenden notwendig. Dies bedeutet beispielsweise konkret: Fehler, die im Lernprozess passieren, nicht der Lehrperson anzulasten, sondern die eigene Rolle als Lernender zu hinterfragen und Fehler als Herausforderung zu begreifen.
5. *Ich kenne meine Freiräume und meine Grenzen.* Freiheit impliziert Verantwortung und Grenzen. Grenzenlose Freiheit hört auf Freiheit zu sein und wird zur Beliebigkeit. Dieser Zusammenhang zwischen Freiheit und Grenzen, bereits bei Friedrich Daniel Ernst Schleiermacher nachzulesen, ist in pädagogischen Kontexten auch für Lernende bedeutsam. Denn es obliegt ihrer Verantwortung und ihrer Einsicht, wie sie mit den ihnen zur Verfügung stehenden Freiheiten umgehen und Grenzen als Orientierung im Lernprozess nutzen.
6. *Ich sehe Fehler als etwas Notwendiges im Lernprozess.* Fehler gehören zum Lernprozess dazu. Nur wer Fehler macht, kann lernen. Dies ist leider keine triviale Einsicht in Bildungsprozesse. Vielmehr wird sie durch schulische Mechanismen und damit verbundenen falschen Erwartungen von Seiten der Lehrpersonen an die Lernenden konterkariert. Insofern ist die Entwicklung dieser Haltung auf Seiten der Lernenden nicht zuletzt eine der bedeutendsten Herausforderungen auf Seiten der Lehrpersonen.
7. *Ich suche Rückmeldung.* Die Bereitschaft, sich in seinem Lernprozess helfen zu lassen, Hinweise von Eltern und Lehrpersonen nicht als Befehle oder Vorschriften wahrzunehmen, ist für Heranwachsende nicht immer einfach. Und letztendlich muss es sogar um noch mehr gehen: Lernenden die Einsicht zu vermitteln, dass Bildung auf Rückmeldung angewiesen ist und insofern nicht nur eine Offenheit gegenüber Rückmeldung notwendig ist, sondern ein bewusstes Einfordern von Rückmeldungen.
8. *Ich bin um positive Beziehungen bemüht.* Eine intakte Lehrer-Schüler-Beziehung ist zwar im Kern Aufgabe von Lehrpersonen. Aber wie jede zwischenmenschliche Interaktion ist sie keine Einbahnstraße: Auch Lernende sind hier gefordert und können einen wesentlichen Beitrag leisten, damit in Schule und Unterricht eine Atmosphäre der Geborgenheit, der Zusammenarbeit, des Vertrauens und Zutrauens herrscht. In diesem Zusammenhang ist auch die Schüler-Schüler-Beziehung zu erwähnen, die weiter unten noch genauer angesprochen wird.
9. *Ich arbeite mit meinen Lehrpersonen zusammen.* Bildungserfolg ist nicht das Ergebnis der Leistung eines Einzelnen, vielmehr die Summe aus gelungenen Interaktionen. Die Einsicht in das damit verbundene Geben und Nehmen ist zentral für Bildungserfolg. Ähnlich wie Lehrpersonen Fehler der Lernenden auf ihr Verhalten reflektieren sollten, wäre es notwendig, dass sich Lernende in gleicher Weise hinterfragen.
10. *Ich tausche mich mit meinen Mitschülerinnen und Mitschülern aus.* Lernen ist nur selten die Sache eines Einzelnen, sondern findet gerade in Schule und Unterricht in sozialen Kontexten statt. Dies ist nicht nur aus organisatorischer Sicht eine Notwen-

digkeit, sondern auch aus bildungstheoretischer Sicht: Der Mensch wird am Du zum Ich, sind die zentralen Worte von Martin Buber (1958). Infolgedessen setzt Bildung den Dialog mit dem Gegenüber voraus und Lernen vollzieht sich im Austausch mit den Gleichaltrigen. Letztere haben aufgrund ihrer biographischen Eigenschaften eine enorme Wirkung auf die Entwicklung schulischer Leistungen: Sie helfen, Fehler sichtbar zu machen, Lernwege zu hinterfragen, Feedback zu geben und zu nehmen. Und davon abgesehen: Austausch und Kooperation sind Grundprinzipien einer Demokratie und insofern einer demokratischen Schule.

Aus den bisherigen Ausführungen ist ersichtlich, dass Bildungserfolg nicht nur auf den Schultern der Lehrpersonen lastet, sondern in entscheidender Weise auch von den Lernenden verantwortet wird. Dass diese Kooperation nicht immer einfach ist, muss nicht erläutert werden – jede Lehrperson weiß das aus eigener Erfahrung. Problematisch wird es, wenn das Gegenüber allzu schnell aufgegeben wird.

Neben den Lernenden und der Lehrperson sind es die Eltern, die eine entscheidende Rolle einnehmen, wenn es um Bildungserfolg geht. Und auch diese Kooperation ist alles andere als einfach. Aber Stigmatisierungen von Eltern, wie beispielsweise als „Helikopter-Eltern", nützen wenig, um die Herausforderung meistern zu können. Denn mit dieser und ähnlichen Zuschreibungen werden Probleme nicht gelöst und stattdessen Gräben aufgetan, die zum Wohl des Kindes zu schließen sind. Denn Bildungsarbeit bedarf der Abstimmung zwischen allen Beteiligten, der gegenseitigen Unterstützung und der Zusammenarbeit auf Augenhöhe. Insofern ist die alles entscheidende Frage: Wie gelingt der Austausch und die Kooperation mit den Eltern? Es besteht kein Zweifel daran, dass Eltern einen wesentlichen Beitrag daran haben, ob diese Zusammenarbeit gelingt oder nicht. Allen voran zeigen sich die Haltungen der Eltern im Hinblick auf die Bildung ihrer Kinder wegweisend. Insofern erfolgt in diesem Zusammenhang erneut ein Versuch, ausgehend von „Visible Learning", Haltungen für Eltern zu formulieren und aus dieser Perspektive heraus die Grammatik der Sprache der Bildung zu fixieren:

1. *Ich rede über das Kind und seine Bildung, nicht über mich und meine Erziehungsarbeit.* Gerne sprechen Eltern darüber, was sie alles für ihr Kind tun und wie viel Zeit sie dafür aufbringen. So ehrenvoll all das ist, der Fokus ist nur bedingt der richtige. Denn es nicht entscheidend, was Eltern machen, sondern wichtiger ist, was davon bei den Lernenden ankommt. Dieser Perspektivenwechsel ist nicht immer einfach, weil dadurch nicht nur Stärken, sondern auch Schwächen sichtbar werden – und zwar auf beiden Seiten: auf Seiten der Lernenden und auf Seiten der Eltern. Aber dieser Perspektivenwechsel ist notwendig, weil nur damit eine Weiterentwicklung des Kindes erreicht werden kann.
2. *Ich fordere und fördere mein Kind.* Forderung und Förderung sind zwei Seiten einer Medaille. So wichtig elterliche Förderungsangebote sind, sie dürfen nicht zum Geschenk degradiert werden. Vielmehr ist von Kindern auch zu fordern, diese entsprechend ernst zu nehmen und wertzuschätzen. Nicht zu vergessen ist auch die Pflicht auf Seiten der Eltern, vor Überforderung (beispielsweise durch eine Verfrühung) und Unterforderung (beispielsweise durch Überbehütung) zu schützen.
3. *Ich sehe Lernen als harte Arbeit.* So wichtig es ist, dass Eltern ihre Kinder bedingungslos lieben, so wichtig ist es aber auch, ihnen gegenüber ehrlich zu sein. Damit verbindet sich die Forderung, nicht alles, was Kinder bewerkstelligen, als fabelhaft und wunderbar zu würdigen – und damit letztendlich zu entwürdigen. Denn zum einen entspricht das nicht der Realität – was Kinder häufig wissen – und zum anderen lenkt es den Fokus weg von Einsatz und Anstrengung, die entscheidend sind für Bil-

dungserfolg. Lernende auf diesen Zusammenhang aufmerksam zu machen, ist eine der wichtigsten Aufgaben von Eltern.
4. *Ich entwickle positive Beziehungen zu meinem Kind.* Kinder merken bei ihren ersten Gehversuchen schnell, dass sie nicht alles können. Sie merken aber auch, dass Einsatz und Anstrengung ihnen helfen, Fortschritte zu machen. Fehler werden also von Anfang an als Chance gesehen – und es liegt auch in den Händen der Eltern, dass dies so bleibt. Kinder zu ermutigen, wenn sie scheitern, ihnen immer und immer wieder den Rücken zu stärken, wenn sie an sich zweifeln, ist eines der wichtigsten Gebote elterlicher Erziehung. Wer, wenn nicht die Eltern, soll den Kindern etwas zutrauen?
5. *Ich tausche mich mit meinem Ehepartner aus.* Eugen Fink (1995) spricht davon, dass Erziehung und die damit verbundene Beziehung zwischen Eltern und Kind im eigentlichen Sinn nicht zweiseitig ist. Denn es spannen sich drei Beziehungen auf – hier an traditionellen Familienstrukturen verdeutlicht: Mutter-Kind, Vater-Kind und Mutter-Vater. Und somit ist es eine Triade zwischen Vater-Mutter-Kind, die den Rahmen für Bildung spannt. Aus Sicht der Eltern sind die Abstimmung und die Reflexion über Erziehung ebenso bedeutsam wie der Austausch und die Kooperation zwischen Lehrpersonen über ihren Unterricht.
6. *Ich informiere mich über die Sprache der Bildung.* Der Einfluss der Eltern auf den Bildungserfolg ihrer Kinder ist nicht von der Hand zu weisen. Und egal, welche schulischen Strukturen vorliegen: Eltern haben diesen Einfluss – und sollten ihn auch entsprechend ernst nehmen. Insofern ist es Teil der elterlichen Erziehungsverantwortung, sich ihren Möglichkeiten entsprechend über die Sprache der Bildung zu informieren. Dass damit nicht gemeint ist, dass Eltern mit ihren Kindern mitlernen müssen und womöglich ein zweites Abitur machen sollen, liegt auf der Hand. Was von ihnen aber gefordert werden kann, ist, dass sie sich über Lernprozesse ihrer Kinder informieren sowie die Haltungen ihrer Kinder im Blick behalten und thematisieren. Eine Auseinandersetzung mit der eigenen Erziehungsarbeit ist dafür unabdingbar.
7. *Ich sehe mich als Veränderungsagent, gebe Freiraum und setze Grenzen.* Es ist eine der beständigsten Diskussionen im Kontext familiärer Erziehung: Wie viel Freiraum ist gut für mein Kind? Eine pauschale Antwort darauf wird man nicht geben können, obschon außer Frage steht, dass Freiheit ohne Grenzen aufhört, Freiheit zu sein und zur Beliebigkeit wird. Insofern ist es eine zentrale Herausforderung von Eltern, den damit verbundenen Rahmen für ihre Kinder abzustecken – und jeder, der mehr als ein Kind hat, weiß, dass die Unterschiede zwischen den eigenen Kindern häufig sogar größer sind, als die Unterschiede zwischen Kindern verschiedener Familien.
8. *Ich gebe und fordere Rückmeldung von meinem Kind.* Erziehung ist ebenso wenig eine Einbahnstraße wie Unterricht. Sie ist im Kern ein Dialog zwischen allen Beteiligten. Und dieser Dialog ist umso erfolgreicher, je mehr miteinander gesprochen wird. Den Ausführungen im Kapitel „Gib und fordere Rückmeldung!" folgend resultiert daraus einerseits die Forderung, den Kindern Rückmeldung zu ihrem Bildungsprozess zu geben – kontextabhängig im Hinblick auf die Ebenen der Aufgabe, des Prozesses und der Selbstregulation sowie aus den Perspektiven der Vergangenheit, der Gegenwart und der Zukunft. Andererseits leitet sich daraus die Forderung ab, von Kindern Rückmeldung einzuholen. Damit ist nicht gemeint, Kinder zu Experten von Erziehung zu machen und womöglich Ratschläge für die elterliche Erziehung formulieren zu lassen. Das wäre eine Überforderung und würde Erziehung auf den Kopf stellen. Vielmehr verbindet sich damit der Gedanke, in der elterlichen Erziehung nach Evidenz zu suchen, also festzustellen, was funktioniert und was nicht.

Und diese Frage können nur die Kinder beantworten. Insofern ist der Austausch mit den Kindern über das, was man sich als Eltern gedacht und umgesetzt hat, wichtig.

9. *Ich erachte Leistungen meines Kindes als eine Rückmeldung für mich über mich.* Kinder erbringen tagtäglich eine Vielzahl an Leistungen und es ist schön für Eltern, Fortschritt zu beobachten, wohingegen Stagnationen oder möglicherweise sogar Rückschritte ungern gesehen werden. Nichtsdestotrotz sind all diese Erscheinungsformen Leistungen der Kinder, die Rückmeldung für Eltern über Eltern sind. Denn sie geben Auskunft darüber, was im Erziehungsprozess gelungen ist und was nicht, zeigen auf, wo Eltern andere Angebote machen müssen und wo Angebote genutzt werden können.

10. *Ich kooperiere mit den Lehrpersonen meines Kindes.* Bildungserfolg lastet nicht nur auf den Schultern der Lehrpersonen und ebenso wenig ausschließlich auf den Schultern der Lernenden. Vielmehr ist es die Kooperation zwischen allen Beteiligten, die darüber entscheidet, wie erfolgreich Schule und Unterricht, aber auch die Erziehung zuhause sein können. Infolgedessen ist der Austausch und der Abgleich über Vorstellungen von Bildung und Erziehung, von Schule und Unterricht zwischen Eltern und Lehrpersonen wichtig. Auf Seiten der Eltern erfordert dies eine entsprechende Haltung, nämlich offen und kritisch-konstruktiv mit den Lehrpersonen zusammenzuarbeiten. Nicht das Gegeneinander ist das Ziel, worunter in der Regel die Schülerinnen und Schüler am meisten leiden, sondern das Miteinander. Schuldzuweisungen zu vermeiden oder schnellstmöglich abzuhaken und gemeinsam nach Lösungen zu suchen, sind hierfür wichtige Phasen der Zusammenarbeit.

Die angestellten Überlegungen machen deutlich, dass schulischer Erfolg nicht die Sache eines Einzelnen ist, sondern ein intensiver Austausch und eine enge Kooperation zwischen allen Beteiligten notwendig erscheint. Dabei spielt der Abgleich nicht nur über Kompetenzen eine entscheidende Rolle, sondern auch die Haltungen bedürfen einer intensiven Auseinandersetzung. Sie bilden die Grammatik der Sprache der Bildung. Folgende Abbildung versucht das Gesagte zu veranschaulichen:

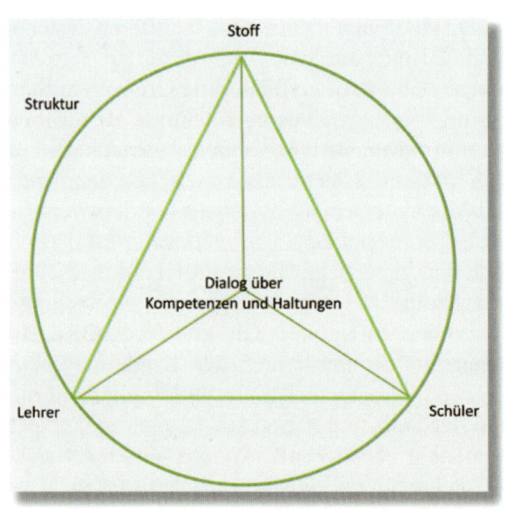

Womit kann ich anfangen?

Ein erster wichtiger Schritt zur Umsetzung der Haltung „Informiere alle über die Sprache der Bildung!" dürfte ein Austausch über die Grammatik der Sprache der Bildung sein, also ein Austausch über die Haltungen auf Seiten der Lernenden, der Eltern und der Lehrpersonen.

Nutzen Sie beispielsweise einen Elternabend, um einen Dialog über diese Fragen zu starten. Stellen Sie folgende Tabelle den Eltern zur Verfügung, die sie entlang der Thesen in diesem Kapitel kurz beschreiben können, und lassen sie die Tabelle zuerst in Einzelarbeit bearbeiten und dann in der Gruppe darüber diskutieren. Wenn Sie wollen, dann können Sie sogar noch eine Plenumsabstimmung über die drei zentralen Haltungen herbeiführen. Seien Sie unbesorgt über den Ausgang: Es ist immer wieder überraschend, mit wie wenig Aufwand intensive Diskurse angeregt werden können!

	1	2	3	4	5
Ich rede über das Kind und seine Bildung, nicht über mich und meine Erziehungsarbeit.	O	O	O	O	O
Ich fordere und fördere mein Kind.	O	O	O	O	O
Ich sehe Lernen als harte Arbeit.	O	O	O	O	O
Ich entwickle positive Beziehungen zu meinem Kind.	O	O	O	O	O
Ich tausche mich mit meinem Ehepartner aus.	O	O	O	O	O
Ich informiere mich über die Sprache der Bildung.	O	O	O	O	O
Ich sehe mich als Veränderungsagent, gebe Freiraum und setze Grenzen.	O	O	O	O	O
Ich gebe und fordere Rückmeldungen von meinem Kind.	O	O	O	O	O
Ich erachte Leistungen meines Kindes als eine Rückmeldung für mich über mich.	O	O	O	O	O
Ich kooperiere mit den Lehrpersonen meines Kindes.	O	O	O	O	O

In ähnlicher Weise können Sie eine Unterrichtsstunde nutzen, um mit Lernenden über deren Haltungen ins Gespräch zu kommen. Dass hierfür eine entsprechende Lernausgangslage vorhanden sein muss, ist unbestritten. Aber zeigen Sie erneut Mut: Lernende werden diesbezüglich nicht selten unterschätzt!

	1	2	3	4	5
Ich sehe Lernen als harte Arbeit.	O	O	O	O	O
Ich nehme Herausforderungen an.	O	O	O	O	O
Ich übe regelmäßig.	O	O	O	O	O
Ich arbeite an meinen Haltungen.	O	O	O	O	O
Ich kenne meine Freiräume und meine Grenzen.	O	O	O	O	O
Ich sehe Fehler als etwas Notwendiges im Lernprozess an.	O	O	O	O	O
Ich suche Rückmeldung.	O	O	O	O	O
Ich bin um positive Beziehungen bemüht.	O	O	O	O	O
Ich arbeite mit meinen Lehrpersonen zusammen.	O	O	O	O	O
Ich tausche mich mit meinen Mitschülerinnen und Mitschülern aus.	O	O	O	O	O

Ein letzter Schritt in diesem Zusammenhang ist die gründliche Vorbereitung von Gesprächen aller Art. Da weiter oben bereits das Elterngespräch herausgegriffen wurde, soll es im Folgenden erneut als Beispiel dienen. Reflektieren Sie vor und nach dem nächsten Elterngespräch die genannten Aspekte (vgl. Winkel, Zierer & Balve 2013):

- Führen Sie Elterngespräche in einem ruhigen Raum, um nicht gestört zu werden.
- Vereinbaren Sie einen festen Zeitrahmen mit Puffer und sprechen Sie nach Möglichkeit nicht zwischen Tür und Angel.
- Beginnen Sie das Gespräch mit einer freundlichen Begrüßung und mit etwas Positivem (z. B. „Schön, dass Sie sich die Zeit nehmen!").
- Machen Sie Gesprächsnotizen, die festhalten, was bis wann von wem zu erledigen ist.
- Versuchen Sie, sachlich zu bleiben und den Eltern gegenüber aufgeschlossen für deren Belange, und denken Sie daran, dass die Eltern Spezialisten für ihr Kind im Alltag sind und Sie Experte für schulische und unterrichtliche Fragen, die alle Kinder der Klasse betreffen.
- Beenden Sie das Gespräch mit einer freundlichen Verabschiedung und mit etwas Positivem (z. B. „Gemeinsam werden wir das hinbekommen!").

CHECKLISTE:

Reflektieren Sie bei Ihrer nächsten Unterrichtsplanung folgende Punkte:

- ✓ Berücksichtigen Sie die verschiedenen Zugänge zur Sprache der Bildung!
- ✓ Wann immer Fehler im Unterricht auftreten, fragen Sie nach den Gründen und halten Ihre Lösung zurück!
- ✓ Integrieren Sie Phasen, in denen über die Grammatik der Sprache der Bildung gesprochen wird und thematisieren Sie die Haltungen der Lernenden!
- ✓ Erklären Sie hin und wieder, warum Sie im Unterricht dieses und jenes tun und warum Unterricht so aufgebaut ist!
- ✓ Sprechen Sie mit Ihren Lernenden beispielsweise bewusst über Einstiegsmotivation, über die Notwendigkeit einer Zielangabe, die Bedeutung von Sicherungsphasen oder den Stellenwert von Hausaufgaben!

ÜBUNG:

1. Gehen Sie zurück zum Fragenbogen zur Selbstreflexion am Anfang des Kapitels und füllen Sie diesen mit einer anderen Farbe aus. Wo hat sich Ihre Sicht der Dinge verändert und vor allem warum? Diskutieren Sie Ihre Einschätzungen mit einer Kollegin oder einem Kollegen.
2. Stellen Sie zu Beginn des Unterrichts die Frage, welche Aufgabe aus Sicht der Lernenden die Lehrperson hat: Lernen möglichst einfach zu machen oder Lernen möglichst herausfordernd zu gestalten? Besprechen Sie mit den Lernenden die unterschiedlichen Positionen und thematisieren Sie damit die Sprache der Bildung. Diskutieren Sie Ihre Planung und Umsetzung mit einer Kollegin oder einem Kollegen.
3. Zeigen Sie Ihren Schülerinnen und Schülern die Vergessenskurve nach Ebbinghaus und sprechen Sie über die Haltung „Ich übe regelmäßig!". Reflektieren Sie dieses Unterrichtsgespräch mit einer Kollegin oder einem Kollegen.
4. Legen Sie in einem Elterngespräch die Haltungen vor, die das betreffende Kind besonders gut und besonders schlecht umsetzt. Nutzen Sie diese Gegenüberstellung, um mit Eltern über die Sprache der Bildung zu diskutieren. Reflektieren Sie Ihre Planung und Umsetzung mit einer Kollegin oder einem Kollegen.

7 Sieh dich als Veränderungsagent!

Fragebogen zur Selbstreflexion:

Schätzen Sie sich im Hinblick auf folgende Aussagen ein:
1 = stimmt gar nicht; 5 = stimmt voll und ganz.

	1	2	3	4	5
Ich bin hervorragend dazu in der Lage, ...			KÖNNEN		
... erfolgreiche Methoden anzuwenden, um einen differenzierten Unterricht zu fördern.	O	O	O	O	O
... unterschiedliche Strategien anzuwenden, um die Motivation der Schülerinnen und Schüler zu steigern.	O	O	O	O	O
Ich weiß ganz genau, ...			WISSEN		
... dass mein Lehrerhandeln auf die Schülerinnen und Schüler einwirkt.	O	O	O	O	O
... dass durch unterschiedliche Strategien Motivation gesteigert werden kann.	O	O	O	O	O
Stets ist es mein Ziel, ...			WOLLEN		
... durch mein Lehrerhandeln auf die Schülerinnen und Schüler einzuwirken.	O	O	O	O	O
... die Schülerinnen und Schüler in ihrem Lernprozess zu motivieren.	O	O	O	O	O
Ich bin fest davon überzeugt, ...			WERTEN		
... durch mein Lehrerhandeln positiv auf die Schülerinnen und Schüler einzuwirken.	O	O	O	O	O
... dass es wichtig ist, meine Unterrichtswirkung stets zu hinterfragen.	O	O	O	O	O

Vignette:

Stellen Sie sich bitte den folgenden Lernenden vor – und vielleicht finden Sie sich sogar in Ihrer Biographie wieder: Hoch motiviert und hoch interessiert will er sich auf den Weg machen und für sich ein neues Feld der Erkenntnis erschließen. Doch was er von seinen Eltern hört, ist: „Das schaffst du nicht. Das kannst du nicht." Der Lernerfolg steht mit dieser Aussage auf der Kippe: Gelingt es dem Lernenden, seinen nahen Umkreis vom Gegenteil zu überzeugen? Hat er die Kraft? Oder glaubt er den Menschen, die ihm am nächsten stehen, und ordnet deren Meinungen seine Interessen und Motivationen unter? Wie anders zeigt sich im Vergleich dazu der Lernprozess desselben Lernenden, wenn er zu hören bekommt: „Das schaffst du! Wir glauben an dich!" Das Interesse wird wachsen. Die Motivation wird steigen. Ungeahnte Kräfte können frei werden. Der Glaube versetzt also nicht nur sprichwörtlich Berge!

Worum geht es in diesem Kapitel?

Diese Vignette soll die Kernbotschaft des vorliegenden Kapitels veranschaulichen: Lernen hat viel mit Sichtweisen zu tun – mit der Sichtweise der Lehrpersonen und der davon abhängigen Motivation auf Seiten der Lernenden, mit der Sichtweise der Eltern und dem damit verbundenen Zutrauen, das Lernende erhalten, und mit der Sichtweise der Lernenden, sich als Konsument oder Produzent des eigenen Bildungserfolges zu sehen. Erfolgreiches Lernen braucht zielorientierte Sichtweisen und es liegt in der Verantwortung von Lehrpersonen, diese in einem positiven Sinn bei allen Beteiligten aufzubauen, zu erhalten und weiterzuentwickeln. Sich selbst als Veränderungsagent zu begreifen, ist dafür unabdingbar.

> Nachdem Sie dieses Kapitel gelesen haben, sollte Sie in der Lage sein, vor dem Hintergrund dieser Kernbotschaft zu erklären, …
> - inwiefern die Faktoren „Klassenführung", „Advance Organizer" und „Problembasiertes Lernen" bedeutsam sind.
> - welchen Einfluss Motivation auf das Lernen hat und welche Möglichkeiten der Motivierung Lehrpersonen haben.
> - warum Methodenvielfalt als ausschließliches Postulat gefährlich ist und durch den Gedanken einer Evidenzbasierung ergänzt werden muss.
> - dass es nicht notwendig ist, jeden und alle vollständig von den eigenen Ideen zu überzeugen, sondern es darauf ankommt, eine kritische Masse für die eigene Vision zu gewinnen.

Welche Faktoren aus „Visible Learning" stützen diese Haltung?

So anstrengend manchmal politische Wahlkämpfe sein mögen, so lehrreich sind sie aus sozialwissenschaftlicher Sicht. Nehmen Sie als Beispiel das folgende Plakat aus der Präsidentschaftskandidatur von Barack Obama und überlegen Sie, welche Assoziationen es bei Ihnen weckt (vgl. https://wpshout.com/change-wordpress-theme-external-php/):

Kaum ein Mensch wird bei Betrachtung dieses Bildes negative Emotionen haben. Vielmehr ist die Botschaft eine durch und durch positive: Veränderung ist möglich. Es liegt an mir, was ich aus meinem Leben mache. Ich kann erfolgreich sein. „Yes we can!", lautete dementsprechend der dazugehörige Wahlkampfslogan.

Sieh dich als Veränderungsagent!

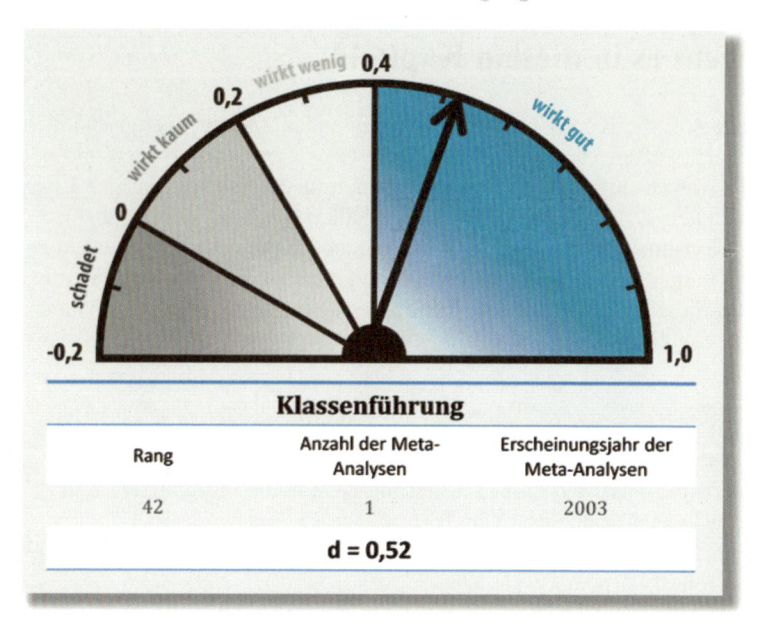

Klassenführung		
Rang	Anzahl der Meta-Analysen	Erscheinungsjahr der Meta-Analysen
42	1	2003
d = 0,52		

Das Einschwören auf ein gemeinsames Ziel, das Wecken von Motivation und das Ansprechen von Emotionen sind wesentliche Elemente, um Menschen verändern zu können. Diese Herausforderung besteht nicht nur auf politischer Bühne, sondern tagtäglich in vielen Klassenzimmer: Wie gelingt es, Lernende von einer Sache zu überzeugen, Begeisterung anzubahnen und Ergriffensein zu bewirken? Dass all das keine leichte Aufgabe ist, weiß jede Lehrperson. Und dass die Komplexität dieser Aufgabe mit einer zunehmenden Öffnung der Gesellschaft zunimmt, lässt sich allein am Beispiel der unterschiedlichen Lernausgangslagen im Hinblick auf Interessen, Vorerfahrungen und Vorwissen verdeutlichen. Lehrpersonen müssen infolgedessen Veränderungsagenten sein. In „Visible Learning" findet sich eine Reihe von Faktoren, die diese Zuspitzung bestätigen. Eine Auswahl wird im Folgenden näher erläutert:

Klassenführung

Der Faktor „Klassenführung" zählt mit einer Effektstärke von 0,52 zu den einflussreichsten Faktoren, der zudem auf eine stabile und umfassende Erforschung zurückblicken kann. Wegweisend in diesem Zusammenhang sind die Studien von Jacob Kounin. Dieser konnte nachweisen, dass im Fall von Unterrichtsstörungen vorbeugendes Handeln besser ist als Zurechtweisung und Bestrafung: Prävention also vor Sanktion! Dieser Gedanke wird an folgenden Strategien der Klassenführung sichtbar, die sich aus den verschiedenen Forschungsergebnissen herauskristallisieren lassen:

Allgegenwart und Überlappung	Signalisieren Sie den Lernenden, dass Sie im Klassenzimmer präsent sind und Ihnen Kleinigkeiten auffallen. Begegnen Sie etwaigen Störungen nicht sofort mit der vollen Aufmerksamkeit, diese sollte nach wie vor beim Unterricht liegen, sondern versuchen Sie, gleichzeitig auf zwei Sachverhalte einzugehen: den Unterricht einerseits und die Unterrichtsstörung beispielsweise durch nonverbale Signale andererseits.
Reibungslosigkeit und Schwung	Vermeiden Sie in Ihrem Unterricht Tempoverluste und Leerläufe, da diese in besonderer Art und Weise das Abschweifen der Lernenden sowie in der Folge auch Unterrichtsstörungen provozieren. Hierfür sind eine Reihe von Regeln und Ritualen, von Arbeitsformen und Handlungsmustern notwendig, die gemeinsam mit den Lernenden erarbeitet werden müssen.
Aufrechterhaltung des Gruppenfokus	Versuchen Sie so oft es geht, möglichst alle Lernenden gleichzeitig anzusprechen oder dann, wenn Sie mit einer Gruppe ausführlicher sprechen müssen, die anderen Lernenden mit einem Auftrag zu beschäftigen.
Überdrussvermeidung	Unterrichtsstörungen lassen sich meist vermeiden, wenn der Unterricht als anregend und abwechslungsreich, als gewinnbringend und freudvoll erlebt wird. Sorgen Sie daher für Erfolgssituationen und vermeiden Sie dementsprechend Kränkungen, Bloßstellungen sowie Über- und Unterforderungen.

Entscheidend im Kontext der Haltung „Sieh dich als Veränderungsagent!" ist der Hinweis, dass erfolgreiche Klassenführung nicht nur eine Frage der Kompetenz ist, sondern auch der Haltung: Ist es mein Ziel, Unterrichtsstörungen von vornherein zu vermeiden, indem ich präventiv wirke? Oder ist es mein Ziel, auf Unterrichtsstörungen mit Sanktionen zu reagieren? Obschon im schulischen Alltag beide Zielsetzungen sich von einem Moment auf den anderen ablösen können, der Unterschied in der Sichtweise der eigenen Rolle als Lehrperson bleibt und ist bedeutsam: Im ersten Fall sieht man sich als Veränderungsagent der Lernenden und somit als Impulsgeber von Interaktionen im Klassenzimmer, wohingegen man im zweiten Fall als Reagierender wirkt und damit als Impulsempfänger.

Advance Organizer

Advance Organizer bezeichnen Verfahren, in denen sowohl die Verbindung zwischen bestehendem Wissen und neuen Informationen hergestellt wird als auch die wichtigsten Etappen des nachfolgenden Unterrichts definiert und skizziert werden. Die Effektstärke, die in „Visible Learning" errechnet wird, ist mit 0,41 als hoch einzustufen. Allerdings weisen die Meta-Analysen eine große Streuung auf, so dass nach den Erfolgskriterien von Advance Organizers zu fragen ist. Zwei Aspekte sind zu nennen: Erstens sind höhere Effekte zu erwarten, wenn in Advance Organizers nicht nur Oberflächenverständnis angesprochen wird, sondern auch Tiefenverständnis Berücksichtigung findet. Und zweitens sind höhere Effekte von Advance Organizers zu erwarten, wenn sie den Lernenden zur Verfügung gestellt werden und nicht nur der Lehrperson als Orientierung dienen. Beide Aspekte ermöglichen, den Schülerinnen und Schülern die Bedeutung des Vorwissen und der Vorerfahrungen aufzuzeigen, ihnen die Erfolgskriterien für den anstehenden Lernprozess sichtbar zu machen und zu einem Einvernehmen darüber zu kommen. Und damit zeigt sich auch der Vorteil von Advance Organizers: Sie implizieren ein anderes Rollenverständnis der Ler-

Sieh dich als Veränderungsagent!

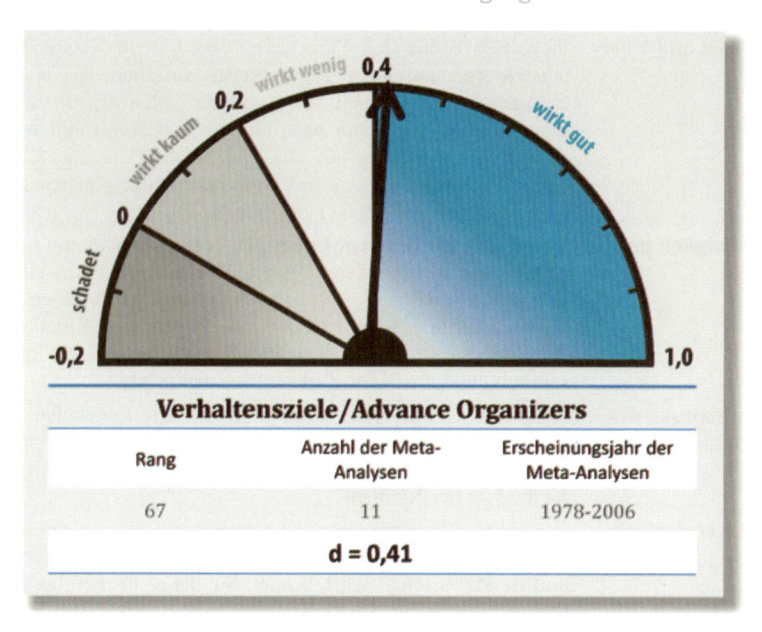

Verhaltensziele/Advance Organizers

Rang	Anzahl der Meta-Analysen	Erscheinungsjahr der Meta-Analysen
67	11	1978-2006

d = 0,41

nenden, nämlich weg von einer Passivität und hin zu einer Aktivität und Eigenverantwortung. Voraussetzung dafür ist, dass Lehrpersonen sich als Veränderungsagenten sehen. Ein Beispiel für einen Advance Organizer sehen Sie hier:

Unser Thema: _____

Was weiß ich bereits?
_____
_____

Was will ich wissen?
_____
_____

Was will ich dafür tun?
_____
_____

Warum ist es für mich wichtig, das zu wissen?
_____
_____

Erstelle ein Schaubild!

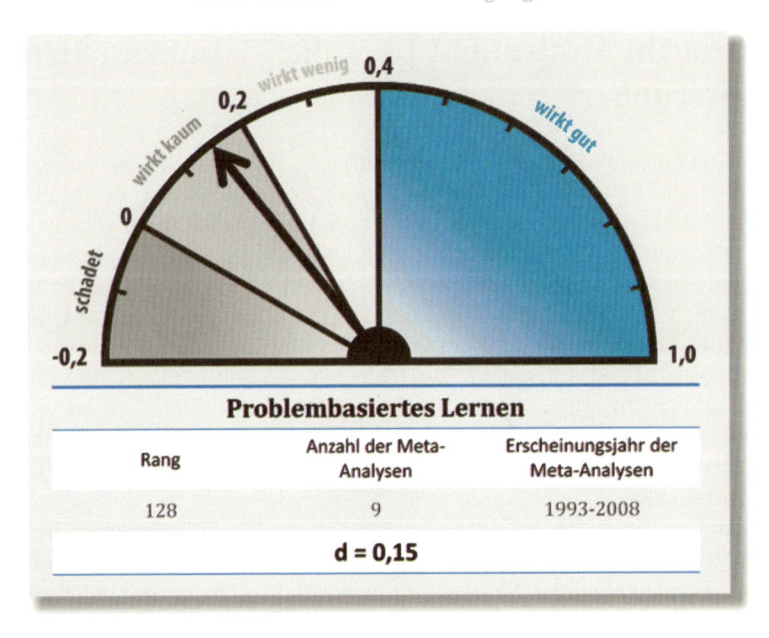

Problembasiertes Lernen		
Rang	Anzahl der Meta-Analysen	Erscheinungsjahr der Meta-Analysen
128	9	1993-2008
d = 0,15		

Problembasiertes Lernen

„Problembasiertes Lernen", also das Präsentieren des Lernstoffes mithilfe eines Problems, ist ein Faktor, der in der Tradition einer stärkeren Orientierung an den Lernenden steht. Die Effektstärke, die in „Visible Learning" errechnet wird, ist mit 0,15 gering, aber dennoch sind die Forschungsergebnisse für die Haltung „Sieh dich als Veränderungsagent!" interessant: In den Meta-Analysen konnte nämlich nachgewiesen werden, dass problembasiertes Lernen durchaus einen hohen Effekt auf die Lernleistung von Schülerinnen und Schülern haben kann, wenn es zum richtigen Zeitpunkt eingesetzt wird. Dieser befindet sich nicht im Bereich des Oberflächenverständnisses, wo problembasiertes Lernen sogar negativ wirken kann, sondern im Bereich des Tiefenverständnisses. Damit problembasiertes Lernen also wirken kann, muss auf Seiten der Lernenden ein Grundlagenwissen vorhanden sein, um Aufgaben auf dem Niveau des Transfers und des Problemlösens bewältigen zu können. Und entscheidend dafür ist: Lehrpersonen müssen nicht nur die Kompetenz besitzen, die Lernausgangslage der Schülerinnen und Schüler zu erkennen und dann passende Probleme zu präsentieren. Sie müssen auch die entsprechenden Haltungen mitbringen, Lernende in den Bereich des Tiefenverständnisses zu führen und entsprechend zu motivieren. Die Orientierung an Problemen ist aus didaktischer Sicht ohne Zweifel eine besondere Zugangsweise, weil sie entscheidende Effekte auf eine Fehler- und Feedbackkultur, auf die Selbststeuerung der Lernenden und auf die Aufteilung des Klassenverbandes hat. Ob problembasiertes Lernen wirkt, hängt folglich von mehreren Aspekten ab, und es zeigt sich somit als eine Methode neben vielen, die von der Lehrperson evidenzbasiert einzusetzen sind.

Die näher erläuterten Faktoren „Klassenführung", „Advance Organizer" und „Problembasiertes Lernen" deuten an, wie einflussreich die Sichtweise der Lehrperson über ihr Denken und Handeln im Klassenzimmer ist. Ebenso wichtig wie das, was Lehrpersonen sehen, ist, wie sie es sehen und welche Überzeugungen und Wertungen sie leiten. Die eigene Sichtweise auf das Lernen und Lehren hat folglich nachhaltige Effekte auf den Schulerfolg von Kindern und Jugendlichen.

Lernen braucht Motivation! Über die Vielzahl an Strategien der Motivierung.

Mit Blick auf die Forschungsergebnisse zum Einfluss von Motivation auf den Lernerfolg ist die Effektstärke von 0,48, die in „Visible Learning" errechnet wird, wenig überraschend: Lernen braucht Motivation und ohne Motivation sind Lernprozesse nur schwer anzustoßen. Dabei ist es auf den ersten Blick unerheblich, ob Lernende eine sachbezogene (intrinsische) oder sachfremde (extrinsische) Motivation vorweisen. Denn in beiden Fällen ist ein hoher Einsatz möglich. Allerdings zeigt sich auf den zweiten Blick ein wichtiger Unterschied im Hinblick auf die Intensität des Lernens und seine Nachhaltigkeit: Während sachfremdmotiviertes Lernen häufig auf einem Oberflächenverständnis verharrt und nur zu einem kurzfristigen Kompetenzaufbau führt – Stichwort: Bulimie-Lernen –, führt ein sachbezogen-motiviertes Lernen zu einem Tiefenverständnis und ermöglicht dadurch einen langfristigen Kompetenzaufbau. Insofern ist eine sachbezogene Motivation einer sachfremden Motivation vorzuziehen.

Ausgehend von dieser psychologischen Einsicht ist für Lehrpersonen die Frage entscheidend: Wie lässt sich eine entsprechende Motivation erzeugen? Oder didaktisch formuliert: Welche Möglichkeiten der Motivierung bieten sich? Dass diese Fragen nicht einfach zu beantworten sind, kann jede Lehrperson bestätigen: Schon beim Betreten des Klassenzimmers lässt sich an der Mimik, an der Gestik und an der Körperhaltung von so manchem Lernenden erkennen, ob Interesse für das, was nun kommen soll, vorhanden ist oder nicht. Als Lehrperson eröffnen sich im negativen Fall zwei Möglichkeiten im Umgang mit diesem Lernenden: Entweder man nimmt das Desinteresse als gegeben hin und der Lernende ist für den Rest der Unterrichtssequenz verloren. Oder man hinterfragt sich und sein Lehren, überdenkt Möglichkeiten der Motivierung, um dennoch bei diesem Lernenden Interesse für die Sache zu wecken. Es liegt auf der Hand, dass die damit verbundene Entscheidung eine Frage der Haltung ist und der zuletzt genannte Weg der erfolgreichere ist.

Entsprechendes gilt übrigens auch für den Fall, wenn man feststellt, dass die vorgesehene Motivierungsstrategie erfolglos bleibt. Erneut offenbaren sich zwei Möglichkeiten, wie mit dieser Situation umzugehen ist: Entweder man argumentiert damit, dass die Lernenden es mal wieder nicht verstanden haben, und ist der Auffassung, seiner Pflicht Genüge getan zu haben. Oder man sucht nach neuen Wegen, nimmt das Scheitern des Lernenden als ein eigenes Scheitern und somit als Herausforderung wahr.

Um dieser Herausforderung Herr zu werden und sich immer und immer wieder als Veränderungsagent zu sehen und danach handeln zu können, sind verschiedene Arbeitsmodelle der empirischen Bildungsforschung hilfreich. In diesen wird der Versuch unternommen, evaluierte Verfahren zusammenzufassen, die nachweislich einen positiven Effekt auf die Lernleistung von Schülerinnen und Schülern haben. Im Kontext der Motivation der Lernenden ist das ARZZ-Modell von John Keller (2010) zu nennen:

Motivierungsstrategien			
Aufmerksamkeit	**Relevanz**	**Zuversicht**	**Zufriedenheit**
Unvereinbarkeit/ Konflikt herstellen	Bedürfnissen gerecht werden	Eigenschaften/ Attribute	natürliche Konsequenzen erfahrbar machen
konkret sein	derzeitiger Wert	Selbstvertrauen	negative Einflüsse vermeiden
Variabilität gewährleisten	zukünftiger Nutzen	nach Schwierigkeiten strukturieren	positive Entwicklungen bestärken
Humor	Erfahrung	Erwartungen	Erwartungen artikulieren und realisierbar machen
Nachfragen	Wahlmöglichkeiten	Lernvoraussetzungen	unerwartete Auszeichnungen gewähren

In diesem werden vier Dimensionen der Motivation unterschieden, auf die Lehrpersonen durch entsprechende Motivierungsstrategien einwirken können:

- Aufmerksamkeit lässt sich beispielsweise erzeugen, indem ein Konflikt zwischen dem Vorwissen und einer Beobachtung hergestellt wird, indem die Lehrperson Humor zeigt oder indem den Fragen der Lernenden Raum gegeben wird.
- Relevanz lässt sich beispielsweise erzeugen, indem das Thema der Stunde versehen wird mit einer Gegenwarts- oder Zukunftsbedeutung.
- Zuversicht lässt sich beispielsweise erzeugen, indem Aufgaben präsentiert werden, die Lernende (gerade noch) erreichen können oder indem Selbstvertrauen gestärkt wird.
- Zufriedenheit lässt sich beispielsweise erzeugen, indem positive Entwicklungen bestärkt werden oder unerwartet eine Anerkennung ausgesprochen wird.

Da nicht jeder Lernende mit denselben Motivierungsstrategien zu erreichen ist, weil die vorhandenen Motivationen unterschiedlich sein können, ist eine Methodenvielfalt notwendig. Aber: Bei dieser Zuspitzung ist Vorsicht geboten!

Wider einer Methodenvielfalt um der Vielfalt willen! Ein Plädoyer für evidenzbasierte Methodenvielfalt.

Der Glaube ist weit verbreitet, dass eine gute Unterrichtsstunde diejenige ist, die reibungslos abläuft und in der die Lernenden durch möglichst viele unterschiedliche Methoden möglichst lange beschäftigt werden. Derartige Unterrichtsstunden haben sicherlich den Effekt, dass sie schön anzusehen sind, weil sie geordnet und strukturiert ablaufen. Aber gute Unterrichtsstunden sind sie deswegen noch lange nicht. Denn weder bedeutet eine langanhaltende Aktivität der Lernenden, dass die Lernzeit effektiv genutzt worden ist, noch ist aus einer abgestimmten Methodenvielfalt zu folgern, dass alle Lernziele erreicht worden sind. Zur Verdeutlichung folgende Anekdote aus der Lehrerbildung, die leider nicht historisch ist, sondern immer noch anzutreffen ist:

Viele Prüflinge werden in ihren Lehrproben aufgefordert, Unterrichtsstunden zu zeigen, in denen eine Einzel-, Partner- sowie Gruppenarbeit zu sehen sind und neben einem Lehrervortrag ein Schülerreferat und eine Klassendiskussion Anwendung finden. Und wenn es dem Prüfling gelingt, alle diese methodischen Elemente ohne Reibungsverluste in den Unterricht einzubauen – was ironisch bemerkt nach lang genug dauernder Dressur der Lernenden auch klappt –, dann wird diese Lehrprobe mit der Bestnote versehen – mit der Begründung: Methodenvielfalt war sichtbar!

Der Fokus wird in diesem Beispiel allerdings auf die falsche Stelle gelenkt: Viel wichtiger als die Vielfalt der Methoden ist der Erfolg der eingesetzten Methoden und damit die Zielerreichung, so dass die entscheidende Frage in den Lehrproben sein müsste: Haben erstens die eingesetzten Methoden geholfen, die Lernziele zu erreichen, und konnte zweitens der Nachweis dafür erbracht und eine Evidenz als empirischer Beleg angeführt werden? Damit wird Evidenzbasierung zum Kriterium der Methodenfrage und das Primat der Didaktik im Verhältnis zur Methodik, wie sie in Anlehnung an Wolfgang Klafki (1996) formuliert werden kann, findet in der Praxis seine Bestätigung.

Mit dieser Sichtweise zeigt sich, dass es *die* Unterrichtsmethode nicht geben kann. Dabei lässt sich gerade im deutschsprachigen Raum eine leidenschaftlich geführte Diskussion zwischen Anhängern des offenen Unterrichts und Verfechtern des geschlossenen Unterrichts feststellen, die vor dem Hintergrund des Gesagten obsolet wird: Weder ist ein offener Unterricht per se besser als ein geschlossener Unterricht, noch ist ein geschlossener Unterricht per se schlechter als ein offener Unterricht. Es kommt darauf an, ob der Unterricht zur Zielerreichung geführt hat oder nicht. Gelingt es der Lehrperson beispielsweise nicht, mit einem noch so durchdachten und noch so kreativ gestalteten Lernarrangement, dass die Lernenden die Lernziele erreichen, war es kein guter Unterricht. Gelingt es ihr demgegenüber, mit einem monoton wirkenden Unterricht alle Schülerinnen und Schüler zum Lernerfolg zu führen, dann war es ein guter Unterricht. In gleicher Weise lassen sich die genannten Beispiele selbstverständlich umkehren.

Warum es dennoch in Prüfungsstunden sinnvoll erscheinen mag, von den Prüflingen einen möglichst vielfältigen Methodeneinsatz zu fordern, kann nachstehende Überlegung aufzuzeigen: Es ist einfacher, für eine Methode den Nachweis zu liefern, ob sie erfolgreich eingesetzt wurde oder nicht, während es für viele Methoden eine zunehmende Professionalität erfordert, jeden einzelnen Unterrichtsschritt auf seine Evidenz hin zu analysieren.

Und damit verbindet sich ein Plädoyer für evidenzbasierte Methodenvielfalt: Methodenvielfalt ist allein schon wegen der unterschiedlichen Lernausgangslage notwendig. Gleichzeitig erfordert es die „Verschiedenheit der Köpfe", wie es Johann Friedrich Herbart (1808) nennt, aber auch, zu überprüfen, welche Methode erfolgreich eingesetzt wurde und welche nicht – um im weiteren Verlauf der Unterrichtssequenz evidenzbasierte Entscheidungen treffen zu können.

Dabei versteht sich Evidenzbasierung nicht als ein zusätzliches, hoch standardisiertes und verwissenschaftlichtes Verfahren, um Daten zu erheben – davon gibt es zur Genüge und vielerorts wäre man gut beraten, lieber das, was man bereits an Erkenntnissen vorliegen hat, sinnvoll auszuwerten, bevor man neue Studien durchführt. Vielmehr fokussiert Evidenzbasierung in diesem Kontext auf die bestehenden Daten, die eine Lehrperson im schulischen Alltag vor sich findet: die Beobachtung einer Gruppenarbeit, die Bearbeitung eines Arbeitsblattes, der Kommentar eines Lernenden oder das Gespräch mit Eltern, um nur wenige Beispiele zu geben. Diese auf ihre Wirkung hin zu analysieren, mit dem eigenen Denken und Handeln in Verbindung zu bringen und dafür empirische Forschungsergebnisse heranzuziehen, kennzeichnet die wesentlichen Elemente einer Evidenzbasierung im Sinn von „Visible Learning". Insofern geht es nicht um ein Mehr an Daten, sondern darum, die bereits vorliegenden Daten anders zu sehen.

Die kritische Masse: Über Erfolgsbedingungen von Veränderungen.

Jede Schulleitung stellt sich tagein, tagaus die Frage, wie viele Personen des Kollegiums sie gewinnen muss, um eine Reform erfolgreich auf den Weg zu bringen. Und in ähnlicher Weise überlegen Lehrpersonen immer wieder, wie viel Zustimmung auf Seiten der Lernenden notwendig ist, um erfolgreich einen Lernprozess einzuleiten. Die häufige Antwort lautet: Hundert Prozent!

Nicht nur, dass diese Antwort einen ungeheuren Druck aufbaut, sie ist auch falsch, wie die Ergebnisse aus dem wirtschaftswissenschaftlichen Bereich zeigen (vgl. Endres & Martiensen 2007): Dort wurde festgestellt, dass einer Firma, um eine Monopolstellung auf dem Markt zu erreichen, als Ausgangsbasis nicht hundert, nicht fünfzig, sondern bereits zwischen zwanzig bis dreißig Prozent ausreichen können. Und damit zeigt sich: Veränderungen brauchen eine kritische Masse, um erfolgreich auf den Weg gebracht zu werden.

Im Rahmen der Spieltheorie spricht man in diesem Zusammenhang auch von Schwellenwert. Ist dieser erreicht, wird ohne weiteres Zutun eine Entwicklung in Gang gesetzt, die ein bestehendes System reformiert und durch ein neues ersetzt. Forschungen konnten zeigen, dass dieser Effekt vor allem auch in gruppendynamischen Prozessen auftreten kann und insofern für jegliche Formen der Führung und Leitung von Interesse ist.

Einer Schulleitung wird es im konkreten Fall folglich ausreichen, wenn sie eine kritische Masse an Personen aus ihrem Kollegium für ihre Vision gewonnen hat, um diese erfolgreich in die Tat umsetzen zu können. Und einer Lehrperson wird es dementsprechend ausreichen, wenn sie auf Seiten des Lernenden eine kritische Masse an Interesse und Motivation für den geplanten Lernprozess geweckt hat. Wie hoch diese kritische Masse im konkreten Fall ist, lässt sich nicht allumfassend bestimmen – obschon sicher ist: Es müssen nicht hundert Prozent sein!

Diese Einsicht in die Erfolgsbedingungen von Veränderungen wirkt einerseits entlastend und gibt andererseits Mut. Denn sie macht deutlich, dass es sich lohnt, Reformen anzustoßen, auch wenn (noch) nicht alle überzeugt sind. Die kritische Masse ist für den Erfolg entscheidend!

Womit kann ich anfangen?

Möglichkeiten der Veränderung gibt es in Schule und Unterricht viele und bereits aus den angestellten Überlegungen können eine Vielzahl an Ideen entwickelt werden. Im Folgenden soll lediglich das Verfahren der evidenzbasierten Methodenvielfalt näher beleuchtet werden, weil es zentral ist, um Lernen sichtbar machen zu können und somit im Kern der Haltung „Sieh dich als Veränderungsagent!" steht.

Vorauszuschicken sind den nachstehenden Erläuterungen zwei Grundgedanken, die an dieser Stelle des vorliegenden Buches besonders hervorstechen, sich aber wie ein roter Faden durch alle Kapitel ziehen: Die Haltung „Sieh dich als Veränderungsagent!" erfordert erstens eine permanente Suche nach Evidenz und zweitens eine intensive Kooperation mit Kolleginnen und Kollegen. Evidenz ist notwendig, um festzustellen, ob die intendierte Wirkung erzielt wird und ob die Veränderungen auf Seiten der Lernenden eintreten, die

Sieh dich als Veränderungsagent!

Ziel des eigenen Denkens und Handelns sind. Und wenn auch nicht immer, aber doch häufig eine Diskrepanz zwischen der Selbstwahrnehmung und der Fremdwahrnehmung besteht, sind ein Austausch und ein Dialog mit anderen Lehrpersonen unabdingbar. Sie helfen, die eigene Wirkung sichtbar zu machen, kritisch zu beleuchten und konstruktiv weiterzuentwickeln. Insofern sind es die Kolleginnen und Kollegen, die den Anstoß zur Weiterentwicklung der eigenen Professionalität und Expertise geben. Vier Augen sehen mehr als zwei, ließe sich folgern oder, mit Martin Buber (1958) gesprochen: Der Mensch wird am Du zum Ich.

Weiter oben wurde ausgeführt, dass Lernen auf Motivation angewiesen ist und wir Lehrpersonen vielfältige Motivierungsstrategien zur Verfügung haben. Reflektieren Sie zunächst mithilfe des ARZZ-Modells, welche Strategien Sie bevorzugen und füllen Sie dazu bitte nachstehende Tabelle aus. Diskutieren Sie Ihre Selbsteinschätzung mit einer Kollegin oder einem Kollegen.

Welche Motivierungsstrategien wende ich an?			
Aufmerksamkeit	Relevanz	Zuversicht	Zufriedenheit

Leider machen verschiedene Studien darauf aufmerksam, dass Lehrpersonen während einer Schulwoche über alles andere mehr sprechen als über den eigenen Unterricht. Und so kommt es auch, dass viele Lehrpersonen sich alleine und in mühsamer Einzelarbeit Gedanken darüber machen, welche Motivierungsstrategien im Rahmen einer Unterrichtssequenz möglich wären. Dabei ist didaktische Kreativität gefordert, die im Team weitaus besser entstehen und sich entfalten kann. Erarbeiten Sie also in einem nächsten Schritt mit einer Kollegin oder einem Kollegen verschiedene Motivierungsstrategien zunächst für eine konkrete Unterrichtsstunde und dann für eine gesamte Unterrichtssequenz. Darauf aufbauend legen Sie bitte den Schwerpunkt darauf, zu überprüfen, welche Motivierungsstrategien bei den Lernenden wie wirken, indem Sie beispielsweise verschiedene Feedbackverfahren einsetzen und auch die Lernleistung der Schülerinnen und Schüler als Bewertungsmaßstab hinzuziehen. Tauschen Sie sich bitte hierzu aus und drängen Sie in Gesprächen mit Kolleginnen und Kollegen darauf, Daten zu liefern. Nicht das Bauchgefühl ist entscheidend, sondern die Realitäten, die vor allem am Lernerfolg sichtbar werden. Seien Sie also, was Sie sind, aber seien Sie es in einem positiven Verständnis (vgl. Wernke & Zierer 2016): Eklektiker. Prüfen Sie alles und behalten Sie das Beste! Und nutzen Sie Evidenz als Prüfstein. Vervollständigen Sie beispielsweise in diesem Zusammenhang folgende Tabelle, die Ihnen einen Überblick über evidenzbasierte Motivierungsstrategien zu einer bestimmten Unterrichtssequenz gibt:

Motivierungsstrategien und ihre Wirksamkeit aus Sicht der Lernenden			
Aufmerksamkeit	Relevanz	Zuversicht	Zufriedenheit
hoch	hoch	hoch	hoch
mittel	mittel	mittel	mittel
gering	gering	gering	gering
hoch	hoch	hoch	hoch
mittel	mittel	mittel	mittel
gering	gering	gering	gering
hoch	hoch	hoch	hoch
mittel	mittel	mittel	mittel
gering	gering	gering	gering

In einer ähnlichen Art und Weise ist es möglich, zu anderen Unterrichtsprinzipien Tableaus zu entwickeln, die zum einen Methodenvielfalt aufzeigen und zum anderen deren Wirksamkeit aus Sicht der Lernenden enthalten. Zu denken ist beispielsweise an verschiedene Verfahren der Differenzierung, die grundsätzlich Ziel-, Inhalts-, Methoden-, Medien-, Raum- und Zeitentscheidungen ermöglichen. Eine entsprechende Übersicht könnte folgende Form haben, die Sie erneut in Zusammenarbeit mit einer Kollegin oder einem Kollegen für eine bestimmte Unterrichtssequenz erarbeiten können. Darin ist bereits der Versuch enthalten, die verschiedenen Leistungsniveaus der Lernenden als eine, wenn nicht die entscheidende Größe der Differenzierung aufzunehmen und im Hinblick auf die Ebenen der Reproduktion, der Reorganisation, des Transfers und des Problemlösens zu strukturieren:

Differenzierungsstrategien und ihre Wirksamkeit aus Sicht der Lernenden						
Ziele	Inhalte	Methoden	Medien	Raum	Zeit	
Reproduktion	hoch	hoch	hoch	hoch	hoch	hoch
	mittel	mittel	mittel	mittel	mittel	mittel
	gering	gering	gering	gering	gering	gering
Reorganisation	hoch	hoch	hoch	hoch	hoch	hoch
	mittel	mittel	mittel	mittel	mittel	mittel
	gering	gering	gering	gering	gering	gering
Transfer	hoch	hoch	hoch	hoch	hoch	hoch
	mittel	mittel	mittel	mittel	mittel	mittel
	gering	gering	gering	gering	gering	gering
Problemlösen	hoch	hoch	hoch	hoch	hoch	hoch
	mittel	mittel	mittel	mittel	mittel	mittel
	gering	gering	gering	gering	gering	gering

Und ein letztes Beispiel, das angesichts der Wirksamkeit dieses Faktors im vorliegenden Buch angesprochen werden soll, ist das bewusste Üben. Auch hier bietet es sich an, in Zusammenarbeit mit einer Kollegin oder einem Kollegen verschiedene Übungsstrategien zu erarbeiten, zusammenzutragen und auf Evidenz hin zu untersuchen. Scheuen Sie sich dabei bitte nicht, bestehende Arbeitsblätter zu verwenden oder Schulbücher heranzuziehen. Es ist eine der größten Untugenden in Schule und Unterricht, insbesondere in der Lehrerbildung, Berufseinsteigende damit zu konfrontieren, alles am besten selber entwerfen zu lassen: Man muss das Rad des Unterrichtens nicht neu erfinden! Es gibt viele gute Ideen, die nur darauf warten, umgesetzt zu werden. Und sicherlich gibt es auch viele schlechte Ideen, die es nicht wert sind, dass man sie aufgreift. Aber es ist Kennzeichen von Professionalität, dass man in der Lage ist, die Spreu vom Weizen trennen zu können. Insofern stellt sich die Herausforderung, bestehende Materialien einzusetzen und nach Evidenzen zu suchen, um feststellen zu können, was wirkt und was nicht wirkt. Da auch im Kontext des Übens die Lernausgangslage eine, wenn nicht die entscheidende Größe darstellt, wird erneut die Unterscheidung in verschiedene Leistungsniveaus in die nachstehende Übersicht mit aufgenommen:

Übungen und ihre Wirksamkeit aus Sicht der Lernenden							
Reproduktion		Reorganisation		Transfer		Problemlösen	
Aufgabenbeispiel	hoch	*Aufgabenbeispiel*	hoch	*Aufgabenbeispiel*	hoch	*Aufgabenbeispiel*	hoch
	mittel		mittel		mittel		mittel
	gering		gering		gering		gering

Fasst man diese Schritte zusammen, nämlich für die Motivierung, die Differenzierung und die Übung entsprechende Tableaus und Übersichten zu erstellen und im Hinblick auf ihre Evidenz hin zu untersuchen, so lassen sich daraus Lernpfade gestalten. Als Lernpfade werden Unterrichtsskripts bezeichnet, die zu unterschiedlichen Zielen jeweils passende methodische und mediale Lernarrangements anführen und somit vielfältige Lernwege eröffnen. Diese können mit der Lernausgangslage des Lernenden verknüpft und an den weiteren Lernprozess angepasst werden (vgl. Hattie, 2014, S. 88). Voraussetzung dafür ist, dass Lehrpersonen die Lernausgangslage angemessen diagnostizieren, im ständigen Austausch mit den Lernenden sind, den Unterricht regelmäßig evaluieren und das eigene Vorgehen kritisch-konstruktiv hinterfragen. Die Suche nach Evidenz ist hierfür zentral, so dass Feedback, die Bewertung des Unterrichtsprozesses und andere Evaluationsverfahren bedeutsam sind. Mit der Formel „Teachers are to DIE for!" lässt sich das Gesagte auf den Punkt bringen, um Diagnose (D), Implementation (I) und Evaluation (E) als die notwendigen Schritte für erfolgreiche Lernpfade zusammenzubringen.

CHECKLISTE:

Reflektieren Sie bei Ihrer nächsten Unterrichtsplanung folgende Punkte:

- ✓ Verwenden Sie vielfältige Strategien der Klassenführung!
- ✓ Versuchen Sie, in Ihrer Klassenführung im Hinblick auf mögliche Unterrichtsstörungen präventiv zu wirken!
- ✓ Sie brauchen keine volle Zustimmung, um Veränderungen auf den Weg zu bringen! Versuchen Sie stattdessen, eine kritische Masse an Überzeugung für Ihre Visionen bei den Lernenden anzubahnen!
- ✓ Erfinden Sie nicht alles neu! Prüfen Sie stattdessen das, was es schon gibt, indem Sie nach Evidenz suchen!
- ✓ Entwickeln Sie Lernpfade, beispielsweise durch vielfältige Strategien der Motivierung, der Differenzierung und der Übung, und dazu immer auch Möglichkeiten, den Erfolg der Lernpfade sichtbar zu machen!
- ✓ Ergänzen Sie Ihre Einschätzung hinsichtlich des Erfolges von Methodenentscheidungen immer um die Einschätzung der Lernenden! Fordern Sie also Feedback!
- ✓ Tauschen Sie sich mit Kolleginnen und Kollegen über Methoden aus und nutzen Sie dafür Daten, die Ihre Meinung evidenzbasiert stützen!

ÜBUNG:

1. Gehen Sie zurück zum Fragenbogen zur Selbstreflexion am Anfang des Kapitels und füllen Sie diesen mit einer anderen Farbe aus. Wo hat sich Ihre Sicht der Dinge verändert und vor allem warum? Diskutieren Sie Ihre Einschätzungen mit einer Kollegin oder einem Kollegen.
2. Entwerfen Sie für eine Unterrichtsequenz einen Lernpfad, in dem verschiedene Wege der Motivierung, der Differenzierung und der Übung skizziert sind. Besprechen Sie diese mit einer Kollegin oder einem Kollegen vor der Umsetzung und diskutieren Sie ihn nach der Umsetzung unter Hinzuziehung von Evidenz.
3. Planen Sie Ihre nächste Unterrichtsstunde unter Rückgriff der Analyse der Lernausgangslage und bauen Sie einen Advance Organizer ein. Diskutieren Sie Ihre Planung und Umsetzung mit einer Kollegin oder einem Kollegen.

8 Gib und fordere Rückmeldung!

FRAGEBOGEN ZUR SELBSTREFLEXION:

Schätzen Sie sich im Hinblick auf folgende Aussagen ein:
1 = stimmt gar nicht; 5 = stimmt voll und ganz.

	1	2	3	4	5
Ich bin hervorragend dazu in der Lage, ...			KÖNNEN		
... Rückmeldungen von meinen Schülerinnen und Schülern einzuholen.	O	O	O	O	O
... die Rückmeldungen meiner Schülerinnen und Schülern zu reflektieren.	O	O	O	O	O
Ich weiß ganz genau, ...			WISSEN		
... dass ich die Rückmeldungen meiner Schülerinnen und Schülern reflektieren muss.	O	O	O	O	O
... dass ich meinen Schülerinnen und Schülern differenziertes Feedback geben muss.	O	O	O	O	O
Stets ist es mein Ziel, ...			WOLLEN		
... Rückmeldungen von meinen Schülerinnen und Schülern einzuholen.	O	O	O	O	O
... die Rückmeldungen meiner Schülerinnen und Schülern zu reflektieren.	O	O	O	O	O
Ich bin fest davon überzeugt, ...			WERTEN		
... dass regelmäßig Rückmeldungsstrategien in meinen Unterricht integriert werden müssen.	O	O	O	O	O
... dass ich die Meinungen meiner Schülerinnen und Schülern als Rückmeldung für mich nutzen sollte.	O	O	O	O	O

VIGNETTE:

Welche Lehrperson kennt nicht diesen Moment: Man hat sich intensiv vorbereitet, den Unterricht gründlich geplant und geht hochmotiviert sowie bestens präpariert in das Klassenzimmer. Und dennoch verläuft die Stunde alles andere als gewünscht: Der Einstieg scheint nicht anzukommen, die Lernenden sind unruhig und am Ende kommt das Gefühl auf, nichts, aber auch gar nichts vermittelt zu haben. Unzufrieden verlässt man das Klassenzimmer und weiß nicht so recht, was los war. Eigentlich will man am liebsten mit einer neuen und überarbeiteten Unterrichtsplanung loslegen, entschließt sich aber, die Lernenden am nächsten Tag nochmals zu befragen. Mit großer Überraschung stellt man dabei fest, dass der eigene Eindruck täuschte: Im Gespräch berichten die Lernenden von einer interessanten Stunde und von den Anstrengungen, die für sie notwendig waren, um ans Ziel zu kommen. Ebenso weist ein kurzer Test überzeugende Resultate auf. Mehr als zufrieden macht man sich gemeinsam mit den Lernenden an die nächsten Herausforderungen.

Worum geht es in diesem Kapitel?

Diese Vignette soll die Kernbotschaft des vorliegenden Kapitels veranschaulichen: Die Antwort darauf, ob Lernen und Lehren erfolgreich ist, kann nicht allein die Lehrperson geben. Hierfür sind die Lernenden zu befragen. Denn sie geben die entscheidenden Impulse. Lernen und Lehren sind dialogische Prozesse. Insofern sind erfolgreiche Lehrpersonen in der Lage, sowohl Rückmeldungen zu den Lernprozessen der Schülerinnen und Schüler zu geben als auch Rückmeldungen von den Lernenden zu den eigenen Lehrprozessen einzuholen und zu reflektieren.

> Nachdem Sie dieses Kapitel gelesen haben, sollte Sie in der Lage sein, vor dem Hintergrund dieser Kernbotschaft zu erklären, ...
> - inwiefern die Faktoren „Fragenstellen", „Meta-kognitive Strategien" und „Lerntechniken" bedeutsam sind.
> - wodurch sich ein erfolgreiches Feedback auszeichnet.
> - was es bedeutet, ein vollständiges Feedback zu geben.
> - was es bedeutet, ein aussagekräftiges Feedback von den Lernenden einzuholen.
> - welche Gefahren von einem falsch verstandenem Feedback (Lob, Peers usw.) ausgehen können.
> - welches die Grundprinzipien von Rückmeldungen im Unterricht sind.

Welche Faktoren aus „Visible Learning" stützen diese Haltung?

Es ist zweifelsfrei eine der zentralen Botschaften von „Visible Learning", die Bedeutung von Rückmeldungen für den Lernprozess wieder ins Bewusstsein zu rufen. Während den pädagogischen Diskurs infolge von PISA & Co. lange Zeit Strukturdebatten prägten, wird darin deutlich gemacht, dass der Unterricht weitaus einflussreicher auf den Lernerfolg von Schülerinnen und Schüler ist und dieser als ein dialogischer Prozess zu verstehen ist: Lernende brauchen nicht nur die Lehrperson, sondern die Lehrperson braucht auch die Lernenden. Erneut sei auf die zentralen Fragen hingewiesen: Konnten die Lernziele erreicht werden? Werden die Inhalte verstanden? Waren die eingesetzten Methoden hilfreich? Konnte mit den zur Verfügung gestellten Medien gearbeitet werden? All diese Fragen können letztendlich nur von den Lernenden beantwortet werden, weswegen sie hierzu von der Lehrperson befragt werden müssen.

Mit diesem Befragen ist nicht nur ein direktes Nachfragen zum Unterrichtsgeschehen gemeint, was es sicherlich auch sein kann. Vielmehr steht es für den Gedanken, jegliche Formen der Rückmeldung im Unterricht aufzugreifen, ja sogar nach allen möglichen Informationen zum Gelingen und Scheitern von Lernprozessen zu suchen und im Hinblick auf das eigene Lehrerhandeln zu reflektieren. Zur Veranschaulichung des Gesagten folgendes Bild:

Gib und fordere Rückmeldung!

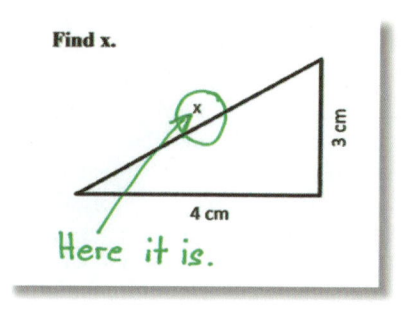

Find x.

[Zeichnung eines rechtwinkligen Dreiecks mit Katheten 4 cm und 3 cm; bei x ist ein Kreis eingezeichnet mit der handschriftlichen Bemerkung „Here it is."]

Es ist sicherlich auf den ersten Blick erkennbar, was der Lernende falsch gemacht hat: Die Antwort „Here it is." löst nicht das mathematische Problem – der Satz des Pythagoras liefert schnell die richtige Antwort: $x = 5$ cm. Bleibt man bei der Betrachtung dieser Aufgabe auf dieser Ebene stehen und meldet dem Lernenden nur seinen Fehler zurück, verschenkt man vielfältige Möglichkeiten. Denn die Kernbotschaft des Fehlers des Lernenden ist eine andere und hat viel mehr mit der Lehrperson selbst zu tun: Ihr ist es definitiv nicht gelungen, die Ziele zu erreichen und die Inhalte zu vermitteln. Und ebenso wenig waren die von ihr ausgewählten Methoden und die Medien für diesen Lernenden die richtigen. *Lernen sichtbar machen*, ist man geneigt zu folgern. Wenn die Lehrperson diese und ähnliche Fragen nicht stellt und auf ihr Lehrerhandeln bezieht, dann kann es passieren, dass der Unterricht ohne Reflexion weiterläuft wie bisher und ein Aussteigen aus den nachfolgenden Lehr-Lern-Prozessen des betroffenen Lernenden garantiert ist.

Somit ist die Frage, sich selbst als Evaluator zu sehen – und zwar für den Lernprozess der Lernenden, aber auch für den eigenen Lehrprozess –, ins Zentrum gerückt. Rückmeldungen sind hierfür entscheidend und kaum eine Lehrperson hegt daran den geringsten Zweifel. Denn die Fragen, ob Rückmeldungen im Unterricht wichtig sind und insofern auch viel Rückmeldung gegeben wird, werden einhellig bejaht. Doch so einfach zeigen sich erfolgreiche Rückmeldungen nicht. Denn sie sind nicht eine Frage der Quantität, sondern der Qualität, wie in den weiteren Ausführungen dargelegt wird.

Zunächst ein Blick auf „Visible Learning": Darin finden sich ein paar Faktoren und Hinweise, um die Haltung „Gib und fordere Rückmeldung!" weiter untermauern zu können. Die Rede ist von „Fragenstellen", „Meta-kognitive Strategien" und „Lerntechniken":

Fragenstellen

Fragen sind wichtiger als Antworten, heißt es sinngemäß bei Karl Jaspers und bei Hans-Georg Gadamer kann nachgelesen werden, dass Fragenstellen die Möglichkeiten von Bedeutung eröffnet. Der erste Schritt zur Erkenntnis, so könnte philosophisch argumentiert werden, ist die Frage. Dementsprechend bedeutsam zeigt sich das Stellen von Fragen im Unterricht, für das in „Visible Learning" eine Effektstärke von 0,48 errechnet wird. Ein Unterricht, der nur belehrt, kann den Lernenden und ihren individuellen Lernwegen nicht gerecht werden. Erst die Antworten der Lernenden auf Fragen der Lehrperson weist die Richtung, in die Unterstützungsangebote für den Lernprozess aufzuzeigen sind. Dabei ist zu bedenken, dass nicht jede Frage die nötigen Informationen liefert und Unterricht nicht nur dadurch verbessert wird, dass Fragen gestellt werden. Es müssen die passenden Fragen sein, die sich im wörtlichen Sinn an der Lernausgangslage der Lernenden orientieren: Befindet sich ein Lernender beispielsweise auf der Ebene der Reproduktion oder knapp dar-

Fragenstellen

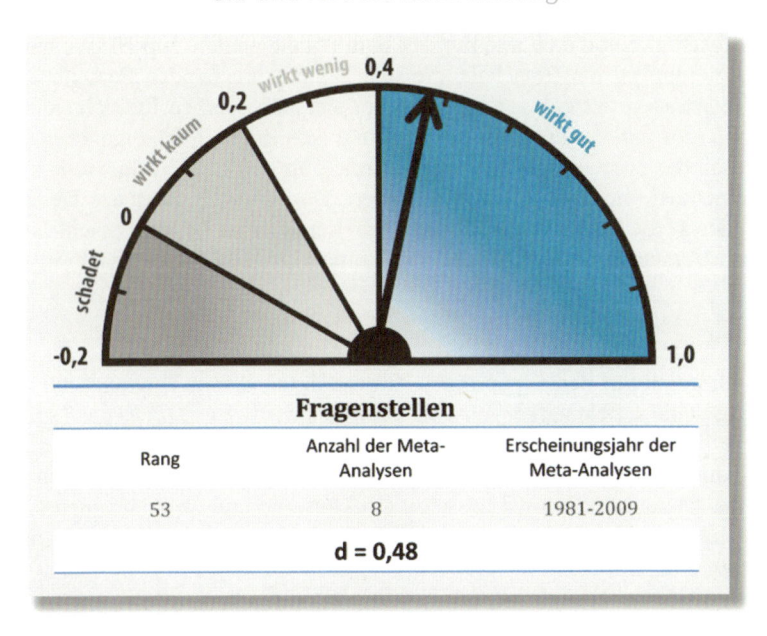

Rang	Anzahl der Meta-Analysen	Erscheinungsjahr der Meta-Analysen
53	8	1981-2009

d = 0,48

über, können Fragen hierzu hilfreicher sein, als welche, die auf die Ebene des Problemlösens fokussieren. Nicht zu vergessen ist an dieser Stelle die Bedeutung der Fragen der Lernenden: Aus ihnen geht hervor, wo die Lernenden Förderbedarf haben, wo Unklarheiten bestehen, wo Interessen liegen. Diese Fragen zu ermöglichen, sie wahrzunehmen und aufzugreifen ist Kennzeichen erfolgreicher Lehrpersonen.

Meta-kognitive Strategien

Das Nachdenken über das Denken wird unter dem Begriff „Meta-Kognition" zusammengefasst. In „Visible Learning" erreicht der damit verbundene Faktor „Meta-kognitive Strate-

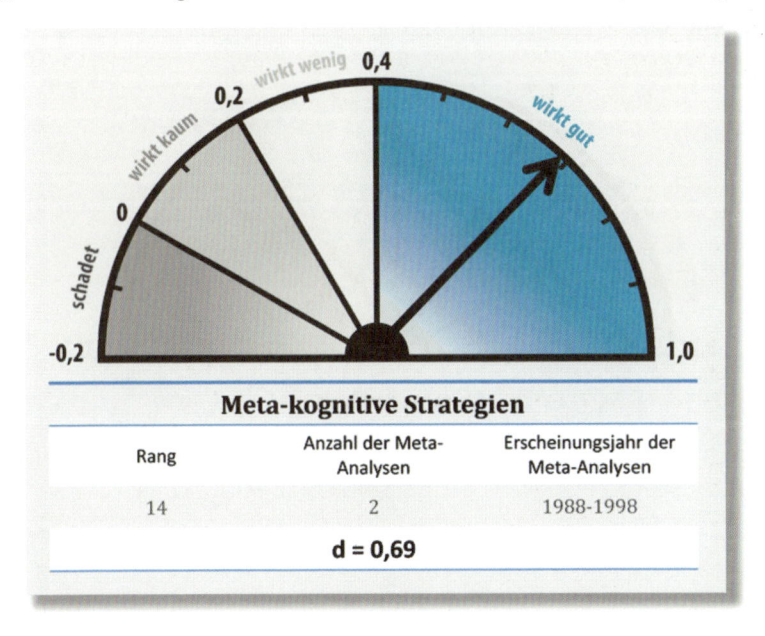

Meta-kognitive Strategien

Rang	Anzahl der Meta-Analysen	Erscheinungsjahr der Meta-Analysen
14	2	1988-1998

d = 0,69

gien" eine Effektstärke von 0,69 und rangiert damit Nahe an den Top 10. Weitaus wichtiger als diese Platzierung ist die Botschaft, die sich aus entsprechenden Forschungen ableiten lässt: Das Hinterfragen des eigenen Lernens, der Versuch, Lernen für sich sichtbar zu machen und Fehler zu nutzen, um über Struktur und Stimmigkeit des eigenen Vorgehens zu reflektieren – all das ist ausgesprochen einflussreich für den Lernerfolg, weil es den Dialog zwischen Lernenden und Lehrpersonen befördert. Der Versuch, über das Denken nachzudenken, mündet in die Auseinandersetzung über Lernen und Lehren, macht Unverstandenes, aber auch Verstandenes sichtbar und gibt somit Hinweise für das nachfolgende Unterrichten.

Lerntechniken

Ähnlich einflussreich auf den Lernprozess ist der Faktor „Lerntechniken", für den in „Visible Learning" eine Effektstärke von 0,63 ermittelt wird. Verfahren, die Lernenden beispielsweise helfen, sich Notizen zu machen, sinnvoll Lernstoff zu wiederholen und zu verinnerlichen, eine Zusammenfassung anzufertigen, die eigene Motivation zu regulieren, selbst Ziele zu setzen oder Lernprozesse zu strukturieren und zu kontrollieren, führen sowohl im Bereich des Oberflächen- als auch des Tiefenverständnisses zu einer nachhaltigen Leistungssteigerung. Dabei ist insbesondere zu beachten, dass diese Verfahren erstens mit inhaltlichen Aspekten verknüpft werden und folglich nicht kontextfrei angewendet werden und zweitens durch die Lehrperson begleitet, angeregt und reguliert werden. Insofern bieten sie ein wichtiges Feld, um über Lernen und Lehren ins Gespräch zu kommen und vielfältige Rückmeldeschleifen zu beschreiben.

Es wäre an dieser Stelle ohne Weiteres möglich, noch andere Faktoren zu beschreiben, um die Kernbotschaft dieses Kapitels zu verdeutlichen – beispielsweise „Reziprokes Lehren" (0,74), „Lehrstrategien" (0,62) oder „Lautes Denken" (0,64). Sie alle stehen in unmittelbarem Zusammenhang zu den besprochenen Faktoren. Und dennoch ragt ein Faktor heraus und bedarf einer expliziten Betrachtung, der bisher nur am Rand angeklungen ist, obschon er immer mitgedacht wurde: Feedback. Vor dem Hintergrund der Haltung „Gib

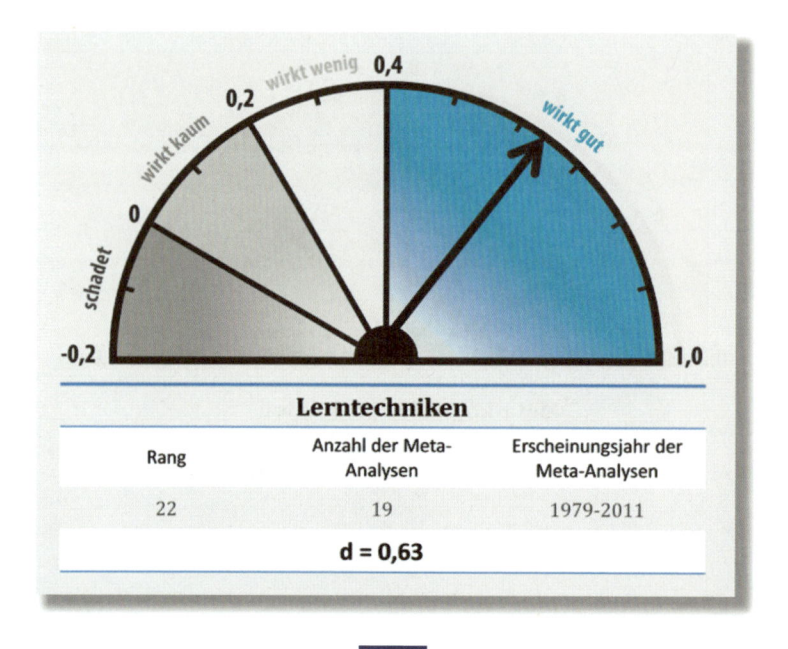

	Lerntechniken	
Rang	Anzahl der Meta-Analysen	Erscheinungsjahr der Meta-Analysen
22	19	1979-2011
	d = 0,63	

und fordere Rückmeldung!" ist es der zentrale Faktor, um die Bedeutung von Rückmeldungen im Lehr-Lernprozess zu betonen und aufzeigen, dass erfolgreiches Unterrichten im Kern eine dialogische Struktur besitzt.

Kenne deinen Einfluss! Feedback als Schlüssel eines erfolgreichen Unterrichts.

„Feedback" gehört zu den am besten erforschten Methoden überhaupt und zieht einen der größten Einflüsse auf die Lernleistung nach sich: Allein 25 Meta-Analysen in den letzten 30 Jahren mit einer durchschnittlichen Effektstärke von 0,75 konnten in „Visible Learning" ausfindig gemacht werden.

Diese Breite der Erforschung von Feedback täuscht darüber hinweg, dass es nicht trivial ist, was ein erfolgreiches Feedback auszeichnet. Hinzukommt, dass Lehrpersonen zu Recht die Frage bejahen, ob sie viel Feedback geben. Denn Lehrpersonen geben tagtäglich viel Feedback. Und je kleiner die Klassen sind, desto mehr Feedback geben sie. Somit wäre man geneigt zu folgern, dass die Reduzierung der Klassengröße allein schon zu einer immensen Verbesserung des Feedbacks und damit der Lernleistung führe.

All das trifft allerdings nicht zu. Denn erfolgreiches Feedback ist, so wurde bereits angesprochen, nicht eine Frage der Quantität, sondern der Qualität. Und genau an dieser Stelle sind die Forschungen im Kontext von „Visible Learning" (vgl. auch Hattie & Timperley 2007) hilfreich, um die damit verbundenen Unterschiede aufzeigen zu können. Denn darin unterscheiden sie vier Feedback-Ebenen, die bedient werden können und verschiedene Effekte nach sich ziehen:

Aufgabe	Prozess	Selbstregulation	Selbst
Wie gut wurden die Aufgaben verstanden/erledigt?	Was muss getan werden, um die Aufgaben zu verstehen/ zu meistern?	Selbstüberwachung, -steuerung und -regulation der Aktivitäten	Persönliche Bewertung und Effekt (gewöhnlich positiv) auf die Lernende/den Lernenden

Die persönlichkeitsbezogene Ebene von Feedback: das Selbst.

Erstens nennen sie die Ebene des Selbst: Darunter lassen sich alle Rückmeldungen zusammenfassen, die auf die Person des Feedbacknehmers fokussieren. Lob, aber auch Tadel in allen möglichen Varianten sind beispielsweise zu nennen: „Du bist spitze!", „Du bist toll!", „Du bist ein fleißiger Schüler!" oder „Du bist brav!". Die Effekte auf die Lernleistung sind gering – Warum? Weil Rückmeldung auf der Ebene des Selbst keine Informationen zum Lernprozess enthält, sondern fast ausschließlich mit Persönlichkeitsmerkmalen zu tun hat. Dies kann unter Umständen sogar negative Effekte nach sich ziehen. Denn Lernende nehmen diese Formen des Feedbacks genau als solche auch war: als Bewertung der eigenen Person. Kommt es beispielsweise zu einem übermäßigen Lob, so kann dies zu einer Minderung der Leistungsbereitschaft führen, weil Lernende dazu neigen, das positive Bild ihrer Person nicht ständig aufs Spiel zu setzen. Und in gleicher Weise kann Tadel zu einem negativen Selbstkonzept führen, weil es eben nicht auf die Sache und den möglichen Fehler gerichtet ist, sondern auf die Persönlichkeit. Besonders problematisch wird eine Rückmeldung auf der Ebene des Selbst, wenn Lernende bereits eine besondere sachbezogene (intrinsische) Motivation vorweisen. Denn dann wirkt sie als eine Variante der sachfremden (extrinsischen) Motivierung. Dies hat im schlimmsten Fall zur Folge, dass die sachbezogene Motivation auf Seiten des Lernenden abnimmt und die sachfremde Motivation entsprechend zunimmt – und damit träte genau das ein, was keine Lehrperson möchte, weil es aus lernpsychologischer Sicht die schlechtere Variante ist: ein sachfremd motivierter Lernender. Effektiver und nachhaltiger ist es, wenn Lernende eine hohe sachbezogene Motivation aufweisen, bei gleichzeitig geringer sachfremder Motivation.

Paradebeispiel für diesen Gedankengang sind Süßigkeiten, die so manch eine Lehrperson den Lernenden für ordentliches und diszipliniertes Arbeiten überreicht: Süßigkeiten sind nicht nur ungesund, sie sind aus pädagogischer Sicht auch Gift für eine sachbezogene Motivation. In ähnlicher Weise ist es gefährlich, Lernende mit irgendwelchen Aufklebern oder Stempeln zu überladen. Denn auch diese Rückmeldungen sind sachfremd motiviert und können schlimmstenfalls eine sachbezogene Motivation ablösen.

Nicht von der Hand zu weisen ist die Bedeutung einer Rückmeldung auf der Ebene des Selbst für die Lehrer-Schüler-Beziehung, wo sie durchaus positiv wirken kann – obschon die Lernausgangslage der Schülerinnen und Schüler in den Blick zu nehmen ist. Allerdings gibt es in diesem Zusammenhang weitaus wirksamere Verfahren, um eine Atmosphäre der Geborgenheit, des Vertrauens und Zutrauens zu schaffen, auf die im Rahmen der Haltung „Entwickle positive Beziehungen!" genauer eingegangen wird. Alles in allem herrscht in der Forschung Konsens, Rückmeldung auf der Ebene des Selbst wohldosiert und wohlüberlegt einzusetzen. Häufig kann ein „Weniger ist mehr." leitend sein.

Die leistungsbezogene Ebene von Feedback: Aufgabe, Prozess und Selbstregulation.

Anders als Rückmeldung auf der Ebene des Selbst, das als persönlichkeitsbezogen bezeichnet wurde, beziehen sich die Ebenen der Aufgabe, des Prozesses und der Selbstregulation auf die Leistung, die der Lernende zeigt. Die Wirkung von Rückmeldung auf diesen Ebenen ist durchwegs positiver zu sehen, jedoch mit unterschiedlicher Reichweite, wie eine nähere Analyse zeigt:

Feedback auf der Ebene der Aufgabe bedeutet, dass der Lernende Rückmeldung im Hinblick auf das Produkt seiner Leistung bekommt. Beispielsweise werden in einem Leistungstest Aufgaben abgefragt, deren Lösung die Lernzielerreichung markiert. Nach Testdurchführung wird korrigiert, wie viele Aufgaben richtig oder falsch gelöst wurden. Auf diesem Weg bekommt der Lernende vor Augen geführt, *was er kann und was nicht.*

Feedback auf der Ebene des Prozesses bedeutet, dass der Lernende Rückmeldung im Hinblick auf den Prozess seiner Leistung bekommt. Beispielsweise kann von der Lehrperson der Leistungstest im Hinblick auf die Durchführung durchgesehen werden. Lässt der Test beispielsweise ein zügiges Arbeiten erkennen, gibt es Anzeichen für Schludrigkeit, sind viele Leichtsinnsfehler zu erkennen, um einige wenige Beispiele zu nennen. In diesem Fall erhält der Lernende Informationen darüber, *wie er gearbeitet hat.*

Feedback auf der Ebene der Selbstregulation bedeutet, dass der Lernende Rückmeldung zu Steuerungsmechanismen seiner Leistung bekommt. Beispielsweise kann von der Lehrperson nach dem Leistungstest dem Lernenden zurückgemeldet werden, wie es ihm während des Tests gelungen ist, seine Aufmerksamkeit zu fokussieren, Strategien des Zeitmanagements einzusetzen und Kontrollverfahren anzuwenden. Infolgedessen wird dem Lernenden deutlich zu machen versucht, *wie er Produkt und Prozess seiner Leistung selbst reguliert hat.*

Alle Ebenen des Feedbacks im Blick.

Reflektieren Sie bitte die Situation, dass Sie im Unterricht hospitiert werden und im Anschluss eine Besprechung zu Ihrer Stunde stattfindet. Welches Feedback hätten Sie gerne, wenn Sie sich entscheiden müssten: Ein Rückmeldung auf der Ebene der Aufgabe, die Ihnen aufzeigt, was Sie *im Unterricht* richtig und was falsch gemacht haben? Eine Rückmeldung auf der Ebene des Prozesses, die Ihnen aufzeigt, wie Ihr Planungsprozess *vor der Unterrichtsstunde* war und Ihre Planungsunterlagen zu bewerten sind? Oder eine Rückmeldung auf der Ebene der Selbstregulation, die Ihnen deutlich macht, woran Sie als nächstes arbeiten können, um *in der nächsten Unterrichtsstunde* besser zu sein?

Wir haben diese – aus inhaltlicher Sicht durchaus etwas verkürzte, aber deshalb auch pointierte – Befragung mittlerweile an hunderten von Lehrpersonen durchgeführt. Das Ergebnis ist immer gleich: Die große Mehrheit wünscht sich ein Feedback auf der Ebene der Selbstregulation, während nur wenige ein Feedback auf der Ebene der Aufgabe oder des Prozesses einfordern würden. Damit zeigt sich, dass aus Sicht der Lernenden – aufgrund der Beratungssituation sind auch Sie im fiktiven Beispiel Lernende – Feedback auf der Ebene der Selbstregulation eine Sonderstellung einnimmt. Wenn man vor diesem Hintergrund das Feedback betrachtet, das in Klassenzimmern tagtäglich gegeben wird, dann zeigt sich folgendes Bild:

	HATTIE & MASTERS (2011)	VAN DEN BERGH, ROSE & BEIJAARD (2010)	GAN (2011)
Stufe	18 High School Klassen	32 Lehrpersonen der Middle School	235 Peers
Aufgabe	59 %	51 %	70 %
Prozess	25 %	42 %	25 %
Selbstregulation	2 %	2 %	1 %
Selbst	14 %	5 %	4 %

Infolgedessen bekommen Lernende das Feedback, das sie am meisten wollen und auch brauchen, am seltensten, und das, das ihnen am wenigsten wichtig erscheint, am häufigsten. Wie viel ließe sich also allein dadurch erreichen, dass Lehrpersonen reflektierter mit dem Feedback umgehen, das sie so oft geben?

In diesem Zusammenhang wird schließlich auch deutlich, dass erfolgreiches Feedback nicht eine Frage der Quantität ist, sondern der Qualität: Was nützt es beispielsweise einem Lernenden, wenn ihm sein Fehler zum wiederholten Mal vor Augen geführt wird, ohne ihm aber konkrete Hinweise zu geben, welche Ursachen der Fehler hat und wie in Zukunft an diesen gearbeitet werden kann? Mit anderen Worten: Ein Mehr an Feedback auf der Ebene der Aufgabe zieht keine weitreichenden Effekte nach sich. Erst wenn es verbunden wird mit einem Feedback auf den Ebenen des Prozesses und der Selbstregulation, kann es seine Wirkung entfalten:

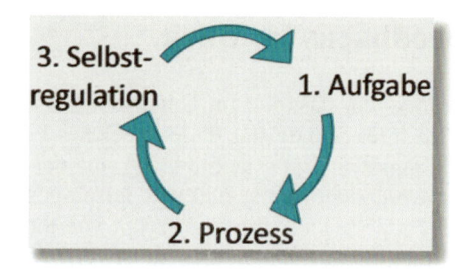

All das Gesagte ist keine Selbstverständlichkeit, auch wenn viele das immer wieder glauben. Nach einer Reduzierung der Klassengröße um fünf oder zehn Lernende lässt sich beispielsweise beobachten, dass genau diese Verknüpfung zwischen den Feedback-Ebenen nicht von selbst eintritt: Zwar geben Lehrpersonen in kleineren Klassen mehr Feedback, aber eben mehr Feedback auf den bereits dominierenden Ebenen der Aufgabe und des Prozesses. Was also nützt es dem Lernenden, wenn er nicht mehr bloß fünf Mal hört, welchen Fehler er gemacht hat, sondern zehn Mal? Ein größerer Einfluss kann damit nicht erzielt werden, so dass die ermittelte Effektstärke einer Reduzierung der Klassengröße von 0,21 nachvollziehbar wird. Und damit wird eine zentrale Aussage von „Visible Learning" deutlich: Lernende brauchen nicht mehr von dem, was sie im Unterricht erfahren. Sie brauchen etwas anderes.

Es wäre verkehrt, an dieser Stelle den Eindruck zu erwecken, dass eine Feedback-Ebene besser wäre als die anderen. Vielmehr ist die Kernbotschaft, dass die verschiedenen Feedback-Ebenen ineinander greifen und zusammenwirken. Insofern geht es nicht nur darum, die richtige Feedback-Ebene zu treffen, sondern ein vollständiges Feedback zu geben – ein Feedback also, das auf die Ebenen der Aufgabe, des Prozesses und der Selbstregulation fokussiert.

Die angestellten Überlegungen lassen drei zentrale Einsichten für ein erfolgreiches Feedback sichtbar werden: Erstens birgt jede der genannten Ebenen Gefahren in sich. Vor allem Über- und Unterforderung sind in diesem Zusammenhang zu nennen. Zweitens läuft jede Ebene Gefahr, in ihrer Ausschließlichkeit verkürzend zu sein. Denn zunehmende Informationsarmut und Monotonie sind die Folge. Und drittens lässt sich die Wirkung jeder Ebene erhöhen, je besser es gelingt, sie mit den anderen Ebenen in Verbindung zu bringen. Das Ganze ist mehr als die Summe seiner Teile, so ließe sich im Anschluss an einen Aristotelischen Gedanken folgern.

Novize – Fortgeschrittener – Experte: Die Abhängigkeit vom Leistungsniveau.

Vor dem Hintergrund der Feedbackebenen drängt sich eine Reflexion über die Abhängigkeit der Gewichtung der Feedback-Ebenen vom Leistungsniveau der Lernenden auf. Bedenken Sie hierzu folgendes Beispiel:

Stellen Sie sich einen Lernenden vor, der völlig neu in seinem Feld ist und insofern den Status eines Novizen für sich in Anspruch nehmen kann. Dieser hat noch keine Einsichten in eine Materie, weiß um keine Zusammenhänge und versteht die grundlegenden Elemente (noch) nicht. Nehmen Sie zur Veranschaulichung einen Erstklässler, der gerade den Zahlenraum bis 20 erschließt: Welche Ebene des Feedbacks benötigt er? Und nun vergleichen Sie dieses Feedback mit einem Feedback, das Sie einem Experten in seinem Feld geben. Dieser kennt die Details in seinem Bereich, weiß um Fallstricke und hat tiefere Einsichten. Nehmen Sie zur Veranschaulichung Tiger Woods, Roger Federer oder Thomas Müller: Welche Ebene des Feedbacks benötigt er? Es dürfte unstrittig sein, dass ein Novize ein anderes Feedback braucht als ein Experte. Während der Novize erst einmal wissen muss, was er falsch macht und insofern Feedback auf der Ebene der Aufgabe benötigt, ist für einen Experten ein Feedback auf der Ebene der Selbstregulation wichtig. Der Lernende aus dem Beispiel von oben weiß unter Umständen nicht, dass $3 + 6 = 8$ falsch ist – woher auch!? Hingegen weiß ein Experte in aller Regel allzu gut, was er falsch macht – Tiger Woods weiß, dass er den Ball ins Rough geschlagen hat, Roger Federer weiß, dass sein Aufschlag nicht im Feld war, und Thomas Müller weiß, dass sein Elfmeter weit am Tor vorbeigegangen ist. Aber Hilfe benötigen sie darin, diesen Fehler zu nutzen und ihre Lernprozesse besser zu steuern.

Je höher folglich das Leistungsniveau der Lernenden ist, desto mehr Feedback auf der Ebene der Selbstregulation ist notwendig, ohne aber in eine Ausschließlichkeit zu verfallen: Sowohl für den Novizen als auch für den Experten ist ein vollständiges Feedback besser. Der Novize braucht zwar vermehrt Feedback auf der Ebene der Aufgabe, aber auch und immer etwas Feedback auf der Ebene des Prozesses und der Selbstregulation. Der Experte braucht zwar vermehrt Feedback auf der Ebene der Selbstregulation, aber auch und immer etwas Feedback auf der Ebene der Aufgabe und des Prozesses. Feedback zeigt sich vor diesem Hintergrund als ein komplexes didaktisches Mittel zur Steuerung und Optimierung von Lernprozessen, das mit anderen Aspekten erfolgreichen Unterrichtens zusammenhängt.

Vergangenheit – Gegenwart – Zukunft: Drei Perspektiven von Feedback.

Neben der Unterscheidung in Feedback-Ebenen wird in „Visible Learning" ausgeführt (vgl. auch Hattie & Timperley 2007), dass jede dieser Ebenen aus drei Perspektiven bedient werden kann: „Feed Up", „Feed Back" und „Feed Forward". Damit wird in eine weitere Tiefendimension von Feedback vorgedrungen, die aufzeigt, wie komplex letztlich dieser so selbstverständlich erscheinende Faktor ist. Was ist damit konkret gemeint?

„Feed Up" kennzeichnet eine Rückmeldung, die den Ist-Stand mit dem derzeitigen Soll-Stand vergleicht. Sie ist also auf die Gegenwart bezogen und soll daher als gegenwartsbezogenes Feedback definiert werden.

„Feed Back" markiert eine Rückmeldung, die den Ist-Stand mit dem vorausgegangenen Ist-Stand vergleicht. Sie fokussiert insofern auf die Vergangenheit und soll daher als vergangenheitsbezogenes Feedback definiert werden.

Und „Feed Forward" beschreibt eine Rückmeldung, die basierend auf dem Ist-Stand den anzustrebenden Soll-Stand erläutert. Sie ist demzufolge in die Zukunft gerichtet und soll daher als zukunftsbezogenes Feedback definiert werden.

Bei der Rückmeldung zu einem Leistungstest, um ein Beispiel auszuführen, kann die Lehrperson auf der Ebene der Aufgabe dem Lernenden rückmelden, *erstens* welche Aufgaben richtig gelöst wurden und welche falsch, was den derzeitigen Ist-Stand im Vergleich zum gesetzten Soll-Stand markiert („Feed Up"), *zweitens* wie sich der derzeitige Leistungsstand des Lernenden im Vergleich zum letzten Leistungstest verändert hat, wo er besser geworden ist und wo nicht, wie sich der aktuelle Ist-Stand im Vergleich zum vorausgegangenen Ist-Stand zeigt („Feed Back"), und *drittens* welche Aufgaben in Zukunft zu bearbeiten sind und welcher zukünftige Soll-Zustand sich daraus ergibt („Feed Forward").

Erfolgreiches Feedback zeigt sich vor diesem Hintergrund unter den Perspektiven Vergangenheit, Gegenwart und Zukunft. Alle drei bauen aufeinander auf und ergeben zusammen ein umfassendes Bild. Dabei wird deutlich, dass ein gegenwartsbezogenes Feedback auf einem vergangenheitsbezogenen Feedback beruht und selbst als Vorläufer eines zukunftsbezogenen Feedbacks zu sehen ist.

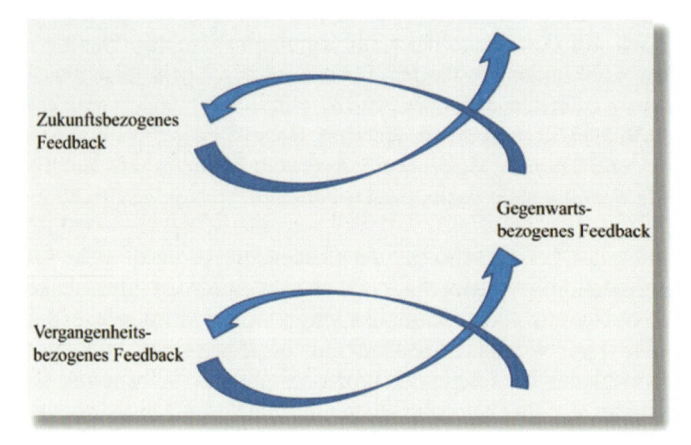

Plädoyer für ein vollständiges Feedback: die Feedbackmatrix

Immer wieder wird in „Visible Learning" betont, dass es für erfolgreiches Feedback wichtig ist, möglichst vollständig zu sein. Aber wie kann ein vollständiges Feedback aussehen? Welche Bereiche müssen dafür in den Blick genommen werden? Wie lassen sich die Ebenen des Feedbacks mit den Perspektiven von Feedback verbinden? Obschon es eines der größten Verdienste von „Visible Learning" ist, Feedback wieder die Aufmerksamkeit zukommen zu lassen: So manches bleibt für die Praxis unklar, weswegen im Folgenden der Versuch unternommen wird, Ebenen und Perspektiven von Feedback zu einer Feedbackmatrix zusammenzuführen und mit Beispielfragen zu füllen:

		Ebenen von Feedback		
		Aufgabe	**Prozess**	**Selbstregulation**
Perspektiven von Feedback	**Vergangenheit** („Feed Back")	Wo zeigt sich im Hinblick auf die **Ziele und Inhalte** ein *Fortschritt*?	Wo zeigt sich im Hinblick auf die **Leistungserbringung** ein *Fortschritt*? Gibt es Hinweise auf eine bessere Bearbeitung?	Wo zeigt sich im Hinblick auf die eingesetzten **Strategien der Selbstregulation** ein *Fortschritt*?
	Gegenwart („Feed Up")	Welche **Ziele** wurden erreicht? Welche **Inhalte** wurden verstanden?	Wie wurde die **Leistung** erbracht? Gibt es Hinweise zur Bearbeitung?	Welche **Strategien der Selbstregulation** wurden erfolgreich eingesetzt?
	Zukunft („Feed Forward")	Welche **Ziele** sind *als nächstes* zu setzen? Welche **Inhalte** sind *als nächstes* anzueignen?	Welche Hinweise zur **Leistungserbringung** sind *als nächstes* zu geben?	Welche **Strategien der Selbstregulation** sind *als nächstes* anzuwenden?

„Einmal hin, einmal her ...": Zur dialogischen Struktur von Feedback.

Häufig dominiert in der Diskussion über Feedback die Vorstellung, dass dieses von der Lehrperson zu den Lernenden gerichtet ist. Damit einher geht die Zuschreibung an die Lehrperson, möglichst oft, möglichst detailliert, möglichst intensiv den Schülerinnen und Schülern Rückmeldung über ihr Lernen zu geben. So wichtig diese Form des Feedbacks ist, sie ist nur eine von mehreren – die in ihrer Übertreibung Gefahr läuft, zu überfordern und zu einem Aktionismus zu verkommen: ellenlange verbale Ausführungen zum Lernfortschritt der Schülerinnen und Schüler, die nur von der Lehrperson und der Schulleitung gelesen werden, mögen ein zugestandenermaßen überspitztes Beispiel hierfür sein.

Für uns war es genau diese Einsicht, die die Jahre lange Auseinandersetzung mit dem Einfluss von Feedback auf die Lernleistung in eine neue Richtung lenkte: Es ist nicht nur das Feedback von der Lehrperson zu den Lernenden entscheidend, sondern auch und meistens sogar wichtiger ist das Feedback von den Lernenden zur Lehrperson. Denn die Fragen, ob die Ziele erreicht worden sind, ob die Inhalte verstanden wurden, ob die Methoden brauchbar waren und ob die Medien hilfreich waren – all diese Fragen kann die Lehrperson nicht aussagekräftig beantworten. Nur die Lernenden sind hierzu in der Lage. Wie oft kann man es erleben, dass Lehrpersonen das Klassenzimmer zufrieden verlassen, weil scheinbar alles gut gelaufen ist, Schülerinnen und Schüler im Gespräch dann aber bemerken, dass sie lediglich funktioniert haben, nicht um zu lernen, sondern um Sanktionen zu vermeiden, und sich im Grund nur gelangweilt haben? „Gaming the system" heißt diese Strategie aus systemtheoretischer Sicht. Der Unterschied zwischen Fremd- und Selbsteinschätzung kommt somit zum Tragen und lässt sich nur im Dialog überwinden. Halten Sie sich bitte vor Augen: Nur 20 Prozent dessen, was im Unterricht passiert, ist zu beobachten. 80 Prozent des Geschehens sind auf den ersten Blick nicht zu erkennen und müssen erst sichtbar gemacht werden. Insofern sind die Antworten der Lernenden auf die didaktischen Fragen nach den Zielen, Inhalten, Methoden und Medien wichtig, um überhaupt erst die nächste Unterrichtsstunde planen zu können. Wer sich hier ausschließlich auf seinen Eindruck verlässt, läuft Gefahr, die Lernenden nicht (mehr) zu erreichen.

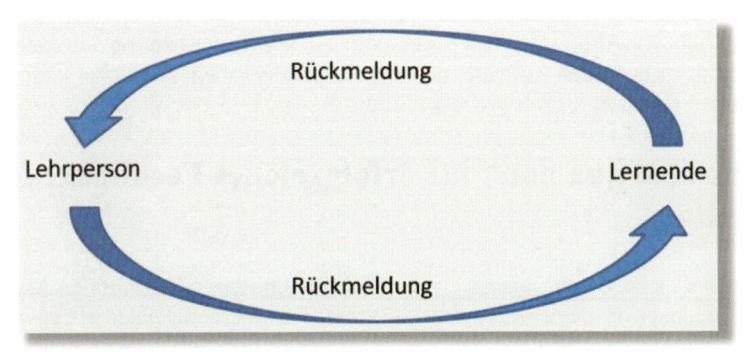

Erfolgreiches Feedback beschreibt somit einen Kreisprozess und besteht demzufolge aus zwei Formen von Feedback: einem Feedback von der Lehrperson zu den Lernenden und einem Feedback von den Lernenden zur Lehrperson. Da beide Formen zudem in einem strukturellen Zusammenhang stehen und sich gegenseitig bedingen, kann von einem unendlichen Dialog gesprochen werden, der durch richtig verstandenes Feedback eröffnet wird.

Und was ist mit den Peers? Feedback von den Lernenden zu den Lernenden.

Es ist mit Sicherheit eines der eindringlichsten Ergebnisse der Feedbackforschung, das auch in „Visible Learning" zitiert wird: Nach einer Untersuchung von Graham A. Nuthall (2007) ist der Großteil des Feedbacks, das sich Lernende untereinander geben, falsch. Dies führt in einer oberflächlichen Interpretation dazu, Feedback von Lernenden zu Lernenden infrage zu stellen und im Weiteren auch das Feedback von Lernenden zur Lehrperson: Wie soll ein Schüler der Lehrperson schon vernünftig Rückmeldung geben können?

Verstellt wird mit dieser Argumentation die eigentliche Botschaft: Feedbackgegeben will gelernt sein. In Anbetracht der Komplexität von Feedback dürfte deutlich sein, dass es gewisse Kompetenzen erfordert: Schülerinnen und Schülern muss beispielsweise der Unterschied zwischen den Ebenen der Aufgabe, des Prozesses und der Selbstregulation deutlich gemacht werden und sie müssen entsprechende Fähigkeiten des Sprechens und Zuhörens entwickeln. Und da wir Menschen viel über Vorbilder lernen, dürfte der Lehrperson in diesem Zusammenhang einmal mehr eine zentrale Rolle zukommen.

Nicht zu vergessen ist an dieser Stelle die Frage der Haltung. Denn häufig ist es diese, die ein Feedback falsch werden lässt: Aus Rücksicht gegenüber meinem Freund sage ich ihm nicht, was alles nicht gut läuft. Wegen vorherrschender Gruppenzwänge halte ich mich zurück und zeige nicht auf, wo die Schwierigkeiten sind. Hieran zu arbeiten, ist eine große Herausforderung. Erfolgreiches Feedback benötigt folglich in besonderer Art und Weise Kompetenz und Haltung. Sofern Kompetenz und Haltung angebahnt sind, lässt sich eine Lernenden-Lernenden-Rückmeldung effektiv in den Unterricht integrieren. Und vor dem Hintergrund einer demokratischen Schule ist dies auch jenseits aller möglichen Effekte auf die Lernleistung geboten.

Im Übrigen gilt all das Gesagte auch für Lehrpersonen: Wir glauben zwar immer, dass fertige Lehrpersonen alles können. Sie tun es aber nicht, sondern sind selbst auf dem Weg ihrer Professionalisierung, auf dem Weg der Entwicklung von Kompetenz und Haltung als Feedback-Geber und Feedback-Nehmer. Letzteres wird vor allem dann als Argument wichtig, wenn es um die Frage geht, ob Schülerinnen und Schüler überhaupt Rückmeldung zum Unterricht der Lehrperson geben können. Es liegt auf der Hand, dass dies nicht uneingeschränkt möglich ist. Aber es ist auch ein Zeichen von Expertise, ob ich als Lehrperson Feedback auf der Ebene der Aufgabe, das mir Lernende geben, so nutzen kann, um Rückschlüsse auf den unterrichtlichen Prozess und die eigene Selbstregulation zu ziehen.

„Conditio sine qua non" für erfolgreiches Feedback: Eine Fehlerkultur.

Deutlich geworden ist an den bisherigen Ausführungen, dass ein zentraler Aspekt für erfolgreiches Feedback in der Fehlerkultur zu sehen ist: Werden Fehler als etwas gesehen, was es zu vermeiden gilt, oder werden Fehler als etwas gesehen, was notwendig im Lernprozess ist? Lernen heißt Fehler machen – und Lehren übrigens auch.

Dominiert bei diesen Fragen die Einschätzung, dass eine Defizitorientierung schlecht ist, dann ist die Entscheidung schnell gefallen: Fehler zu thematisieren, geht dann nämlich nicht mehr. Und gleichzeitig werden dadurch vielfältige Lernchancen vergeben und auch ein verkürztes Verständnis von Fehlern sichtbar. Denn es ist nie der Fehler das Problem, sondern wenn, dann kann die Kommunikation über den Fehler problematisch sein. Genauso wie es problematisch ist, Fehler nur immer zu nennen – und damit einseitig auf der Ebene der Aufgabe zu argumentieren –, ist es, Fehler nicht zu nennen. Die Lernenden wissen häufig, wo sie ihre Fehler machen, trauen sich aber oft nicht darüber zu sprechen. Wenn Lehrpersonen ebenfalls Fehler nicht thematisieren, dann entsteht eine Kultur, in der Fehler verschwiegen oder sogar schöngeredet werden. Wie kann folglich eine Kommunikation über Fehler aussehen, die einerseits wertschätzend und andererseits lernförderlich ist?

Auch hierbei helfen die Ebenen des Feedbacks weiter: Problemtisch ist es, wenn sachliche Fehler im Lernprozess mit einer Rückmeldung auf der Ebene des Selbst verbunden werden. Denn dann kann sich gerade bei jüngeren Lernenden der Eindruck entwickeln, ein schlechter Mensch zu sein, beim Lernen zu versagen. Dieser Effekt kann beispielsweise bereits dadurch eintreten, dass ein bisher häufig gegebenes Feedback nicht mehr gegeben wird. Wird eine Lernende beispielsweise mit „Toll!" und „Bravo!" überhäuft – eine Rückmeldung, das Lernende als Feedback auf der Ebene des Selbst wahrnehmen –, so kann ein Ausbleiben dieser Rückmeldung dazu führen, dass die Lernende in ihrem Selbstkonzept negativ beeinflusst wird. Im schlimmsten Fall kann daraus sogar Angst entstehen. Insofern ist den Lernenden immer deutlich zu machen, auf welche Ebene sich die Rückmeldung bezieht.

Hierzu ein Beispiel: Die Lehrperson könnte beim Aushändigen des Arbeitsheftes dem Grundschulkind zu verstehen geben, dass es dieses schätzt und gern hat, beim Bearbeiten dieser Aufgabe aber ein Fehler passiert ist, der bestimmte Ursachen hat und in Zukunft durch eigenes Zutun in den Griff zu kriegen ist. Den Abschluss kann der Zuspruch bilden, dass die Lehrperson dem Grundschulkind zutraut, diese Aufgabe zu meistern, und für Rückfragen zur Verfügung steht.

Womit kann ich anfangen?

Einer der wichtigsten Schritte bei der Umsetzung der Haltung „Gib und fordere Rückmeldung!" dürfte die Auseinandersetzung mit dem eigenen Feedback-Verhalten sein: Bin ich eine Lehrperson, die lieber Feedback gibt? Oder bin ich eine Lehrperson, die lieber Feedback fordert? Sodann lohnt es sich, darüber zu reflektieren, welche Ebenen und Perspektiven man als Feedback-Geber und Feedback-Nehmer gerne heranzieht.

Nutzen Sie für diese Reflexion die nachstehende Feedback-Matrix und füllen Sie die Felder mit unterschiedlichen Farben aus – rot beispielsweise für Ihr Verhalten als Feedback-Geber und blau für Ihr Verhalten als Feedback-Nehmer. Versuchen Sie eine Gewichtung, beispielsweise durch die Stufung 1 = ausgeprägt, 2 = ausbaubar und 3 = nicht-ausgeprägt, zu erzielen:

		Ebenen von Feedback		
		Aufgabe	Prozess	Selbstregulation
Perspektiven von Feedback	Vergangenheit („Feed Back")			
	Gegenwart („Feed Up")			
	Zukunft („Feed Forward")			

Diese Feedback-Matrix kann zudem Bestandteil der Unterrichtsplanungen und -analysen werden, indem Sie beispielsweise bewusste Feedbackschleifen in den Stundenverlauf einbauen und dabei versuchen, alle Felder der Feedbackmatrix zu bedienen. Die oben genannten Fragen können hierfür eine erste Orientierung liefern. Das Ziel wäre ein vollständiges Feedback. Versuchen Sie also für einen konkreten Fall alle Felder der Feedback-Matrix zu bestücken, besprechen Sie sich mit einer Kollegin oder einem Kollegen, setzen Sie Ihre Überlegungen in die Tat um und tauschen Sie sich erneut mit einer Kollegin oder einem Kollegen aus. In gleicher Weise lässt sich auf diesem Weg eine konkrete Unterrichtsdurchführung im Hinblick auf Feedback reflektieren und auswerten.

Sofern Sie mit der Komplexität der Feedback-Matrix überfordert sind, versuchen Sie bitte als Einstieg nur drei Felder zu bedienen – am besten jene, die wir im Beispiel weiter oben genannt haben: Was hat der Lernende im Test richtig und was falsch gemacht (gegenwartsbezogenes Feedback auf der Ebene der Aufgabe)? Wie war der Lernprozess des Schülers bis zum Tag der Prüfung, also wie oft hat er beispielsweise seine Hausaufgaben erledigt, wie oft richtig und wie oft falsch (vergangenheitsbezogenes Feedback auf der Ebene des Prozesses)? Und welche Maßnahmen muss der Lernende ergreifen, um beim nächsten Test besser zu sein, also welche Verfahren zur Steuerung seines Lernprozesses sollte er anwenden (zukunftsbezogenes Feedback auf der Ebene der Selbstregulation)? Diese drei Fragen reduzieren die Komplexität der Feedback-Matrix auf folgende Form:

	Aufgabe	**Prozess**	**Selbstregulation**
Vergangenheit			
Gegenwart			
Zukunft			

Nachstehende Fragen können Ihnen zudem bei der Reflexion hilfreich sein:

Aufgabe

- *Entspricht die Antwort des Schülers den Erfolgskriterien?*
- *Ist die Antwort richtig oder falsch?*
- *Wie lässt sich die Antwort ausführlicher formulieren?*
- *Was an der Antwort ist richtig und was ist falsch?*
- *Was fehlt, damit die Antwort umfassend ist?*

Prozess

- *Welche Strategien wurden im Lernprozess eingesetzt?*
- *Was ist im Lernprozess gut gelaufen und was kann verbessert werden?*
- *Wo sind die Stärken und wo die Schwächen im Lernprozess zu sehen?*
- *Welche weiteren Informationen enthält die Bearbeitung der Aufgabe im Hinblick auf den Lernprozess?*

Selbstregulation

- *Welche Ziele kann der Schüler als erreicht benennen?*
- *Welche Begründungen liefert der Schüler, eine Aufgabe richtig oder falsch gelöst zu haben?*

Gib und fordere Rückmeldung!

- *Wie erklärt der Schüler seinen Erfolg?*
- *Welches sind die nächsten Ziele und die nächsten Aufgaben?*
- *Wie kann der Schüler seinen Lernprozess selbst steuern und überwachen?*

Sollten Sie in Ihrer Reflexion feststellen, dass Sie vornehmlich als Feedback-Geber agieren, ist es höchste Zeit, die zweite Seite der Medaille in den Blick zu nehmen und verschiedenen Verfahren auszuprobieren, die den Lernenden die Möglichkeit zur Rückmeldung eröffnen. Denn letztendlich ist Feedback-Nehmen sogar wichtiger als Feedback-Geben.

Erfahrungsgemäß erfordert Feedback-Nehmen Mut, weil Lehrpersonen nicht dafür vorbereitet werden – in der Lehrerbildung werden Lehrpersonen zum Teil immer noch als Einzelkämpfer sozialisiert, Fehler gilt es nach wie vor in allen Phasen zu vermeiden, vor allem in den Lehrproben, und zeitlebens hat man es als Lehrperson mit Sprüchen zu tun, wie beispielsweise „Morgens haben Lehrer recht und nachmittags frei!". Aber haben Sie Mut! Die Empirie und der kritische Wert in der Effektstärke von 0,4 zeigt ja, dass die Hälfte aller Lehrpersonen bereits viel richtig macht.

Ein einfaches Beispiel ist das Feedbackkoordinatensystem. In diesem können zwei wichtige Aspekte des Unterrichts aufgenommen und von den Lernenden bearbeitet werden:

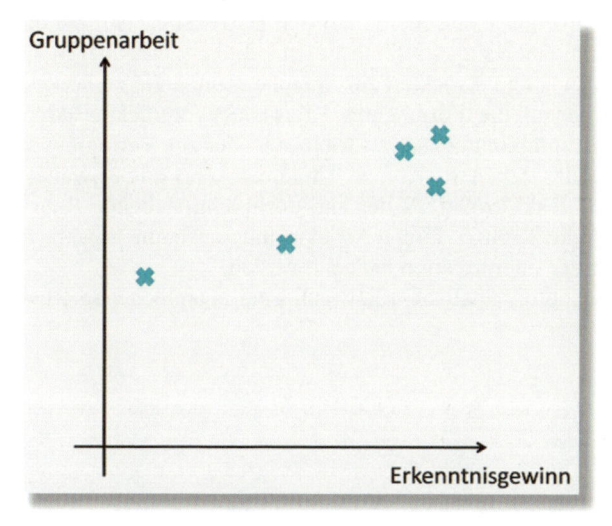

Ist ein Lernender beispielsweise der Auffassung, dass die Gruppenarbeit gut lief und der Erkenntnisgewinn hoch ist, dann setzt er das Kreuzchen rechts oben. Ist er hingegen der Auffassung, dass die Gruppenarbeit schlecht lief und der Erkenntnisgewinn gering ist, dann setzt er das Kreuzchen links unten. Zeitlich ist dieses Feedback schnell einzuholen. Denn das Aufhängen dieses Feedbackkoordinatensystems an der Klassenzimmertüre und das Ausfüllen durch die Lernenden beim Verlassen des Klassenzimmers kostet nur wenige Minuten, liefert aber wichtige Informationen über den Unterricht.

Je nach Feedback-Geber-Niveau der Lernenden kann dieses Verfahren weiter ausgebaut werden und es gibt in der Literatur eine Fülle an weiteren Ideen. Hier das Beispiel der Feedbackzielscheibe (vgl. Zierer 2016b):

Gib und fordere Rückmeldung!

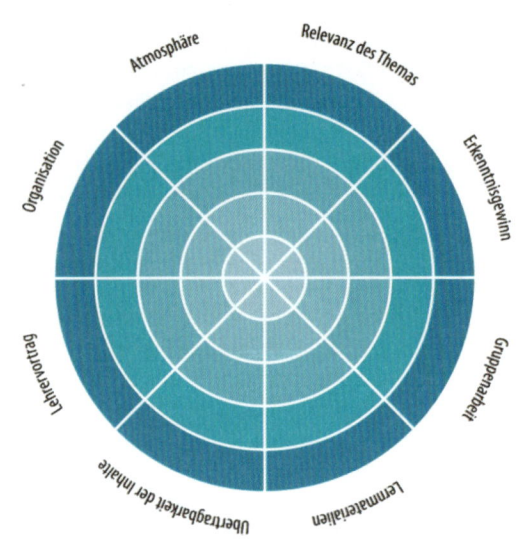

So anschaulich die Feedbackzielscheibe auf den erster Blick ist, so unscharf ist sie leider auf den zweiten: Zum einen suggeriert sie Vollständigkeit, was aber nicht der Fall ist. In ihr kommt nur eine Auswahl an Aspekten zur Sprache. Zum anderen lassen sich Verzerrungen nicht vermeiden, die auf die Form eines Kreisstückes zurückzuführen ist: Je näher die Kreuze an die Kreismitte kommen, desto kleiner ist der zur Verfügung stehende Raum und desto näher beieinander stehen die Kreuze. Und umgekehrt gilt: Je weiter die Kreuze an den Kreisrand kommen, desto größer ist der zur Verfügung stehende Raum und desto weiter auseinander stehen die Kreuze. Diese Aspekte müssen beim Einsatz mit den Lernenden besprochen und bei der Interpretation bedacht werden.

Demgegenüber unproblematisch zeigt sich eine entsprechende Rückmeldung mithilfe von Balkendiagrammen:

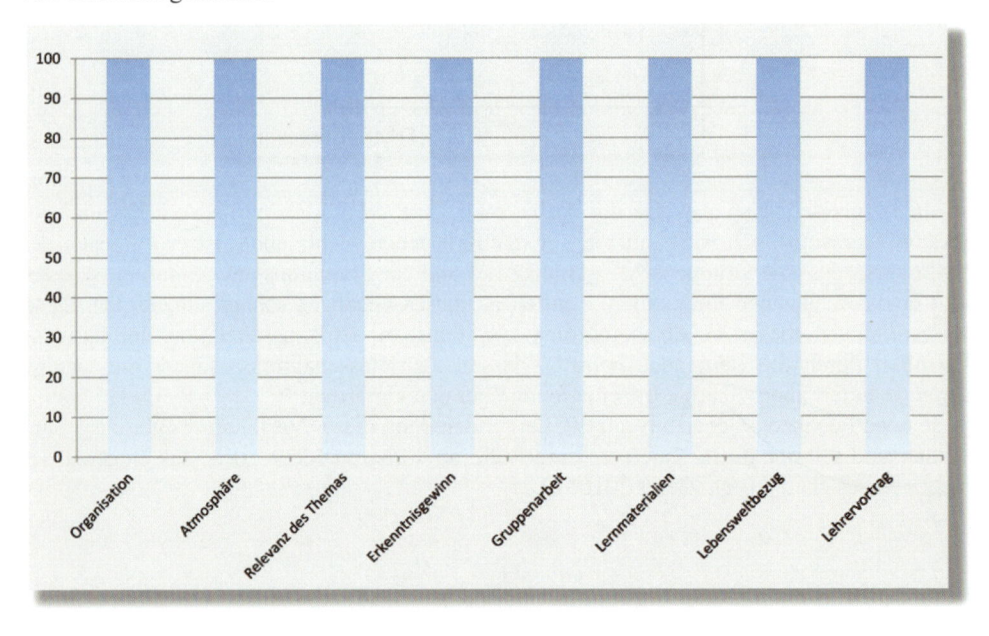

Probieren Sie aus, was zu Ihnen passt. Es gibt bei den Methoden keinen „goldenen Weg". Die Vielfalt aufzugreifen und zu überprüfen, was für einen hilfreich erscheint, ist die einzige Empfehlung, die sich geben lässt. Also auch hier: Evidenzbasierte Methodenvielfalt!

In diesem Zusammenhang ist die Bedeutung von Leistungstest am Ende der Stunde nicht hoch genug einzuschätzen: Sie ermöglichen es, in der Kürze der Zeit zu überprüfen, ob die wichtigsten Ziele erreicht und die zentralen Inhalte verstanden wurden, ob die ausgewählten Methoden brauchbar und die bereitgestellten Medien nützlich waren. Das kann ein einfaches Kreuzworträtsel sein, aber ebenso die Reflexion in einem Lerntagebuch oder die Hausaufgabe für die nächste Stunde – mehr Hinweise dazu erhalten Sie im Kapitel „Erachte Schülerleistungen als eine Rückmeldung für dich über dich!".

Weiter oben ist bereits angesprochen worden, dass es eine Frage von Expertise ist, wie Lehrpersonen mit den Rückmeldungen der Lernenden umgehen. Auch die genannten Beispiele machen dies deutlich. Denn auf den ersten Blick geben die Schülerinnen und Schüler, die ein Feedbackkoordinatensystem oder eine Feedbackzielscheibe bearbeiten, nur Rückmeldung auf der Ebene der Aufgabe und des Prozesses, aber keine Rückmeldung auf der Ebene der Selbstregulation. Hinzu kommt, dass sie in diesen Fällen nur Rückmeldung aus der Perspektive der Gegenwart geben. Und dennoch kann die Lehrperson diese Informationen nutzen, um selbst den Perspektivvergleich zur Vergangenheit herzustellen, indem sie für sich eine frühere Rückmeldung daneben legt und daraus eine zukunftsbezogene Rückmeldung erstellt. Ebenso kann sie selbst aus einer Rückmeldung auf der Ebene der Aufgabe Überlegungen anstellen, welche Konsequenzen dies für den unterrichtlichen Prozess und die eigene Selbstregulation hat. Damit zeigt sich: Feedback ist nichts in Stein gemeißeltes. Feedback ist der Einstieg in einen unendlichen Dialog. Feedback-Geben impliziert Feedback-Nehmen und vice versa.

CHECKLISTE:

Reflektieren Sie bei Ihrer nächsten Unterrichtsplanung folgende Punkte:

- ✓ Geben Sie bewusst Feedback auf unterschiedlichen Ebenen: Aufgabe, Prozess und Selbstregulation!
- ✓ Sparen Sie nicht mit Feedback auf der Ebene der Selbstregulation!
- ✓ Vermeiden Sie floskelhafte Rückmeldungen!
- ✓ Loben Sie wohlüberlegt und gezielt! Süßigkeiten und Ähnliches haben als Belohnung in der Schule nichts verloren!
- ✓ Geben Sie Feedback aus verschiedenen Perspektiven und versuchen Sie vergangenheitsbezogenes, gegenwartsbezogenes und zukunftsbezogenes Feedback zu verknüpfen!
- ✓ Nutzen Sie die Macht der Peers: Bauen Sie Lernenden-Lernenden-Feedback ein!
- ✓ Überprüfen Sie Ihren Unterricht, indem Sie Feedback von den Lernenden fordern!
- ✓ Integrieren Sie Phasen in den Unterricht, in denen durch Gespräche darüber reflektiert wird, ob die Ziele klar sind, ob die Inhalte verstanden wurden, ob die Methoden passend sind und ob die Medien brauchbar sind!
- ✓ Bauen Sie Phasen der Meta-Kognition in den Unterricht ein, um über das Lernen nachzudenken!
- ✓ Ermitteln Sie am Ende der Stunde den Lernstand der Schülerinnen und Schüler beispielsweise durch einen Test! Machen Sie Lernen sichtbar!

ÜBUNG:

1. Gehen Sie zurück zum Fragenbogen zur Selbstreflexion am Anfang des Kapitels und füllen Sie diesen mit einer anderen Farbe aus. Wo hat sich Ihre Sicht der Dinge verändert und vor allem warum? Diskutieren Sie Ihre Einschätzungen mit einer Kollegin oder einem Kollegen.
2. Planen Sie Ihre nächste Unterrichtsstunde und bauen Sie mindestens eine Phase des Lehrperson-Lernenden-Feedbacks, des Lernenden-Lernenden-Feedbacks und des Lernenden-Lehrperson-Feedbacks ein. Kontrollieren Sie die Checkliste hierzu. Diskutieren Sie Ihre Planung und Umsetzung mit einer Kollegin oder einem Kollegen.
3. Planen Sie Ihre nächste Unterrichtsstunde und wenden Sie dazu die Feedbackmatrix oder einzelne Felder daraus an, um möglichst umfassende Rückmeldungen zu geben. Diskutieren Sie Ihre Planung und Umsetzung mit einer Kollegin oder einem Kollegen.

9 Erachte Schülerleistungen als eine Rückmeldung für dich über dich!

Erachte Schülerleistungen als eine Rückmeldung für dich über dich!

FRAGEBOGEN ZUR SELBSTREFLEXION:

Schätzen Sie sich im Hinblick auf folgende Aussagen ein:
1 = stimmt gar nicht; 5 = stimmt voll und ganz.

	1	2	3	4	5
Ich bin hervorragend dazu in der Lage, ...		**KÖNNEN**			
... meinen Unterricht anzupassen, wenn die Schülerinnen und Schüler ihre Lernziele nicht erreichen.	O	O	O	O	O
... Rückschlüsse zwischen den Schülerleistungen und meinen Überlegungen zu Zielen, Inhalten, Methoden und Medien zu ziehen.	O	O	O	O	O
Ich weiß ganz genau, ...		**WISSEN**			
... dass Schülerleistungen Rückmeldung über meinen Unterrichtserfolg geben.	O	O	O	O	O
... dass ich aus den Schülerleistungen Rückschlüsse zu meinen Überlegungen zu Zielen, Inhalten, Methoden und Medien ziehen kann.	O	O	O	O	O
Stets ist es mein Ziel, ...		**WOLLEN**			
... regelmäßig und systematisch den Leistungsstand meiner Lernenden zu erheben.	O	O	O	O	O
... objektive Verfahren der Schülerleistungsmessung heranzuziehen, um den Erfolg meines Unterrichts zu erheben.	O	O	O	O	O
Ich bin fest davon überzeugt, ...		**WERTEN**			
... den Leistungsstand meiner Schülerinnen und Schüler regelmäßig und systematisch überprüfen zu müssen.	O	O	O	O	O
... objektive Verfahren der Schülerleistungsmessung heranziehen zu müssen, um den Erfolg meines Unterrichts zu erheben.	O	O	O	O	O

VIGNETTE:

Erfahrene Lehrpersonen kennen die Situation: Die Korrektur einer Schulaufgabe war zeitaufwändig und hat enorme Kapazitäten gebunden. Erschöpft, aber glücklich beendet man den letzten Korrekturschritt und macht sich an die Vorbereitung der Nachbesprechung, in der unter anderem häufige Fehler besprochen und noch bestehende Unklarheiten geklärt werden. Doch was muss man feststellen, als eine Reihe von Lernenden ihre Schulaufgabe zurückerhält? Ohne die Korrekturen auch nur anzusehen, stecken sie ihre Schulaufgaben umgehend in die Schultaschen. Auf den ersten Blick fragt man sich als Lehrperson zu Recht: Warum mache ich mir diese Mühe, wenn der Lernende es nicht einmal für wichtig erachtet, einen Blick darauf zu werfen? Auf den zweiten Blick offenbart sich aber: Lehrpersonen korrigieren nicht nur für die Lernenden, sondern auch und vor allem für sich.

Worum geht es in diesem Kapitel?

Diese Vignette soll die Kernbotschaft des vorliegenden Kapitels veranschaulichen: Schülerleistungen sind nicht nur eine wichtige Rückmeldung für Lernende. Vielmehr zeigt sich ihr größter Nutzen für Lehrpersonen selbst, da sie ihnen Hinweise über ihren Unterricht geben, den sie gehalten haben, und dementsprechend über alle didaktischen Fragen, wie die nach der Zielerreichung, dem Verständnis der Inhalte, der Passung der Methoden und der Brauchbarkeit der Medien.

> Nachdem Sie dieses Kapitel gelesen haben, sollten Sie in der Lage sein, vor dem Hintergrund dieser Kernbotschaft zu erklären, ...
> - inwiefern die Faktoren „Aktive Lernzeit", „Bewertung des Unterrichtsprozesses (Formative Evaluation)" und „Reaktion auf Intervention" bedeutsam sind.
> - warum Schulaufgaben, Klassenarbeiten, Proben & Co. mit zu den wichtigsten Quellen gehören, um das Lernen von Schülerinnen und Schülern sowie den Einfluss von Lehrpersonen sichtbar zu machen.
> - wie Arbeitsblätter sinnvoll eingesetzt werden können, um diese Haltung umzusetzen.

Welche Faktoren aus „Visible Learning" stützen diese Haltung?

Neben dem Schulsystem, der Klassengröße und den Hausaufgaben wird wohl kaum ein Bereich so leidenschaftlich im schulischen Kontext diskutiert, wie die Frage nach dem Sinn und Unsinn von Noten. Ohne in diese Diskussion einsteigen zu wollen, sei darauf hingewiesen, dass die strittigen Punkte häufig nicht mit den Noten selbst zusammenhängen, sondern vielmehr mit ihrem Umgang: Werden sie als in Stein gemeißelte Stigmatisierungen verstanden oder als akzentuierte Rückmeldungen? Versperren sie Lernwege, weil sie womöglich demotivieren, oder werden sie als Motivierung wahrgenommen, weil sie anspornen und anregen? Alternativ dazu setzt häufig die Diskussion ein, ob es nicht besser wäre, Noten durch andere Beurteilungsformen zu ersetzen. Seit jeher stehen in diesem Zusammenhang Verbalbeurteilungen hoch im Kurs und die damit verbundenen Hoffnungen sind groß: Leistungsbeurteilung ließe sich damit revolutionieren, Lernen für alle verbessern und Bildungsgerechtigkeit herbeiführen.

So nachvollziehbar diese Diskussionen auch sind, sie bleiben zunächst Strukturdebatten, über die wir wissen, dass ihre Effekte gering sind, solange sie nicht von Menschen, die in diesen Strukturen wirken, zum Leben erweckt werden. Im konkreten Fall lassen sich dementsprechend auch Situationen finden, in denen sowohl Noten als auch andere Formen der Leistungsbeurteilung missbraucht werden: Noten als Mittel der Repression und Verbalbeurteilungen als Serienbriefe, um nur zwei Negativbeispiele zu nennen.

Ebenso wichtig wie die Frage nach den Strukturen ist die nach den Kompetenzen und Haltungen im Umgang mit den Strukturen, insbesondere wenn es um Schülerleistungen geht. In „Visible Learning" lässt sich der Gedanke einer professionellen Haltung in diesem Zusammenhang an den Faktoren „Aktive Lernzeit", „Bewertung des Unterrichtsprozesses (Formative Evaluation)" und „Reaktion auf Intervention" aufzeigen:

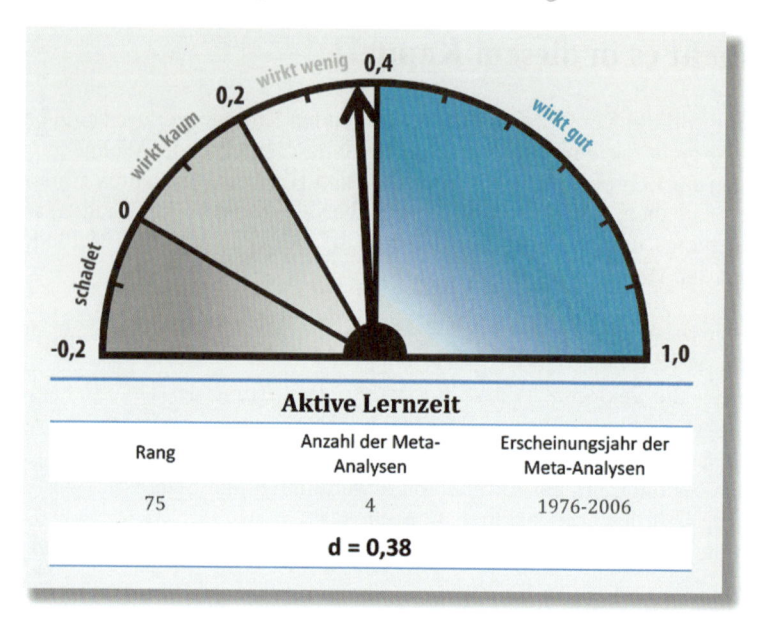

Erachte Schülerleistungen als eine Rückmeldung für dich über dich!

Aktive Lernzeit		
Rang	Anzahl der Meta-Analysen	Erscheinungsjahr der Meta-Analysen
75	4	1976-2006
d = 0,38		

Aktive Lernzeit

Kaum ein Faktor ist so beständig in Kriterienkatalogen für guten Unterricht zu finden wie die „Aktive Lernzeit" – und auch in „Visible Learning" erreicht dieser Faktor eine beachtliche Effektstärke von 0,38, obschon er knapp unter dem Umschlagpunkt von 0,4 liegt. Diese Beständigkeit schützt nicht davor, dass um diesen Faktor Mythen kreisen, die sein Verständnis erschweren. Denn vielfach wird aktive Lernzeit gesehen als eine möglichst dauerhafte und stete Beschäftigung der Lernenden. Anschaulich wird dies an Unterrichtsstunden, in denen bei fließenden Übergängen eine Methode der nächsten folgt und der Beobachtende das Bild eines reibungslosen und schwungvollen Lernens und Lehrens vermittelt bekommt. Und die Rückmeldung für die Lehrperson, dass alle Lernenden im Unterricht aktiv waren, wird als Indiz dafür gesehen, dass der Unterricht erfolgreich war. Dieses Verständnis von Schülerleistung ist falsch und versperrt den Weg zur Haltung „Sehe Schülerleistungen als Rückmeldung für dich über dich!". Denn richtig verstanden meint aktive Lernzeit nicht, dass Lernende bloß und permanent beschäftigt sind, sondern dass sie den Großteil der Lernzeit damit verbringen, an den Lernaufgaben zu arbeiten, dabei Herausforderungen verspüren und an ihre Leistungsgrenzen stoßen. Dieses Verständnis von aktiver Lernzeit wird deutlicher in der englischen Verwendung dieses Faktors als „Time on Task": also die Zeit, die Lernende an der Bearbeitung der zu ihnen passenden Aufgabe verbringen. Und dies ist auch die Kernbotschaft aus den Meta-Analysen: Allein die Lernzeit zu verlängern, bringt (als reine Strukturmaßnahme) kaum oder sogar keine Effekte. Entscheidend ist es, Lernende herauszufordern, mit Aufgaben zu konfrontieren, die sie gerade noch erreichen können, und im Team daran arbeiten lassen. All das führt dazu, dass Interesse geweckt, Einvernehmen eingefordert und Untertauchen verhindert wird.

Bewertung des Unterrichtsprozesses (Formative Evaluation)

Der Faktor „Bewertung des Unterrichtsprozesses (Formative Evaluation)" belegt mit einer Effektstärke von 0,90 den vierten Rang in „Visible Learning" und weckt allein dadurch

Erachte Schülerleistungen als eine Rückmeldung für dich über dich!

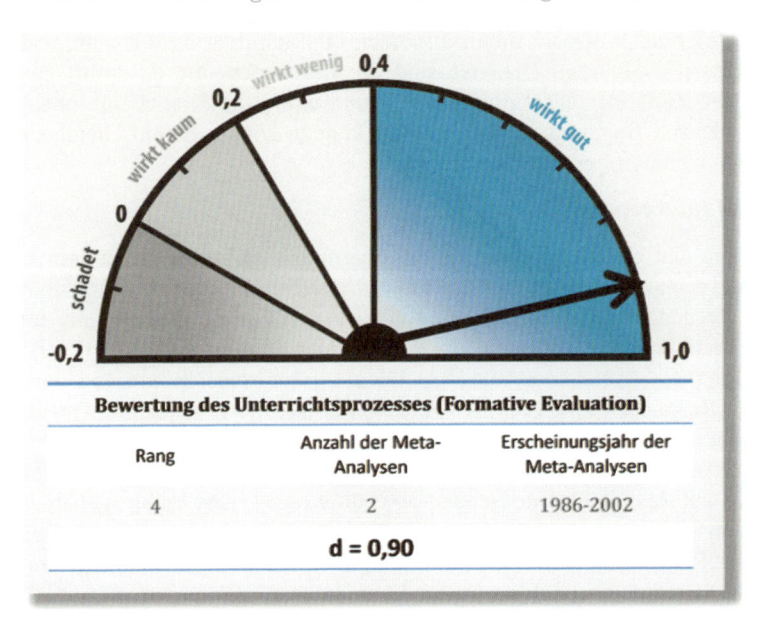

Bewertung des Unterrichtsprozesses (Formative Evaluation)

Rang	Anzahl der Meta-Analysen	Erscheinungsjahr der Meta-Analysen
4	2	1986-2002

$d = 0{,}90$

Interesse. Was verbirgt sich hinter der Bewertung des Unterrichtsprozesses? Im englischen Sprachgebrauch wird im Anschluss an Michael Scriven (1967) eine formative Evaluation von einer summativen Evaluation unterschieden. Während eine formative Evaluation im Verlauf der Durchführung einer Intervention gemacht wird und die daraus gewonnenen Daten somit noch weiterverarbeitet werden können, ist eine summative Evaluation am Ende der Intervention verortet und somit als ihr Abschluss zu sehen. Vor diesem Hintergrund erklärt sich die deutschsprachige Übersetzung als „Bewertung des Unterrichtsprozesses" und „Bewertung des Unterrichtsergebnisses". Dass die Effekte im Hinblick auf die Lernleistung von Schülerinnen und Schüler unterschiedlich sind, liegt auf der Hand: Ergebnisse aus einer formativen Evaluation können für die Lernenden noch fruchtbar gemacht werden, wohingegen Ergebnisse aus einer summativen Evaluation ausschließlich als Rückmeldung an die Lehrperson dienen und nicht mehr für die betroffenen Lernenden nutzbar gemacht werden können, obschon sie zukünftig für andere Lernende herangezogen werden können. Auch ergibt sich daraus ein verschiedenes methodisches Vorgehen: Während summative Evaluation häufig mit entsprechenden Tests im engeren Sinn (wie zum Beispiel PISA) agiert, zieht eine formative Evaluation verschiedene Messinstrumente im weiteren Sinn heran: von Beobachtungen über Befragungen und Interviews bis hin zu Tests ist alles denkbar. Mit dieser Bestimmung zeigt sich die Nähe zum Faktor „Feedback", der von vielen in einem engen Zusammenhang zur formativen Evaluation gesehen wird. Und in der Tat besteht ein großer Überschneidungsbereich. Dennoch ist der Unterschied wichtig, wenn nicht sogar entscheidend. Im Kern sind zwei Punkte zu nennen: 1. Während Feedback per definitionem in beide Richtungen geht, also als Lehrer-Schüler-Feedback und als Schüler-Lehrer-Feedback betrachtet werden kann, konzentriert sich formative Evaluation auf die Rückmeldung von den Lernenden zur Lehrperson. 2. Während Feedback auf alle Aspekte des Unterrichtens fokussiert, legt formative Evaluation den Schwerpunkt auf die Ziele und fragt danach, ob diese im bisherigen Lernprozess erreicht worden sind. Ohne den anderen Aspekten, wie beispielsweise der Inhalts-, der Methoden- und der Medienfrage, ihre Bedeutung absprechen zu wollen, sind es letztendlich doch die Ziele, die darüber entscheiden, ob

Unterricht erfolgreich war oder nicht. In beiden Punkten liegt das Geheimnis des Erfolges einer formativen Evaluation. Denn es sind die Lernenden, die Auskunft darüber geben können, ob die Ziele erreicht worden sind – und es ist die Kompetenz und Haltung der Lehrperson, danach fragen zu wollen und zu können sowie die entscheidenden Schlüsse daraus für den weiteren Lernprozess zu ziehen.

Reaktion auf Intervention

Betrachtet man den Datensatz von „Visible Learning" im Vergleich zu dem von „Visible Learning for Teachers", so lässt sich ein Faktor herausheben, der neu aufgenommen wurde und auf den vorderen Plätzen landet. Die Rede ist vom Faktor „Reaktion auf Intervention", der mit einer Effektstärke von 1,07 Platz drei erreicht. Was ist darunter zu verstehen? „Reaktion auf Intervention" stammt aus dem US-amerikanischen Raum und wird dort unter dem Begriff „Response to Intervention", kurz RTI, diskutiert. Im Zentrum steht ein Förderprogramm, das sich vor allem auf lernschwächere Kinder und Jugendliche bezieht. Insofern hat es seine Wurzeln in einem sonderpädagogischen Kontext, wurde aber spätestens im Zug der Inklusion auf das allgemeine Schulsystem übertragen. Das Erfolgsgeheimnis des Faktors „Reaktion auf Intervention" liegt im steten Abgleich des unterrichtlichen Angebotes auf Seiten der Lehrperson (Intervention) und dem daraus gezogenen Nutzen auf Seiten der Lernenden (Reaktion). Dadurch ist es der Lehrperson möglich, stufenweise die Angebote immer wieder dem Lernstand der Schülerinnen und Schüler anzupassen. In einer sogenannten Mehrebenenprävention wird dieser Prozess strukturiert und in der Regel in drei Ebenen unterteilt: Auf der ersten Förderebene findet ein Regelunterricht für alle Lernenden entsprechend gängiger Qualitätskriterien statt. Auf der zweiten Förderebene findet eine Unterstützung für jene Lernenden statt, die auf der ersten Förderebene nicht den gewünschten Lernerfolg erzielen können. Hierzu werden entsprechende Verfahren der Lernstandmessung eingesetzt. Die Beschulung erfolgt in kleineren Gruppen, für einen festgelegten Zeitraum und stellt ein Zusatzangebot für Lernenden dar. Auf der dritten Förderebene werden unterrichtliche Angebote für jene Lernende zur Verfügung gestellt, die auf der zweiten Förder-

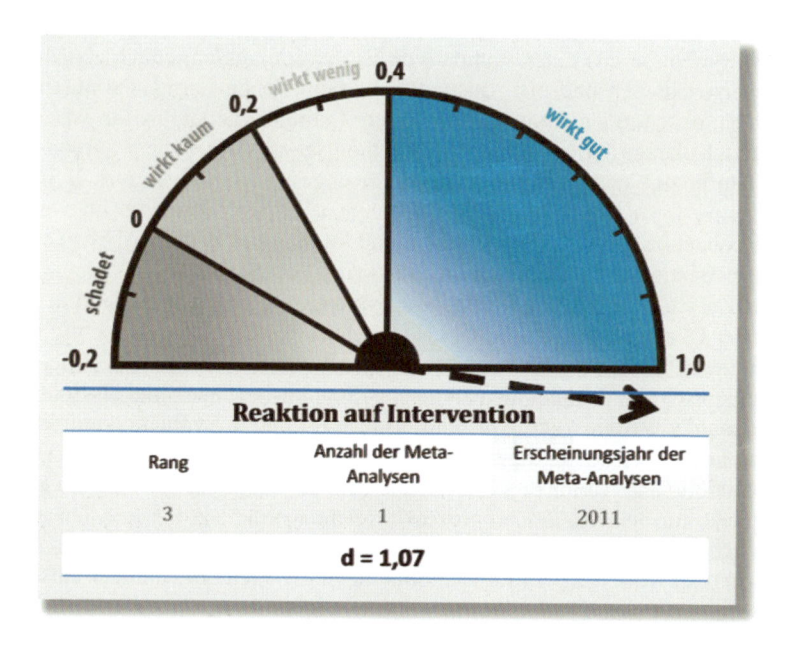

	Rang	Anzahl der Meta-Analysen	Erscheinungsjahr der Meta-Analysen
	3	1	2011

Reaktion auf Intervention

d = 1,07

ebene nicht die erhofften Lernerfolge zeigen. In der Regel werden entsprechende Maßnahmen im Einzelunterricht angeboten, um möglichst individuell und intensiv mit den betroffenen Schülerinnen und Schülern zusammenarbeiten zu können. Infolgedessen unterscheiden sich die verschiedenen Ebenen im Hinblick auf Gruppengröße, Individualisierungsgrad und Dauer der Maßnahme. Wichtig an dieser Stelle ist der Hinweis, dass zwischen allen Ebenen und während aller Maßnahmen eine fortlaufende Rückmeldung zum Lernerfolg eingefordert wird, um Lernenden eine bestmögliche Förderung zuteil werden zu lassen.

Die Erläuterung der Faktoren „Aktive Lernzeit", „Bewertung des Unterrichtsprozesses (Formative Evaluation)" und „Reaktion auf Intervention" zeigt, dass der Schlüssel für erfolgreiche Lehr-Lern-Prozesse in der Erhebung von Schülerleistungen und ihrer Weiterverarbeitung im folgenden Unterricht zu sehen ist. Je besser es folglich der Lehrperson gelingt, Lernen sichtbar zu machen und daraus die richtigen Schlüsse für ihr unterrichtliches Handeln zu ziehen, desto größer können die Lernfortschritte von Schülerinnen und Schüler sein. Ohne Zweifel stellt die Aufgabe, Lernen sichtbar zu machen, eine Herausforderung in zweierlei Hinsicht dar: Zum einen erfordert sie Kompetenz, entsprechende Verfahren zu kennen und adäquat einzusetzen. Zum anderen ist dafür die Haltung grundlegend, als Lehrperson die dazugehörigen Überzeugungen zu haben und darauf aufbauend die Motivation mitzubringen, diese Schritte zu gehen. Fällt beides zusammen, so wird die Lehrperson getragen von der Haltung „Erachte Schülerleistungen als eine Rückmeldung für dich über dich!".

Schulaufgaben, Klassenarbeiten, Proben & Co. – Mehr als lästige Pflicht?!

Immer wieder wird in der pädagogischen Literatur darauf hingewiesen, dass Leistung im schulischen Kontext nicht mit der physikalischen Formel „Leistung = Arbeit / Zeit" gleichgesetzt werden darf. Ein pädagogischer Leistungsbegriff, so die einhellige Meinung, ist vielmehr notwendig. Dieser ist nicht nur produktorientiert, sondern auch prozessorientiert und bezieht sich nicht ausschließlich auf die kognitiven Bereiche der Persönlichkeit, sondern spricht sie in ihrer Komplexität insgesamt an. Daraus ergibt sich die Forderung nach einer Erziehung zur und durch Leistung, die neben einer Leistungsfähigkeit auch eine Leistungsbereitschaft anzubahnen versucht. Ein wichtiges unterrichtliches Instrument zu diesem Zweck stellen Schulaufgaben dar – im Weiteren als Synonym für Klassenarbeiten, Proben und andere Verfahren der schulischen Leistungserhebung verwendet.

Entgegen einer landläufigen Meinung, Schulaufgaben dienen ausschließlich der Erstellung von Noten für das Zeugnis, sind sie Grundlage für die Diagnose der Schülerleistungen und die Analyse des Unterrichts: Auf der einen Seite lassen sich somit Lernvoraussetzungen, Lernverfahren und Lernstand erheben und zudem Informationen über die Lern- und Arbeitsweisen einholen. Auf der anderen Seite geben sie Auskunft über die Erreichung und Angemessenheit der gesteckten Ziele, der behandelten Inhalte, der eingesetzten Methoden sowie der bereitgestellten Medien und lassen entsprechende Rückschlüsse zu. Sie können somit unterrichtsvorbereitenden, -begleitenden und -abschließenden Charakter haben. Als Bestandteil des Unterrichts unterliegen Schulaufgaben demnach auch dessen Bedingungsgefüge, bestehend aus dem Verhältnis zwischen Lehrperson, Lernenden und Stoff sowie den situativen und individuellen Rahmenbedingungen, die alle auf den Ausgang einer Schulaufgabe Einfluss nehmen können.

Obschon Erstellung und Auswertung einer Schulaufgabe zusammenhängen, macht die gängige Praxis das Ausmaß der Probleme deutlich: Das Eintragen der Schülernoten aus der Probe in eine Namensliste, das Angeben des Notenschlüssels und das Errechnen des Notendurchschnitts sind – abgesehen von möglichen Kommentaren am Ende einer Probe – die einzigen Daten und Informationen, die gesammelt und ausgewertet werden. Dass damit weder eine aussagekräftige Diagnose des Lernprozesses, noch eine effektive Analyse des Unterrichts erreicht wird, liegt auf der Hand: Keines der Kriterien eines pädagogischen Leistungsbegriffes ist erfüllt. Ganz im Gegenteil: Leistung wird hier als Produkt einer einzigen Gesamtnote betrachtet. Der Prozess wird vernachlässigt, die Teilleistungen fallen unter den Tisch und somit auch das ganze Umfeld des Unterrichts. Insofern wäre, um es an einem Beispiel deutlich zu machen, die Note 5 einer leistungsstärkeren Lernenden, die aufgrund von Krankheit oder anderen Versäumnissen die gewohnte Leistung nicht erbringen konnte, dieselbe Leistung wie die Note 5 eines leistungsschwachen Lernenden, der vielleicht sogar für seine Verhältnisse gut gearbeitet hat. Allein mit der Endnote lässt sich keine Diagnose erstellen, geschweige denn eine Analyse des Unterrichts. Der Blick muss in Richtung des Aufgabentyps und einer entsprechenden Bearbeitung geschärft werden. Was ist hierfür zu tun? Anhand des folgenden Beispiels aus dem Mathematikunterricht werden eine Reihe von Überlegungen angestellt, die ohne Schwierigkeiten auf andere Fächer übertragbar sind (vgl. Zierer & Lang, 2006):

Erachte Schülerleistungen als eine Rückmeldung für dich über dich!

Name, Vorname (Lehrperson)

Schulaufgabenblatt

Klasse 9
Datum 26.04.16
Thema Mathematik

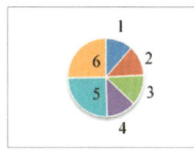

Punkteverteilung / Note

Gewichtung	Aufg. 1	Aufg. 2	Aufg. 3	Aufg. 4	Aufg. 5	Aufg. 6	Aufg. 7	Aufg. 8	Aufg. 9	Aufg. 10	Summe	Empfehlung*
Reproduktion	6					4		4			14	40
Reorganisation			4				4				8	30
Transferleistungen		2		2							4	20
Problemlösen					2						2	10
								Gesamtpunktzahl			28	100

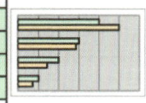

Zahlen und Rechnen	6							4			10	36
Sachbezogene Mathematik		2	4		2		4				12	43
Geometrie				2		4					6	21

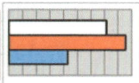

		A1	A2	A3	A4	A5	A6	A7	A8	A9	A10	Summe	Note	päd. Note eintragen
1	Andreas	6	2	4	2	2	1	4	1			22	2	
2	Benjamin	6	2	4	2	2	4	4	4			28	1	
3	Charly	6	2	4	2	2	2	4	4			26	1	
4	Daniel	5	1	3	0	2	0	2	1			14	4	
5	Erich	3	1	2	0	2	0	4	3			15	4	
6	Fritz	6	2	4	2	1	2	2	0			19	3	
7	Günther	6	2	3	0	2	1	4	0			18	3	
8	Heinz	6	2	2	0	0	4	0	0			14	4	
9	Isidor	6	0	4	1	2	4	4	4			25	1	
10	Jakob	2	1	2	0	2	1	1	0			9	5	
11	Karl	6	2	3	2	2	3	4	2			24	2	
12	Ludwig	3	1	3	2	2	4	4	4			23	2	
13	Maria	6	0	0	0	0	0	4	0			10	5	
14	Nadja	6	2	4	2	2	4	2	0			22	2	
15	Ortrud	6	2	4	2	2	4	4	4			28	1	
16	Paula	6	2	4	2	1	4	4	2			25	1	
17	Renate	6	2	4	2	2	4	4	4			28	1	
18	Sophia	6	0	3	1	2	3	1	4			20	2	2
19	Tanja	6	2	2	1	0	1	0	0			12	5	
20	Ulrike	6	0	3	0	0	2	4	0			15	4	
21	Veronika	6	2	4	1	2	4	4	4			27	1	
22	Wendi	6	1	3	2	0	4	4	0			20	3	
23	Zaphira	6	2	4	2	2	4	4	4			28	1	
	Prozentualer Durchschnitt	92,0	71,7	79,3	60,9	73,9	65,2	73,9	53,3			73,3	2,52	

Notenschlüssel	Von	Bis	Punkte	Anzahl
1	100	89	25	8
2	88	76	21	5
3	75	63	18	3
4	62	50	14	4
5	49	25	7	3
6	24	0	0	0

Notenverteilung in der Klasse

Erachte Schülerleistungen als eine Rückmeldung für dich über dich!

1. **Gewichtung nach Aufgabentypen und Zuordnung zu Lernbereichen:** Hilfreich ist die Aufgliederung der Aufgaben in die Bereiche Reproduktion, Reorganisation, Transfer und Problemlösen, die im Kapitel „Setze die Herausforderung!" näher erläutert wurden. Entsprechend der Überlegungen des Deutschen Bildungsrates ist bei der Erstellung eine Gewichtung von 4:3:2:1 anzustreben. Grundlage hierfür ist, dass diese Bereiche im vorausgehenden Unterricht entsprechend berücksichtigt wurden, denn letztendlich ist er das Maß aller Dinge. Durch die Angabe dieser Bereiche lassen sich differenzierte Aussagen zu den Lernenden und zum Unterricht machen. So zeigt die obige Abbildung, in welchem Verhältnis die Schulaufgabe zur Empfehlung des Deutschen Bildungsrates steht und inwieweit die unterschiedlichen Aufgabentypen berücksichtigt wurden. Zusätzlich ist die Zuordnung zu fachspezifischen Lernbereichen hilfreich – im vorliegenden Fall der Mathematik „Zahlen und Rechnen", „Sachbezogene Mathematik" und „Geometrie". All das Gesagte kann sowohl hinsichtlich der Leistungen eines einzelnen Schülers als auch des Notendurchschnittes von Interesse sein. Zwei Beispiele dazu: Schüler 10 „Jakob" erzielte mit 9 von 28 Punkten die Note 5, ebenso wie Schülerin 13 „Maria" mit 10 von 28 Punkten. Beide scheinen dieselbe Leistung erbracht zu haben. Bei näherer Betrachtung der Leistungen bezüglich der Aufgabentypen zeigt sich jedoch folgendes Bild: Während Schüler 10 die meisten seiner Punkte in den Bereichen Transfer und Problemlösen erreichte, hat Schülerin 13 ihre Punkte ausschließlich in den Bereichen Reproduktion und Reorganisation gesammelt. Die daraus zu ziehenden Folgerungen, dass die Lern- und Arbeitsweisen von Schüler 10 einer Förderung bedürfen, wohingegen Schülerin 13 eher hinsichtlich der fachlichen Lernvoraussetzungen defizitär ist, liegen nahe und können in Schülergesprächen überprüft werden. Sollte sich diese Folgerung erhärten, so wäre im darauffolgenden Unterricht entsprechend einzugehen: Bei Schüler 10 würde beispielsweise stärker als bisher die Hausaufgabe zu kontrollieren, auf Sauberkeit in der Heftführung zu achten und einzelne Strategien zum Auswendiglernen einzuführen sein. Bei Schülerin 13 hingegen könnte unter anderem in Zusammenarbeit mit den Eltern die Leistungen in der sachbezogenen Mathematik dadurch gesteigert werden, dass die Lesekompetenz durch tägliche Lektüre und lebensnahe Schreibanlässe verbessert wird sowie kreatives und flexibles Denken durch eine zunehmende Variation der Übungsphasen angebahnt wird.
2. **Informationen zur Schwierigkeit der Aufgaben mittels prozentualer Durchschnittswerte:** Hilfreich ist des Weiteren, die Errechnung der durchschnittlichen Punktezahl jeder Aufgabe, die nicht unter 20 Prozent liegen sollte. Würde sie das vor allem bei Reproduktionsleistungen tun, so ist das ein Hinweis darauf, dass im Unterricht etwas schief gelaufen ist und die Aufgabe letztendlich zu schwer für die Lernenden war. Insofern lassen sich in Abhängigkeit zum Aufgabentyp und seiner Schwierigkeit Aussagen über die Effektivität des Unterrichts beziehungsweise über den Leistungsstand, die Lern- und Arbeitsweisen der Lernenden treffen. Die durchschnittlichen 5,5 Punkte (92,0 Prozent) der Aufgabe 1 im angegebenen Beispiel legen nahe, dass diese Reproduktionsleistung von den Lernenden sehr gut erbracht wurde, womit ein zustimmender Rückschluss entweder auf die Unterrichtsarbeit der Lehrperson oder beziehungsweise und auf die Lern- und Arbeitsweisen der Lernenden möglich ist. Bei Aufgabe 8 hingegen, wo durchschnittlich nur 2,1 von 4 Punkten (53,3 Prozent) einer Reproduktionsleistung erbracht wurden, können entsprechende Defizite vermutet werden. Mit Blick auf den nachfolgenden Unterricht muss somit die Ziel- und Inhaltsbestimmung in Verbindung mit Methoden- und Medieneinsatz hinterfragt werden.

3. Erstellung des Notenschlüssels: Neben diesen wesentlichen Aspekten sind auch die gängigen Daten der Punkte- und Notenverteilung sowie des Notenschlüssels wichtige Informationsquellen. Angesichts empirischer Untersuchungen sollte eine kriteriumsorientierte Bezugsnorm einer sozialorientierten vorgezogen und nach Möglichkeit mit einer schülerorientierten gekoppelt werden. Vor allem in Form eines differenzierten Kommentars am Ende einer Schulaufgabe, der konstruktiv formulierte Aussagen zum Lernprozess und zur Selbstregulation beinhaltet, kann der zuletzt genannten Bezugsnorm Rechnung getragen werden. Hinsichtlich einer kriteriumsorientierten Bezugsnorm und der Festlegung des Notenschlüssels erscheint eine „allgemeine Empfehlung" schwierig, da sie stark von individuellen und situativen Faktoren abhängen und trotz fachlicher Prüfung von pädagogischen, oft auch gefühlsmäßigen Einschätzungen geleitet werden. Folgendes Vorgehen, das die oben genannten wissenschaftlichen Vorgaben berücksichtigt und sich an testtheoretischen Überlegungen orientiert, die Pragmatik jedoch in den Mittelpunkt rückt, wird daher vorgeschlagen: Zunächst empfiehlt es sich, gleich zu Beginn und für jede Schulaufgabe die Punkteverteilung entsprechend der Aufgabentypen und ihrer Bedeutsamkeit für den Unterricht festzulegen. Dabei gilt: Je höher die Gesamtpunktzahl ist, desto kleiner ist der Messfehler und desto größer die Sicherheit der Beurteilung. Ähnliches empfiehlt sich für den Notenschlüssel, der ausgehend von einer Mindestkompetenz (Note 4), die nicht immer bei 50 Prozent der Punkte liegen muss, erstellt wird. In der Praxis bewährt haben sich partiell lineare Skalen wie im besprochenen Beispiel, wohingegen lineare und nichtlineare Skalen unterschiedliche Probleme (feste Mindestkompetenz einerseits und erhöhte Messfehler andererseits) mit sich bringen. Für beides muss der gehaltene Unterricht Grundlage sein, so dass von Fall zu Fall kleinere Abweichungen möglich und nötig sind. Darüber hinaus sollten die Erfolgskriterien (kriteriumsorientierte Bezugsnorm) den Kindern vor der Schulaufgabe bekannt gegeben werden. Dies dürfte in den meisten Fällen ein gerechtes und sachliches Verfahren ermöglichen.

Was aber tun, wenn die Schulaufgabe zu „gut" oder zu „schlecht" ausfällt? Eigentlich bereitet der zuerst genannte Fall keine Schwierigkeiten: Ist es nicht Ziel jeglicher pädagogischer Bemühungen, dass alle Kinder das gesteckte Ziel erreichen? Vor allem im Vergleich der einzelnen Klassen oder Schulen taucht diese Problematik jedoch immer wieder auf. Unseres Erachtens erscheint ein Nachbessern des Notenschlüssels hin zu einer statistischen Normalverteilung oder eines „akzeptablen" Notendurchschnittes um 3,5 (sozialorientierte Bezugsnorm), wie es häufig bei zu gutem Abschneiden praktiziert wird, unzulässig – zumal es aus pädagogischer Sicht nicht vertretbar ist, dass Kinder bestraft werden, weil sie in einer Klasse mit vielen leistungsstarken Lernenden sitzen. Gerade leistungsschwächere Schülerinnen und Schüler wären Opfer solcher Maßnahmen und könnten sich getäuscht fühlen, wenn sie sich nach der letzten Schulaufgabe an Ratschläge und Aussagen der Lehrperson zu ihrem individuellen Fortschritt (schülerorientierte Bezugsnorm) gehalten haben. Die Lehrperson als Verantwortliche muss in diesem Fall nachdenken, ob die Schulaufgabe dieses Mal zu leicht war und gegebenenfalls entsprechende Konsequenzen für ihren Unterricht ziehen. Vor ein ähnliches Problem stellt zu schlechtes Abschneiden die Lehrperson: Sollen die Kinder für die Mängel des Unterrichts bestraft werden, wenn es der Lehrperson womöglich nicht gelungen ist, den Unterricht didaktisch-methodisch gemäß den abgefragten Kriterien zu gestalten? In diesem Fall erscheint ein Nachbessern zugunsten der Kinder vertretbar, da die Lehrperson auf der Seite der Kinder stehen muss. Wo im konkreten Fall die Grenze ist, liegt in der Hand der Lehrperson, die aufgrund der Kenntnis über die Klassensituation abwägen kann. Die durchschnittlichen Punktezahlen jeder Aufgabe können eine Hilfe sein, ebenso wie die Arbeit in Jahrgangsstufenteams. Beide angesprochenen Extreme machen allerdings deutlich, wie stark der sowohl vorausgegangene als auch nachfolgende Unterricht mit der Schulaufgabenerstellung und –auswertung verknüpft ist.

An diese Überlegungen schließt sich die Idee an, die in „Visible Learning for Teachers" präsentiert wird (Hattie, 2014): Mithilfe regelmäßiger Tests lässt sich für jeden Lernenden eine individuelle Effektstärke berechnen. Hierzu sind die Formeln aus dem Vorwort heranzuziehen und die Testergebnisse in eine Tabelle zu übertragen. Nach Berechnung der Mittelwerte, der Standardabweichungen und dem Mittelwert der Standardabweichungen lässt sich folgende Übersicht mit individuellen Effektstärken erstellen:

Schüler		Testergebnisse		Individuelle Effektstärken
		a	b	
1.	David	40	35	-0,28
2.	Anne	25	30	0,28
3.	Eeofa	45	50	0,28
4.	Barry	30	40	0,56
5.	Corrin	35	45	0,56
6.	Hemi	60	70	0,56
7.	Juliet	65	75	0,56
8.	Karmo	70	80	0,56
9.	Fred	50	75	1,40
10.	Ginnie	55	85	1,68
11.				
12.				
13.				
Mittelwert		47,50	58,50	
Standardabweichung		15,14	20,55	
Mittelwert der Standardabweichung			17,85	
Effektstärke insgesamt			**0,62**	

Für die Berechnung der individuellen Effektstärke ist folgende Formel zu verwenden:

$$\textbf{Effektstärke (d)} = \frac{\text{Testergebnis b} - \text{Testergebnis a}}{\text{Mittelwert der Standardabweichung}}$$

Nun liegen für gewöhnlich keinem Kollegium geeignete Tests für jede Jahrgangsstufe und für jedes Unterrichtsfach vor. Dennoch kann diese Idee umgesetzt werden, da auch die gängigen Schulaufgaben ausreichend Informationen enthalten. Sie müssen lediglich etwas umgerechnet werden:

Erstens ist es hilfreich, nicht die Noten, sondern die Punkte aus den Schulaufgaben zu nehmen und jeweils auf eine Gesamtpunktzahl von 100 umzurechnen – dies nicht, um eine testtheoretische Sicherheit suggerieren zu wollen, sondern weil die Verwendung von Noten aufgrund des kleinen Intervalls von 1 bis 6 wenig aussagekräftig wäre:

Erachte Schülerleistungen als eine Rückmeldung für dich über dich!

	Erreichte Punkte	Gesamtpunkte	Umrechnungsfaktor	Umgerechnete Punkte
Beispiel 1	12	20	5	60
Beispiel 2	25	30	3,3	82,5

Zweitens ist ein Korrekturwert einzurechnen – aus folgendem Grund: Würde beispielsweise ein Lernender eine bestimmte Note in allen Schulaufgaben über das Schuljahr halten und immer dieselben umgerechneten Punkte erreichen, so hätte das ohne Korrekturwert einen Nulleffekt zur Folge. Dieser Nulleffekt wäre aber verkehrt, weil er den durchschnittlichen Lernfortschritt nicht abbildet, der mit dem Halten einer Note verbunden ist. Insofern fehlen den Schulaufgaben die Gütekriterien eines Tests und es bietet sich an, als Korrekturwert eine Effektstärke von 0,2 bis 0,4 zu nehmen. Diesen Wert erreichen durchschnittliche Lernende in einer durchschnittlichen Schule bei einer durchschnittlichen Lehrperson im Lauf eines Schuljahres. Im Rahmen des genannten Intervalls kann dieser an der individuellen Lernausgangslage der Schülerinnen und Schüler angepasst werden. Befindet sich ein Lernender beispielsweise aufgrund eines Todesfalles in der Familie in einer Ausnahmesituation, so sind größere Korrekturwerte vertretbar als im Normalfall. Oder zeigte sich die zweite Schulaufgabe im Vergleich zu ersten Schulaufgabe als bedeutend leichter, ist eine kleinerer Korrekturwert anzusetzen. Die Gewichtung der Aufgaben auf die Niveaus der Reproduktion, der Reorganisation, des Transfers und des Problemlösens kann für diese Einschätzung hilfreich sein.

Wenn man diese Gedanken in die Tabelle überträgt, dann ergibt sich nachstehende Auswertung, die sowohl für Lehrpersonen als auch für Lernende eine Rückmeldung zum Unterrichtsprozess geben kann:

Schüler	Umgerechnete Punkte in den Schulaufgaben		Individuelle Effektstärken (nicht korrigiert)	Individueller Korrekturwert	Individuelle Effektstärken (korrigiert)
	a	b			
1. Armin	38	35	-0,17	0,30	0,13
2. Bernd	25	30	0,28	0,20	0,48
3. Barbara	45	50	0,28	0,20	0,48
4. Daniela	30	40	0,57	0,20	0,77
5. Gudrun	42	45	0,17	0,20	0,37
6. Hans	60	70	0,57	0,20	0,77
7. Karl	65	75	0,57	0,40	0,97
8. Martina	70	80	0,57	0,20	0,77
9. Stephan	50	75	1,41	0,20	1,61
10. Ursula	55	85	1,70	0,20	1,90
11.					
12.					
13.					
Mittelwert	48,00	58,50		0,23	
Standardabweichung	14,79	20,55			
Mittelwert der Standardabweichung		17,67			
Effektstärke insgesamt		0,59			0,82

Dass der Phantasie bei der Auswertung keine Grenzen gesetzt sind, zeigen diese Beispiele. Es wird vor allem auf den Austausch und die Zusammenarbeit im Kollegium ankommen, welche Verfahren effektiv den Unterrichtsalltag bereichern können.

Die Auseinandersetzung mit Schulaufgaben soll nicht schließen, ohne darauf hinzuweisen, dass Schulaufgaben – obschon sie auch zu familiären Konflikten führen können – für viele Eltern eine der wichtigsten Informationsquellen sind, um zu erfahren, was in der Schule abläuft. Sie sind in diesem Sinn für alle Beteiligten von Bedeutung. Und umso wichtiger ist es, sie optimal zu nutzen.

Das Arbeitsblatt ist tot! Es lebe das Arbeitsblatt! Kritik an einer Überdidaktisierung von Arbeitsblättern.

Es bringt nicht nur das Internet mit sich, dass Lehrpersonen eine Vielzahl an Arbeitsblättern haben, sondern auch die häufig ausgeprägte Bereitschaft, alles, was mit dem eigenen Unterricht zu tun hat, zu sammeln. Schnell füllen sich Ordner um Ordner und das Gefühl besteht, für jede Unterrichtssituation ein Arbeitsblatt zur Verfügung zu haben. Je schöner, je kreativer, je spaßiger das Arbeitsblatt ist, desto eher wird es eingesetzt. Allerdings ist Vorsicht geboten:

Arbeitsblätter, die Kunstwerken gleichen, sind durchaus schön anzuschauen. Aber sie haben einen großen Nachteil, wenn es um das Lernen geht: Sie führen in Anlehnung an die Cognitive Load Theorie, näher erläutert im Kapitel „Rede über Lernen, nicht über Lehren!", zu einer Aufmerksamkeitsverlagerung – weg von den Aufgaben und hin zu den Kunstwerken, die im Grund nur Beiwerk sind und der Auflockerung dienen. Die Gefahr, dass dieses Beiwerk zu einer Überlastung des Arbeitsgedächtnisses führt, so dass in der Folge für die eigentlichen Bearbeitung der Lernaufgaben nur noch geringe oder sogar keine Ressourcen mehr vorhanden sind, ist nicht von der Hand zu weisen. Hinzukommt das dieses Beiwerk überwiegend extrinsisch motiviert, was erneut in einem Zusammenhang mit Lernausgangslage der Schülerinnen und Schüler steht und deshalb nicht pauschal, sondern wohlüberlegt einzusetzen ist. Anschaulich wird dieses Problem an so mancher didaktischen Kreation im Mathematikunterricht: Rechentürme, Rechenkreise, Rechenfelder, Rechenpyramiden, Rechenräder usw. usf. Alles in allem sind diese Verfahren sicherlich interessant, dienen der Auflockerung und stecken voller didaktischer Kreativität. Wenn sie aber dazu führen, dass auf diesen Arbeitsblättern nur noch ein Bruchteil an Aufgaben gerechnet wird, weil der meiste Platz auf dem Papier für Kunstwerke freigehalten wird, und zudem die wenigen Aufgaben durch diese Kunstwerke einem mathematischem Zugang versperrt werden, dann schwindet der didaktische Wert: Angesichts weniger Aufgaben eine zu geringe Sicherung und Übung bei zu hohem kognitiven Aufwand, um die Überdidaktisierung verstehen zu können.

Es gibt das Wort des Ockham'schen Rasiermessers, das in diesem Kontext hilfreich sein kann. Wilhelm von Ockham, seines Zeichens Scholastiker, vertrat die These, dass aus einer Vielzahl an Theorien diejenige auszuwählen ist, die mit den wenigsten Variablen und Hypothesen auskommt, um die Wirklichkeit erklären zu können – übrigens ebenfalls schon zu finden bei Aristoteles. Übertragen in den didaktischen Kontext bedeutet dies: Aus der Vielzahl an Methoden sind zur Überprüfung des Lernzieles jene herauszugreifen, die mit möglichst wenig zusätzlichen Aufwand Lernen sichtbar machen können – und alle weiteren didaktischen Spielereien wegzulassen. Im Mathematikunterricht, um das Beispiel von oben erneut aufzugreifen, mag es vor diesem Hintergrund ein sinnvoller Weg sein, den Aufgabentyp ohne Kunstwerk so oft wie nötig auf einen Zettel Papier zu schreiben und die Lernenden die Rechnungen durchführen zu lassen.

Das Ockham'sche Rasiermesser konnte sowohl erkenntnistheoretisch untermauert als auch empirisch an einer Reihe von Wissenschaftsfelder bestätigt werden. Es lohnt sich also aus didaktischer Sicht darüber nachzudenken und das Prinzip der Sparsamkeit immer wieder anstelle des Prinzips der Vielfalt zu setzen.

Womit kann ich anfangen?

Häufig lässt sich am Ende einer Unterrichtsstunde beobachten, dass Lehrpersonen an ihrer Planung festhalten und das, was sie sich vorgenommen haben, noch schnell durchnehmen wollen. Das Ziel ist, den eigenen Plan zu erfüllen, um für sich sagen zu können: All das habe ich durchgenommen. Dieser Fokus ist problematisch: Zum einen führt er weg von den Lernenden und hin zu formalen und häufig auch strukturellen Vorgaben – es müssen alle Lehrplanziele durchgenommen werden!? Zum anderen ist Folge eines entsprechenden Aktionismus am Ende der Unterrichtsstunde, dass den Lernenden in der Kürze der Zeit noch etwas Neues präsentiert wird, das keine Chance mehr bekommt, gesichert zu werden – und häufig wird dafür die so wichtige Sicherung des letzten Lernschrittes gestrichen. Angesichts der Forschungsergebnisse im Kontext der Haltung „Erachte Schülerleistungen als Rückmeldung für dich über dich!" sind Lehrpersonen gefordert, statt einer wenig ergiebigen Vermittlung in den letzten Minuten das Augenmerk auf die Sichtbarmachung des Gelernten zu legen. Damit wird einmal mehr deutlich: Es geht nicht darum, mehr zu machen, sondern etwas anderes zu machen.

Im Folgenden werden drei Beispiele zur Sichtbarmachung des Lernerfolges am Ende der Unterrichtsstunde vorgestellt, um Anregungen für die Entwicklung eigener Ideen und Verfahren zu geben, die am besten mit Kolleginnen und Kollegen entwickelt, erprobt und diskutiert werden:

Als erstes Beispiel wird eine Mathematikstunde genannt, in der die Lernenden sich die Formeln für Sinus und Cosinus erarbeitet haben – eingebettet in die Unterrichtssequenz „Welche Bedeutung haben Längen- und Breitengrade?". Die Lehrperson nimmt nachstehende Synthese an der Tafel vor:

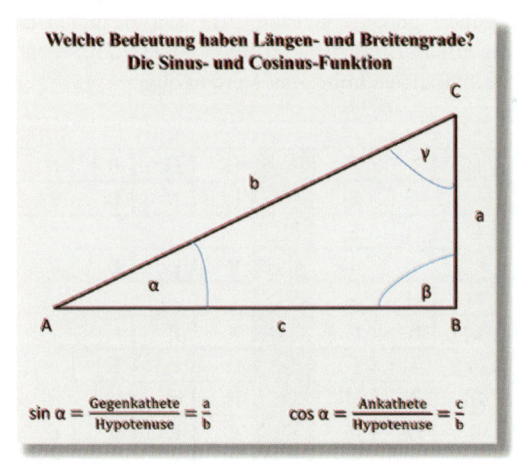

Welche Bedeutung haben Längen- und Breitengrade?
Die Sinus- und Cosinus-Funktion

$$\sin \alpha = \frac{\text{Gegenkathete}}{\text{Hypotenuse}} = \frac{a}{b} \qquad \cos \alpha = \frac{\text{Ankathete}}{\text{Hypotenuse}} = \frac{c}{b}$$

Erachte Schülerleistungen als eine Rückmeldung für dich über dich!

Dieses Tafelbild wird von den Lernenden in die Hefte übertragen, was nicht nur der Aktivierung dient, sondern vor allem eine erste und wichtige Form der Sicherung und Wiederholung darstellt – denken Sie bitte an die Vergessenskurve, die im Rahmen der Haltung „Sieh Lernen als harte Arbeit!" beschrieben wird, und lassen Sie Lernende oft selbst in ihre Hefte schreiben und Verantwortung übernehmen. Im Anschluss daran können weitere Übungsaufgaben mit den Formeln erfolgen, bevor am Ende der Unterrichtsstunde alle Hefte geschlossen werden und die Lernenden mit der Aufgabe konfrontiert werden, die nachstehende Abbildung zu vervollständigen:

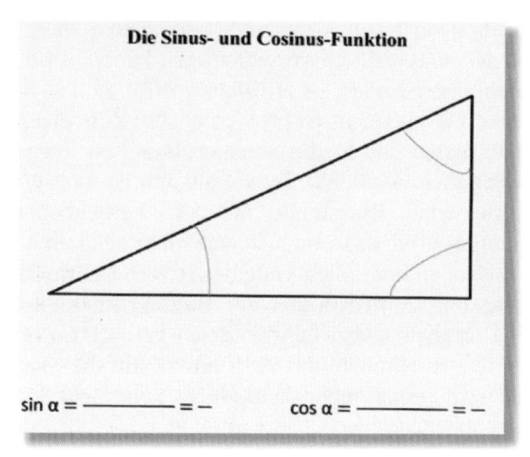

Die Sinus- und Cosinus-Funktion

$$\sin \alpha = \frac{}{} = - \qquad \cos \alpha = \frac{}{} = -$$

Diese Aufgabe ist dem Bereich der Reproduktion zuzuordnen – für Einführungsstunden ein wichtiges Anforderungsniveau, insbesondere vor dem Hintergrund, dass ein Tiefenverständnis (Transfer und Problemlösen) auf einem gesicherten Oberflächenverständnis (Reproduktion und Reorganisation) aufbaut.

Als zweites Beispiel wird ein Quiz vorgestellt, mit dessen Hilfe schnell die wichtigsten Begriffe abgefragt werden können. Da es sich hierbei um eine andere Form der Leistungserbringung handelt als bei der Erarbeitung im Unterricht, kann dieses Verfahren bereits zu den Reorganisationsaufgaben gezählt werden. Am Ende einer Unterrichtsstunde, in der verschiedene Laubbäume anhand ihrer Blätter und Früchte durchgenommen wurden, könnte das Arbeitsblatt zur Sichtbarmachung des Lernerfolges – Lösung: „Alles richtig" – so aussehen:

1)	S	P	I	T	Z	A	H	O	R	N	
				2)		L	I	N	D	E	
3)	E	I	C	H	E	L					
				4)		E	R	L	E		
			5)	N	U	S	S				
			6)	B	I	R	K	E			
			7)		E	I	C	H	E		
			8)	B	U	C	H	E			
		9)	B	U	C	H	E	C	K	E	R
		10)	K	A	S	T	A	N	I	E	
			11)	H	A	I	N	B	U	C	H E
			12)	B	E	R	G	A	H	O	R N

Die Zahlen 1) bis 12) könnten dabei je nach Leistungsstand der Lernenden durch Bilder von Blättern und Früchten ersetzt, durch entsprechende Texte ergänzt oder durch eine passende Beschreibung, die die Lehrperson vorliest, erweitert werden.

Als drittes Beispiel wird eine offene Frage formuliert, um bei Lernenden den Lernerfolg im Kontext eines Tiefenverständnisses aufzuzeigen. Vorausgegangen ist der Aufgabe ein Unterricht, in dem Picasso und seine Kunstwerke thematisiert wurden (vgl. Hattie 2014, S. 61):

Was wollte Picasso mit seinem Gemälde „Guernica" ausdrücken? Begründe deine Meinung.

_____

_____

Die drei vorgestellten Beispiele versuchen zu zeigen, dass ohne allzu großen Aufwand ein wichtiger Impuls für das eigene Denken und Handeln als Lehrperson gegeben werden kann. Im Kern verfolgt dieser Impuls das Ziel, nach dem Einfluss des Lehrprozesses auf den Lernprozess zu fragen und Belege zu suchen, die die Verbindung beider Prozesse sichtbar machen. Entscheidend dabei ist, dass es der Lehrperson gelingt, die Daten nicht nur zu sammeln, sondern im Hinblick auf Unterricht zu reflektieren und zu interpretieren.

Neben diesen Verfahren stellen Schulaufgaben, Klassenarbeiten, Proben & Co. nicht nur in allen Bundesländern Deutschlands, sondern auch in allen Ländern der Erde eine der zentralen Aufgaben von Lehrpersonen dar. Insofern wird im Folgenden nochmals auf die weiter oben angestellten Überlegungen verwiesen, die helfen können, diese Aufgabe nicht nur als Pflicht erscheinen zu lassen, sondern auch als Kür – und damit als wichtiger Baustein, um die Wirksamkeit des eigenen Denkens und Handelns zu hinterfragen und das Lernen der Kinder und Jugendlichen offenzulegen:

1. Gewichtung von Aufgabentypen und Zuordnung zu Lernbereichen: Reproduktion, Reorganisation, Transfer und Problemlösen; fachspezifische Lernbereiche der Mathematik, des Deutschunterrichts, des Fremdsprachenunterrichts usw. usf.
2. Informationen zur Schwierigkeit der Aufgaben mittels prozentualer Durchschnittswerte: 20 Prozent als kritischer Wert
3. Erstellung des Notenschlüssel: Mindestkompetenz als Ausgangspunkt und Verwendung partiell linearer Skalierungen
4. Berechnung einer Effektstärke im Vergleich zweier Schulaufgaben: Hochrechnung der Punkte im Verhältnis zur Gesamtpunktzahl 100 und Berücksichtigung eines individuellen Korrekturwertes zwischen 0,2 und 0,4

Bauen Sie diese Aspekte in die Erstellung und Auswertung Ihrer Schulaufgaben ein und diskutieren Sie die dadurch gewonnenen Ergebnisse mit Kolleginnen und Kollegen.

Erachte Schülerleistungen als eine Rückmeldung für dich über dich!

CHECKLISTE:

Reflektieren Sie bei Ihrer nächsten Unterrichtsplanung folgende Punkte:

- ✓ Sehen Sie jede Schülerleistung als das, was es ist: Eine Rückmeldung über Sie und für Sie!
- ✓ Betrachten Sie den Lernprozess in einer engen Verbindung zum Lehrprozess!
- ✓ Interpretieren Sie Fehler des Lernenden im Hinblick auf Ihre Lehrangebote!
- ✓ Planen Sie für das Ende der Unterrichtsstunde eine Phase ein, in der Sie den Lernerfolg sichtbar machen!
- ✓ Integrieren Sie daher in die Unterrichtsplanung entsprechende Verfahren und berücksichtigen Sie dabei sowohl die Lernausgangslage der Schülerinnen und Schüler als auch das Anforderungsniveau der Aufgaben!
- ✓ Reflektieren Sie die gewonnenen Daten mit Blick auf Ihr pädagogisches Denken und Handeln im Allgemeinen und den Unterricht im Besonderen!
- ✓ Machen Sie sich bereits während der Planung der Unterrichtssequenz Notizen für die Erstellung einer Schulaufgabe!
- ✓ Überlegen Sie sich frühzeitig, welche Aufgaben auf dem Niveau der Reproduktion, der Reorganisation, des Transfers und des Problemlösens Eingang in eine Schulaufgabe finden sollen!
- ✓ Tauschen Sie sich über das von Ihnen definierte Anforderungsniveau mit einer Kollegin oder einem Kollegen aus, ziehen Sie Schülerleistungen heran und überprüfen Sie Ihre Einschätzung!
- ✓ Nutzen Sie Schulaufgaben, um für sich die Fragen zu klären: Welche Ziele konnte ich durch meinen Unterricht erreichen? Welche Inhalte konnte ich so vermitteln, dass die Lernenden sie verstanden haben? Welche Methoden erweisen sich angesichts des Lernerfolges als zielführend? Und welche Medien zeigen sich angesichts des Lernerfolges als zweckdienlich?
- ✓ Überprüfen Sie den Lernerfolg der Schülerinnen und Schüler, auch wenn Sie sicher glauben, dass alle alles können: Es zu wissen, ist in diesem Fall besser, als es zu glauben!

ÜBUNG:

1. Gehen Sie zurück zum Fragenbogen am Anfang des Kapitels und füllen Sie diesen mit einer anderen Farbe aus. Wo hat sich Ihre Sicht der Dinge verändert und vor allem warum? Diskutieren Sie Ihre Einschätzungen mit einer Kollegin oder einem Kollegen.
2. Entwerfen Sie ein Verfahren, mit dem Sie am Ende einer Unterrichtsstunde die Lernziele überprüfen. Setzen Sie es ein und reflektieren Sie die Auswertung zunächst alleine und anschließend mit einer Kollegin oder einem Kollegen.
3. Berücksichtigen Sie bei der Erstellung und Auswertung der nächsten Schulaufgabe die Niveaus der Reproduktion, der Reorganisation, des Transfers und des Problemlösens. Versuchen Sie die sich damit eröffnenden Möglichkeiten der Interpretation von Schulaufgaben gemeinsam mit einer Kollegin oder einem Kollegen umzusetzen.

10 Kooperiere mit anderen Lehrpersonen!

FRAGEBOGEN ZUR SELBSTREFLEXION:

Schätzen Sie sich im Hinblick auf folgende Aussagen ein:
1 = stimmt gar nicht; 5 = stimmt voll und ganz.

	1	2	3	4	5
Ich bin hervorragend dazu in der Lage, ...		KÖN	NEN		
... durch Arbeitsteilung mit anderen Lehrpersonen Zeit einzusparen.	O	O	O	O	O
... Verantwortung im Team zu teilen.	O	O	O	O	O
Ich weiß ganz genau, ...		WIS	SEN		
... dass im Team Misserfolge bewältigt werden können.	O	O	O	O	O
... dass im Team Verantwortung geteilt werden kann.	O	O	O	O	O
Stets ist es mein Ziel, ...		WOL	LEN		
... durch Teamarbeit Stärken zu bündeln.	O	O	O	O	O
... in meinem Team Misserfolge zu bewältigen.	O	O	O	O	O
Ich bin fest davon überzeugt, ...		WER	TEN		
... dass Stärken im Team gebündelt werden können.	O	O	O	O	O
... dass es wichtig ist, mit meinem Kollegium zu kooperieren.	O	O	O	O	O

VIGNETTE:

Was macht eine Anwältin mit einem Fall, bei dem sie mit ihrem Latein am Ende ist? Was unternimmt ein Journalist, wenn seine Recherchen ihn vor scheinbar widersprüchliche Fakten führen? Was tut eine Wissenschaftlerin, wenn sie in ihrer Forschung nicht mehr weiterkommt? Erfolgreiche Menschen treten dann in den Austausch und versuchen, die bestehenden Herausforderungen mithilfe von Kooperationen zu lösen.

Worum geht es in diesem Kapitel?

Diese Vignette soll die Kernbotschaft des vorliegenden Kapitels veranschaulichen: Pädagogische Expertise ist die Folge von Austausch und Kooperation. Der Einzelkämpfer kann erfolgreich sein. Er kann aber noch erfolgreicher sein, wenn er mit anderen zusammenarbeitet. Dies ist vor allem auch dann von Bedeutung, wenn es um die Weiterentwicklung einer Gemeinschaft geht, dessen Mitglied der Einzelne ist.

> Nachdem Sie dieses Kapitel gelesen haben, sollten Sie in der Lage sein, vor dem Hintergrund dieser Kernbotschaft zu erklären, ...
> - inwiefern die Faktoren „Micro-Teaching", „Lehrerfort- und -weiterbildung" und „Schulgröße" bedeutsam sind.
> - was unter kollektiver Intelligenz zu verstehen ist und wie diese dem Einzelnen zugute kommen kann.
> - welche Voraussetzungen erfüllt sein müssen, damit Team-Teaching erfolgreich sein kann.

Welche Faktoren aus „Visible Learning" stützen diese Haltung?

Unbestritten gibt es viele Lehrpersonen, die den Austausch untereinander und die Kooperation miteinander suchen. Insofern wäre es verkehrt, zu suggerieren, dass Lehrpersonen ganz und gar nicht zusammenarbeiten würden. Allerdings lässt sich feststellen, dass diese Zusammenarbeit erstens nicht landauf, landab umgesetzt wird und zweitens innerhalb der Lehrerbildung (bisher) ein Schattendasein fristet und nicht systematisch gefordert und gefördert wird.

Die Forderung und Förderung der Zusammenarbeit über die verschiedenen Phasen der Lehrerbildung darf sich dabei nicht nur auf die Bereiche des Wissens und des Könnens beschränken, sondern muss auch die Bereiche des Wollens und des Wertens in den Blick nehmen. Denn Austausch und Kooperation ist nicht nur eine Frage der Kompetenz, sondern vor allem auch eine Frage der Haltung.

Zur Veranschaulichung der Bedeutung und der Notwendigkeit von Austausch und Kooperation wird häufig ein biologischer Vergleich angestellt: Der Ameisenstaat oder das Bienenvolk sind Paradebeispiele, wie sehr der Einzelne von der Gemeinschaft profitieren kann und insofern im Aristotelischen Sinn das Ganze mehr ist als die Summe seiner Teile. Obschon der Vergleich an verschiedenen Stellen hinkt – weder der Grad an Vielfalt der Menschen noch der Wert einer offenen Gesellschaft kommt in diesen Beispielen zum Ausdruck, aber beide kennzeichnen das Zusammenleben in Demokratien in entscheidender Weise –, er mag die Kernbotschaft verdeutlichen: Auch wir Menschen können von Austausch und Kooperation profitieren.

In „Visible Learning" findet sich eine Reihe von Faktoren, die das Gesagte empirisch bestätigen können. Insbesondere die Faktoren „Micro-Teaching", „Lehrerfort- und -weiterbildung" und „Schulgröße" eignen sich hierfür:

Kooperiere mit anderen Lehrpersonen!

	Micro-Teaching	
Rang	Anzahl der Meta-Analysen	Erscheinungsjahr der Meta-Analysen
6	4	1981-1955
	d = 0,88	

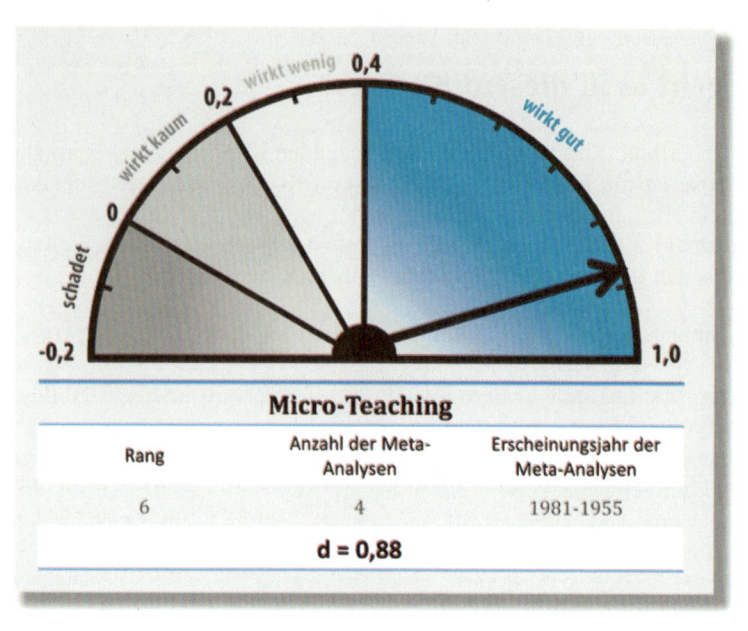

Micro-Teaching

Micro-Teaching bezeichnet Verfahren, in denen kleinere unterrichtliche Situationen in einer Gruppe geplant, in Laborbedingungen durchgeführt und (mithilfe von Videos) ausgewertet werden. Wie unter einem Mikroskop lassen sich so Lehrstil und Lehrerverhalten analysieren und besprechen. Insgesamt weisen die Effekte von 0,88 eine hohe Wirksamkeit dieser Verfahren auf – wobei bemerkenswert ist, dass diese Effekte sowohl im Hinblick auf die Kompetenzen als auch im Hinblick auf die Haltungen von Lehrpersonen feststellbar sind. Darin wird auch eine der Erfolgsbedingungen für Micro-Teaching gesehen: Es nimmt die Komplexität des Unterrichtens in den Blick und ist nicht begrenzt auf einzelne Facetten

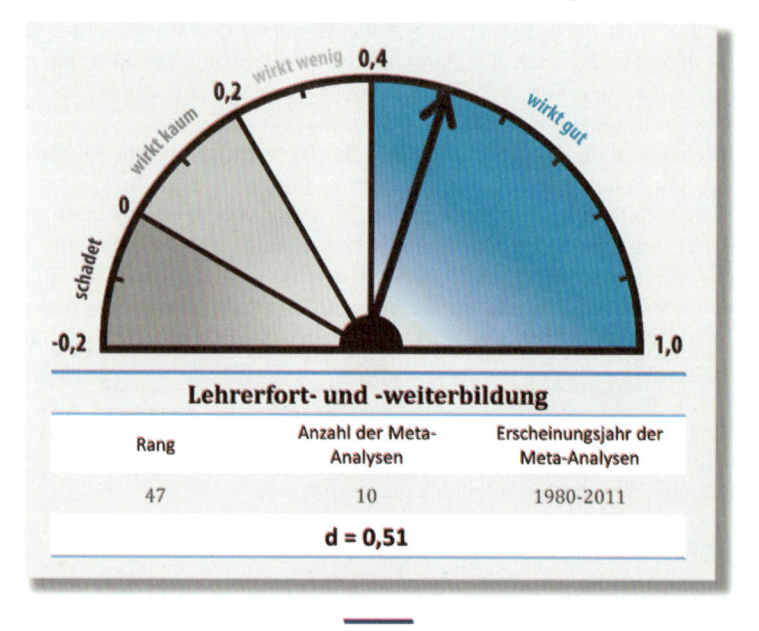

	Lehrerfort- und -weiterbildung	
Rang	Anzahl der Meta-Analysen	Erscheinungsjahr der Meta-Analysen
47	10	1980-2011
	d = 0,51	

pädagogischen Denkens und Handelns. Wichtig dabei ist die Feststellung, dass diese Komplexität umso besser in den Fokus gerückt wird, je mehr es gelingt, über bereits bestehende Kompetenzen hinauszugehen und vorherrschende Haltungen zu hinterfragen. Letztendlich geht es insofern um eine Lernkultur, die Lehrpersonen bewusst an ihre Grenzen bringt, somit Herausforderungen setzt und eine Fehlerkultur fördert, in dessen Zentrum sich der Austausch über Fehler und die kollegiale Fehlerbewältigung befinden.

Lehrerfort- und -weiterbildung

In „Visible Learning" wird für „Lehrerfort- und -weiterbildung" ein hoher Effekt (d = 0,62) ermittelt – das entspricht Rang 47 bei 150 untersuchten Faktoren. Sie stellen demnach Maßnahmen dar, durch die die Lernleistungen von Schülerinnen und Schüler nachhaltig verbessert werden können. Daraus den Schluss zu ziehen, dass jede Lehrerfort- und -weiterbildung erfolgreich ist, wäre allerdings falsch. Vielmehr weisen erfolgreiche Lehrerfort- und -weiterbildungen bestimmte Kennzeichen auf, darunter die folgenden:

a) Beobachtung von realem Unterricht: Das gemeinsame Beobachten entlang theoriebasierter Kriterien und das daran anschließende Gespräch über das Gesehene sind wesentliche Bestandteile von erfolgreichen Lehrerfort- und -weiterbildungsmaßnahmen.

b) Unterrichtsvideos: Neben der Beobachtung von realem Unterricht sind Unterrichtsvideos besonders geeignet, um Lehrerprofessionalität weiterzuentwickeln. Sie sind konkret und anschaulich, sprechen die eigenen Erfahrungen an und bieten vielfach die Möglichkeit, theoretische Elemente daran zu reflektieren und zu diskutieren.

c) Micro-Teaching: Das gemeinsame Sprechen und Reflektieren, Planen und Durchführen, Kritisieren und Verbessern von Unterricht ist wichtiger als nahezu alles andere. Diese Schritte basieren auf einem fruchtbaren Verhältnis von Theorie und Praxis, das sich in einer wechselseitigen Durchdringung zeigt. Also nicht mehr Praxis oder weniger Theorie ist gefordert, sondern eine praktische Einbettung der Theorie und eine theoretische Erschließung der Praxis.

d) Kooperation: Einer der größten Schätze im Hinblick auf Effektivitätssteigerung von Schulen und Lehrpersonen ist die Kooperation zwischen Lehrpersonen. Erst dadurch kommt es zu einem Austausch von Expertise, so dass intensive Phasen des Dialoges in Lehrerfort- und -weiterbildung Eingang finden sollten.

e) Feedback: Wie in jedem Lernprozess so auch in der Lehrerfort- und -weiterbildung ist Feedback einer der Schlüsselfaktoren. Dabei ist nicht nur auf die Ebenen der Aufgabe und des Prozesses zu fokussieren, sondern vor allem auf die Ebene der Selbstregulation. Lehrpersonen profitieren also von Lehrerfort- und -weiterbildungen viel, sofern ihnen konkrete Ziele und Handlungsschritte mitgegeben werden, wie sie ihren Unterricht in Zukunft verbessern und evaluieren können. In gleicher Weise wichtig ist die Möglichkeit für die Teilnehmenden, während der Lehrerfort- und -weiterbildungsmaßnahme Feedback geben zu können, um diese entsprechend ihrer Lernausgangslage mitzugestalten.

f) Gruppen aus schulartgemischten Teilnehmenden: Anders als häufig praktiziert sind Kohorten aus unterschiedlichen Schularten kritischer und konstruktiver, was den eigenen Lernprozess und die Entwicklung von Lehrerprofessionalität anbelangt. Insofern stellen Angebote, in denen Lehrpersonen aus verschiedenen Schularten zusammenkommen, wichtige Ergänzungen zur Verbesserung von Lehrerfort- und -weiterbildungen dar.

g) Externe Experten und außerschulische Kooperationen: Die Hinzuziehung von externen Experten, die möglicherweise aus einer anderen Phase der Lehrerbildung stam-

Kooperiere mit anderen Lehrpersonen!

men, zeigt sich im Vergleich zu Lehrerfort- und -weiterbildungen, die von einem schuleigenen Personal durchgeführt werden, als weitaus wirksamer.

h) Wiederkehrende Maßnahmen: Ähnlich wie im Unterricht Wiederholung und Übung zentrale Kriterien von Lernerfolg sind, zeigen sich Maßnahmen der Lehrerfort- und -weiterbildung besonders dann wirksam, wenn sie von Zeit zu Zeit wiederaufgegriffen werden und daran weitergearbeitet wird.

i) Fokussierung auf die eigene Vorstellung von Unterricht und die eigene Lehrerrolle: Dies ist vor allem deswegen wichtig, weil Lehrpersonen dazu neigen, so zu unterrichten wie sie unterrichtet wurden. Eine Veränderung in diesem Bereich erfordert eine Thematisierung der bestehenden Vorstellungen und des dominierenden Rollenverständnisses.

j) Positive Haltung zur Lehrerfort- und -weiterbildung: Die Frage, wie Lehrpersonen ihre Rolle als lebenslang Lernende am besten finden können, wird weitläufig besprochen. Vieldiskutiert sind Bemühungen, durch eine Pflicht zur Lehrerfort- und -weiterbildung dafür zu sorgen. Allerdings sind die damit verbundenen Effekte gering und können, sofern sie in ein bestehendes System als Top-Down-Vorgabe eingefügt werden, sogar negativ werden. Wenn dieser Schritt gegangen wird, dann muss er entweder auf einer breiten Basis diskutiert werden oder mit Beginn einer neuen Lehrergeneration eingeführt werden. Wichtiger aber als diese Maßnahmen ist eine positive Haltung zur Lehrerfort- und -weiterbildung, die durch alle Phasen der Lehrerbildung hinweg angebahnt werden muss. Denn nichts ist wirkmächtiger für eine Maßnahme, als die Überzeugung und Einsicht, dass der Lernende, hier also die Lehrperson selbst, diese braucht, um ein Leben lang erfolgreich zu sein. Und damit wird einmal mehr deutlich, dass erfolgreiche Lehrerfort- und -weiterbildung nicht nur auf Kompetenzen fokussiert, sondern auch auf Haltungen.

Schulgröße

Es mag überraschen, dass zur Klärung der Bedeutung von Austausch und Kooperation ein Strukturfaktor herangezogen wird. In „Visible Learning" findet sich für die „Schulgröße"

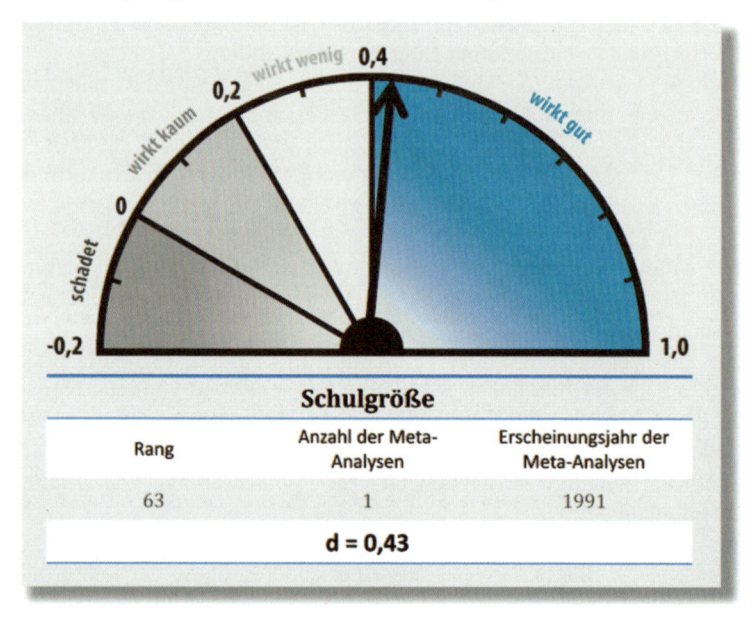

	Schulgröße	
Rang	Anzahl der Meta-Analysen	Erscheinungsjahr der Meta-Analysen
63	1	1991
	$d = 0{,}43$	

eine Effektstärke von 0,43. Auf der Suche nach der optimalen Schulgröße wird von einem kritischen Wert gesprochen, der bei ca. 800 Lernenden liegt. Welche Gründe sind hier zu nennen? In erster Linie lässt sich dieser Wert auf bildungsökonomische Berechnungen zurückführen, wonach eine gewisse Mindestgröße vorhanden sein muss, damit die Kosten des Gesamtapparates in einem sinnvollen Verhältnis zu den Lernleistungen stehen: Ist die Schule zu klein, verschlingen die Organisationskosten zu viele Ressourcen. Und ab einer gewissen Größe erreicht dieses Verhältnis einen optimalen Wert, der auch bei weiterer Vergrößerung der Schule nicht mehr verbessert werden kann. Obschon diese Berechnungen eine Relevanz haben, sie verlieren die eigentliche Frage aus dem Blick. Denn es geht bei der Schulgröße in erster Linie doch nicht darum, was wie viel kostet und wie viel bringt, sondern allen voran darum, welche Strukturen die Lernleistung von Schülerinnen und Schülern optimal fordern und fördern. Und hier zeigt sich ähnlich wie beim Faktor „Klassengröße": Die Größe alleine ist nicht entscheidend. Vielmehr finden sich zahlreiche Belege, dass die Qualität des Unterrichts und insbesondere auch die Qualität der Zusammenarbeit zwischen Lehrpersonen viel wichtiger sind. So lassen sich Lernleistungen weder in besonders kleinen Schulen überdurchschnittlich fördern, noch leiden sie in besonders großen Schulen in nennenswerter Weise. Stattdessen konnte nachgewiesen werden, dass in erfolgreichen Schulen verstärkte Formen des Austausches und der Kooperation zwischen Lehrpersonen zu beobachten waren und diese nicht unmittelbar mit der Schulgröße zusammenhängen. Einzig und allein wirklich belastbar ist, dass in diesem Zusammenhang der Gedanke „Je kleiner, desto besser." nicht trägt. Ein entscheidendes Kennzeichen erfolgreicher Schulen ist somit nicht ihre Größe, sondern der Grad der Zusammenarbeit zwischen Lehrpersonen.

Kollektive Intelligenz als Folge von Austausch und Kooperation.

Jeder von uns kennt eine Computermaus und weiß, wie sie zu bedienen ist. Dabei wissen die wenigsten, wie sie funktioniert. Und noch weniger wissen, wie sie zusammengebaut ist – bis hin zu der Tatsache, dass wohl keiner von uns in der Lage ist, selbst alle erforderlichen Einzelteile zu bauen und daraus eine Maus zu fertigen. Diese komplexe Aufgabe eines doch so alltäglichen Gegenstandes gelingt nur durch Austausch und Kooperation vieler Menschen. Denn in der Computermaus stecken neben technische Errungenschaften auch Fortschritte im Hinblick auf Rohstoffgewinnung, Kunststoffindustrie und nicht zuletzt Programmierung.

Man könnte geneigt sein einzuwenden, dass diese Form des Austausches und der Kooperation nur für komplexe Gegenstände der Fall ist. Aber nehmen Sie bitte einen Bleistift – ein Schreibgerät, dass eine viel ältere Geschichte besitzt als eine Computermaus und viel weniger komplex erscheint. Und dennoch zeigt sich auch hier: Einer alleine wird kaum in der Lage sein, einen Baum zu fällen, das Holz zu trocknen und zu schneiden, die Miene zu formen und schließlich Holz und Miene miteinander zu verbinden. Kurzum: Auch für die Herstellung eines Bleistiftes ist Austausch und Kooperation erforderlich.

In der Fachliteratur findet sich für die Einsicht in diese Zusammenhänge der Begriff der kollektiven Intelligenz. Letztendlich geht sie bereits zurück bis in die Antike. So greift Aristoteles diesen Gedanken in seiner Summierungstheorie auf und bekannt sind die ihm zugeschriebenen Worte, dass das Ganze mehr ist als die Summe seiner Teile. In jüngster Vergangenheit erreichte Matt Ridley in diesem Zusammenhang einen größeren Bekanntheitsgrad, insbesondere mit seinem Buch „The Rational Optimist" (2010). In zahlreichen

Beispielen, unter anderem den in der einleitenden Vignette genannten, legt er dar, welche Möglichkeiten und Chancen kollektive Intelligenz mit sich bringt. Letztendlich sieht er sie sogar als das entscheidende Merkmal von erfolgreichen Kulturen, Institutionen und Menschen an. Denn alle weniger erfolgreichen Kulturen, Institutionen und Menschen zeigen sich als nicht-offen, tauschen Ideen und Güter nicht aus, arbeiten in diesem Sinn auch nicht zusammen. Abschottung heißt Stillstand und hat auf Dauer sogar Rückschritte zur Folge.

Für uns Lehrpersonen ist der Austausch und die Kooperation seit jeher zwiespältig: Auf der einen Seite verlangen wir es tagtäglich von den Lernenden und betrachten beides als wichtige Werte im Hinblick auf Bildung. Auf der anderen Seite erfahren wir im Lauf der Lehrerbildung zwar, wie Lernende zu Austausch und Kooperation gebracht werden können, aber selbst erhält man wenig Unterstützung, dies zu lernen, bleibt vielmehr bei einer so wichtigen Aufgabe auf sich alleine gestellt. Hinzu kommt, dass viele in der zweiten Phase der Lehrerbildung sogar zum Einzelkämpfer sozialisiert werden: Dort geht es um gute Noten, um die besten Leistungen und um die überzeugendsten Lehrproben. Warum die eigenen Ideen, Materialien, Vorbereitungen anderen zur Verfügung stellen? Man hört nicht selten von Lehrpersonen, dass ein Austausch und eine Kooperation mit Kolleginnen und Kollegen als wenig ergiebig und sinnvoll erachtet wird, weil doch die anderen zum Gesamterfolg wenig beisteuern und man selbst es ist, der alleine genauso gut und genauso schnell arbeiten würde. Das mag vielleicht im Einzelfall stimmen, als Pauschalaussage ist es aber falsch, wie Matt Ridley aufzuzeigen vermag. Hierzu nennt er folgendes Beispiel, dass sich zwar nur auf den Zeitaspekt konzentriert, dennoch aber die Macht von Austausch und Kooperation verdeutlichen kann (vgl. Ridley 2010):

Adam und Oz können beide Speere und Äxte herstellen. Während Adam für die Herstellung eines Speer vier Stunden und für die Herstellung einer Axt drei Stunden braucht, schafft Oz die Herstellung eines Speeres in einer Stunde und die Herstellung einer Axt in zwei Stunden. Sofern die Notwendigkeit für beide besteht, einen Speer und eine Axt herzustellen, kostet das Adam sieben Stunden Zeit und Oz nur drei Stunden.

	Adam	Oz
Speer	4	1
Axt	3	2
Gesamt	7	3

Was passiert nun, wenn beide zusammenarbeiten? Auf den ersten Blick dürfte es Oz wenig bringen, weil er sich kaum Zeit sparen wird, wenn er gleichzeitig mit Adam an die Herstellung von Speer und Axt geht. Was aber, wenn beide Folgendes machen: Oz nutzt seine Stärke und stellt in zwei Stunden zwei Speere her. Im Gegenzug nutzt auch Adam seine Stärke und stellt in sechs Stunden zwei Äxte her. Beide tauschen daraufhin einen Speer und eine Axt. In der Summe hat dann Adam ebenso wie Oz eine Stunde weniger Zeit investieren müssen, um einen Speer und eine Axt zu erhalten.

	Adam	Oz
2 Speere	0	2
2 Äxte	6	0
	Austausch von Speer und Axt	
Gesamt	6	2

Ohne Zweifel führt Austausch und Kooperation zu einem zeitlichen Gewinn für beide Seiten – dabei vernachlässigen wir die Tatsache, dass es durchaus möglich ist, einen Speer oder eine Axt besser oder schlechter herzustellen. Wenn Menschen allein diesen zeitlichen

Gewinn nutzen können, ist es bereits eine Form von kollektiver Intelligenz. Dieser Gewinn wird umso mannigfaltiger, je komplexer die zu bewältigenden Aufgaben werden.

Ersetzen Sie nun bitte den Speer durch ein Arbeitsblatt und die Axt durch eine Schulaufgabe. Denken Sie dann bitte noch weiter: Ersetzen Sie bitte den Speer und die Axt durch Ideen zur Unterrichtsgestaltung, Erfahrungen im Hinblick auf die Evaluation von Unterricht, Feedback, Zielformulierung, Lehrer-Schüler-Beziehung, Motivierung, Übung, Differenzierung, Klassenführung usw. usf. Kollektive Intelligenz zeigt sich angesichts dieser Überlegungen nicht mehr nur in einem zeitlichen Gewinn, sondern vor allem in der Kraft des Dialogischen, in der Macht von Austausch und Kooperation, in der professionellen Weiterentwicklung im Team. All das ist mehr als eine bloße Materialbörse, ein bloßes Sammeln, ein bloßes Abheften. Kollektive Intelligenz wird in intensiven, kritisch-konstruktiven und konzentrierten Gesprächen über die eigenen Kompetenzen und Haltungen sichtbar.

Es wird Zeit, dass wir in Schulen eine Kultur des Austausches und der Kooperation entwickeln, um die kollektive Intelligenz zum Wohl der Lernenden und auch zum Wohl der Lehrpersonen nutzen zu können.

Team-Teaching: Möglichkeiten und Grenzen eines selbstverständlichen Faktors.

Gerade in Zeiten bildungspolitischer Herausforderungen, wie wir sie aktuell aufgrund von Inklusion und Migration in besonderer Art und Weise erleben, gelten viele Faktoren als erfolgsversprechend, die auf eine Erhöhung des Lernenden-Lehrenden-Verhältnisses fokussieren und insofern größere finanzielle Bemühungen notwendig machen. Häufig findet sich dabei das Argument: Wenn jetzt nicht in Bildung investiert wird, dann muss später ein Vielfaches davon in die Hand genommen werden. Diesem Argument kann man sich auf den ersten Blick nur schwer entziehen. Die finanziellen Mittel zu erhöhen und sie in personale Möglichkeiten zu investieren, entspricht den Kernbotschaften, die in „Visible Learning" formuliert werden. Aber ein zweiter Blick warnt davor, an diesem Punkt der Diskussion aufzuhören. Denn worauf in „Visible Learning" ebenfalls hingewiesen wird, ist die Tatsache, dass nicht alle Lehrpersonen von sich aus erfolgreich sind, sondern gewisse Kompetenzen und Haltungen brauchen. Am eindringlichsten zeigt dies der Faktor „Team-Teaching". Dieser erreicht mit einer Effektstärke von 0,19 lediglich Rang 118 und bleibt damit für viele deutlich hinter den Erwartungen zurück.

Wie kann das sein? Wie kommt der geringe Effekt zustande, obschon allein von den finanziellen Mitteln ein großes Zugeständnis nötig ist und die damit verbundenen Kosten immens sind? Einmal mehr zeigt sich am Faktor „Team-Teaching", dass die Einsicht in den Misserfolg eines Faktors die Grundlage ist, um ihn zukünftig in seiner Wirkung erhöhen zu können. Wie ist also die geringe Effektstärke von Team-Teaching zu verstehen?

Zur Verdeutlichung eine Anekdote aus Österreich: Dort hat man in einer Reihe von inklusiven Klassen versucht, mithilfe von Team-Teaching der zweifelsfrei größeren Herausforderung im Hinblick auf Erziehung und Unterricht zu begegnen. Gesagt, getan: Inklusive Klassen wurden mit zwei Lehrpersonen ausgestattet. Nach einiger Zeit konnte eine durchaus interessante Entwicklung auf Seiten der Lernenden festgestellt werden. Denn wie nennen diese mittlerweile die zweite Lehrperson im Klassenzimmer? Den „Heizkörperlehrer". Warum? Weil dieser am Heizkörper lehnt, während der andere unterrichtet. Und wenn der andere mit dem Unterrichten fertig ist, geht dieser zum Heizkörper und übergibt die Unterrichtsverantwortung an seine Kollegin oder seinen Kollegen.

Effektives Team-Teaching sieht anders aus. Ziehen Sie an dieser Stelle bitte nicht voreilig den Schluss aus den empirischen Daten, dass Team-Teaching nichts bringt. Stattdessen ist es geboten, nach den Gründen dieses geringen Effektes zu suchen und die empirischen Daten versuchen zu verstehen:

Was im geschilderten Fall passiert, ist streng genommen kein Team-Teaching, weil es kein Miteinander-Unterrichten ist, sondern ein Nacheinander-Unterrichten. Und solange Team-Teaching nur das ist, kann der Effekt nicht viel größer sein als der aus den vorliegenden Meta-Analysen. Damit Team-Teaching aber dieses Miteinander ermöglicht, reicht es nicht aus, lediglich die finanziellen Ressourcen und daraus folgend die personalen Kapazitäten zu erhöhen. Denn damit wäre Team-Teaching lediglich eine strukturelle Maßnahme. Vielmehr erfordert Team-Teaching eine besondere Kompetenz und eine besondere Haltung auf Seiten der Lehrpersonen. Denn Unterrichten ist eine hochkomplexe Tätigkeit, die allein dadurch, dass man sie zu zweit angeht, nichts an Komplexität verliert. Im Kern erfordert diese Komplexität von Lehrpersonen, die zusammenarbeiten, eine Reihe von Fähigkeiten: gemeinsam die Lernausgangslage der Lernenden zu analysieren, gemeinsam Unterrichtsziele festzulegen und zu formulieren, gemeinsam Aufgaben zu erstellen und entsprechend zu differenzieren, gemeinsam die Durchführung der Planung zu bewerkstelligen und schließlich gemeinsam die Evaluation des Unterrichts anzugehen. All das ist nichts Einfaches. Und wenn all das in der Lehrerbildung nicht gelernt wird, kann es von Lehrpersonen auch nicht ad hoc erwartet werden. Hinzukommt ein weiteres: Das gemeinsame Planen, Durchführen und Evaluieren von Unterricht erfordert nicht nur Kompetenzen. Gefragt sind auch eine Reihe von Haltungen: vor der Kollegin oder dem Kollegen einen Fehler zu machen, Kompromisse einzugehen, sich selbst und seine Vorstellungen und Vorlieben zurückzunehmen, auch Aufgaben zu übernehmen, die einem vielleicht nicht so liegen, oder den Mut zu haben, etwas auszuprobieren, wo man sich auf seine Kollegin oder seinen Kollegen verlassen muss. Leider lernen Lehrpersonen (bislang) auch diese Haltungen nicht bewusst und strukturiert im Rahmen der Lehrerbildung.

Team-Teaching erfordert infolgedessen ein hohes Maß an Kompetenzen und Haltungen. Und erst wenn diese Kompetenzen und Haltungen ausgeprägt sind, ist es nicht mehr der Zufall, der darüber entscheidet, ob Team-Teaching wirkt oder nicht. Sondern dann sind es die Lehrpersonen selbst, die zusammen deutlich über sich hinauswachsen können und die damit verbundenen zusätzliche finanziellen Mittel rechtfertigen können.

Erfolgreiches Team-Teaching als Form einer kollektiven Intelligenz stellt sich nicht von alleine ein. Sie bedarf des Austausches und der Kooperation und insofern der Kompetenz und Haltung der Lehrpersonen.

Womit kann ich anfangen?

Eines zeigen die referierten Forschungsergebnisse eindringlich: Kompetenz und Haltung für erfolgreiche Zusammenarbeit sind nicht selbstverständlich. Austausch und Kooperation will gelernt sein! Vor diesem Hintergrund ist ein Einstieg in die Arbeit an der Haltung „Kooperiere mit anderen Lehrpersonen!" darin zu sehen, sich zunächst über sein eigenes Austausch- und Kooperationsverhalten bewusst zu werden, um darauf aufbauend jene Felder identifizieren zu können, in denen eine verstärke Zusammenarbeit nachhaltig positiv wirken kann. Hilfreich für diese Reflexion kann folgende Übersicht sein, die einen Versuch darstellt, verschiedene Ebenen der Zusammenarbeit zu identifizieren und in eine Reihung zu bringen:

Stufen der Zusammenarbeit

1. Miteinander ins Gespräch kommen.
2. Sich gegenseitig unterstützen und kritisieren.
3. Gemeinsam Unterricht planen und evaluieren.
4. Gemeinsam Unterricht durchführen.

Diese Übersicht basiert auf der Einsicht, dass das gemeinsame Reden über allgemeine Kriterien des Unterrichts leichter ist als das gegenseitige Unterstützen und das Kritisieren von konkreten Unterrichtsüberlegungen und beides wiederum leichter ist als gemeinsames Planen und Evaluieren von Unterricht. Den Höhepunkt der Zusammenarbeit stellt sodann die gemeinsame Durchführung von Unterricht dar – vor allem deswegen, weil es zu einem Vollzug der gemeinsamen Überlegungen kommt, und insofern nicht nur das Denken, sondern auch das Handeln zusammengeführt werden muss.

Vor diesem Hintergrund ist aus unserer Sicht zu warnen vor zu voreiligen Implementationen eines Team-Teaching. Erst wenn entsprechende Kompetenzen und Haltungen angebahnt wurden, lässt sich dieser Schritt des Austausches und der Kooperation erfolgreich gehen. Insofern ist häufig als erster Schritt das gemeinsame Reden über allgemeine Kriterien von Unterricht angeraten. Für diese Aufgabe eignet sich beispielsweise folgende Zusammenstellung von Faktoren aus „Visible Learning", die verbunden mit der Aufgabe, die Wirksamkeit der Faktoren ausgehend von den eigenen unterrichtlichen Erfahrungen einzuschätzen und dann darüber ins Gespräch zu kommen. Häufig unterscheiden sich die Meinungen und häufig unterscheidet sich auch bereits das Verständnis der Faktoren. Aber genau diese Diskussionen sind wichtig, wenn Lehrpersonen als pädagogische Experten sich über ihr Denken und Handeln austauschen und kooperieren sollen:

	schadet	wirkt kaum	wirkt wenig	wirkt gut
Klassengröße	O	O	O	O
Offene Klassenzimmer	O	O	O	O
(Neue) Medien	O	O	O	O
Fachkompetenz	O	O	O	O
Erkenntnisstufen	O	O	O	O
Ziele	O	O	O	O
Bewusstes Üben	O	O	O	O
Lehrer-Schüler-Beziehung	O	O	O	O
Kooperatives Lernen	O	O	O	O
Direkte Instruktion	O	O	O	O
Sozioökonomischer Status	O	O	O	O
Motivation	O	O	O	O
Feedback	O	O	O	O
Formative Evaluation	O	O	O	O
Co-Teaching/Team-Teaching	O	O	O	O

Ein nächster Schritt der Zusammenarbeit könnte darin gesehen werden, gemeinsam an der Haltung „Sieh dich als Veränderungsagent!" zu arbeiten. Nehmen Sie beispielsweise die dort erläuterte Übersicht zur Motivierung, das so genannte ARZZ-Modell. Wie wichtig Motivation im Allgemeinen und der Unterrichtseinstieg im Besonderen für den Erfolg einer Stunde ist, wurde dort bereits angesprochen. Und es ist eine der größten Herausforderungen für Lehrpersonen, ihre didaktische Kreativität so lenken zu können, dass Lernende zu Beginn des Unterrichts für das Thema gefesselt werden. Wie schwierig das ist, merken Lehrpersonen tagein, tagaus und es gelingt nicht immer. Allein deshalb ist es mehr als überraschend, dass an kaum einer Schule der Versuch unternommen wurde, eine Sammlung gemeinsamer Unterrichtseinstiege für bestimmte Unterrichtssequenzen anzulegen. Stattdessen versucht sich jeder alleine an dieser so entscheidenden Aufgabe. Warum also nicht die didaktische Kreativität zusammenbringen? Nehmen Sie also das ARZZ-Modell und versuchen Sie möglichst viele Strategien der Motivierung zusammenzutragen, kritisch-konstruktiv zu reflektieren und sich dabei vor allem über die Wirksamkeit und die gemachten Erfahrungen auszutauschen. Beispielsweise könnte festgehalten werden, was beim Medieneinsatz zu beachten wäre, wie Lernende auf die angewendete Strategie reagiert haben, wo es Unklarheiten gab und was Lernende als Verbesserung vorgeschlagen haben. Es liegt auf der Hand, dass dieses Suchen nach Evidenz für das eigene Denken und Handeln im Unterricht mit der Haltung „Sieh dich als Evaluator!" verbunden ist. Denn die angestellten Reflexionen können nur von den Schülerinnen und Schülern sinnvoll beantwortet werden.

An den angesprochenen Beispielen wird der Leitgedanke der Zusammenarbeit ersichtlich, der in „Visible Learning" immer und immer wieder betont wird: Kenne deinen Einfluss! Damit ist gemeint, dass im Zentrum des Austausches und der Kooperation der Gedanke stehen muss, Unterricht im Hinblick auf seine Wirksamkeit zu hinterfragen und nach Evidenz zu suchen. Sinn und Zweck der Zusammenarbeit ist somit nicht, ein Materialarsenal anzulegen, Lernende zu charakterisieren, Eltern zu diagnostizieren, Kolleginnen und Kollegen zu stigmatisieren, sondern das eigene Denken und Handeln über und im Unterricht auf den Prüfstand zu stellen und zu fragen: Was wirkt nicht? – Warum nicht? Aber auch: Was wirkt? – Warum? Gerade die zuletzt genannte Wendung ist wichtig, vor allem für die Berufszufriedenheit von Lehrpersonen: zu wissen, dass man erfolgreich ist und auch warum.

Ohne Zweifel wird es nicht notwendig sein, in allen Feldern und zu jeder Zeit die letzte Stufe der Zusammenarbeit zu erreichen. Vielmehr versteht sich die oben vorgestellte Übersicht als Orientierungshilfe, die davor bewahren soll, zu schnell voranzuschreiten und dadurch das sensible Feld der Kooperation zu überfrachten. Diese Sensibilität spiegelt sich in den grundlegenden Haltungen wieder: Zusammenarbeit setzt gewisse Haltungen voraus, erfordert insbesondere Vertrauen und Zutrauen. Bereits Otto von Bismarck, vordergründig dem historischen Bewusstsein als deutscher Reichskanzler und somit als Autoritätsperson bekannt, hat auf diesen Punkt mit seinen Worten aufmerksam gemacht: „Das Vertrauen ist eine zarte Pflanze. Ist es zerstört, so kommt es sobald nicht wieder."

CHECKLISTE:

Reflektieren Sie bei Ihrer nächsten Unterrichtsplanung folgende Punkte:

- ✓ Pädagogische Expertise braucht Zusammenarbeit!
- ✓ Tauschen Sie sich mit Ihren Kolleginnen und Kollegen aus und reden Sie über Unterricht!
- ✓ Reduzieren Sie Arbeitsbelastung und teilen Sie Verantwortung!
- ✓ Beginnen Sie mit allgemeinen Fragen und übertragen Sie diese Schritt für Schritt auf den konkreten Unterricht!
- ✓ Betrachten Sie gemeinsam Unterrichtsmaterialien, beispielsweise Arbeitsblätter, Tafelbilder oder Aufgaben!
- ✓ Belegen Sie Ihren Austausch und Ihre Kooperation immer in Verbindung mit Schülerleistungen!
- ✓ Suchen Sie in der Kooperation nach Evidenz!
- ✓ Reflektieren Sie nicht nur Ihren Unterricht, sondern auch die Zusammenarbeit im Hinblick auf Kompetenz und Haltung!

ÜBUNG:

1. Gehen Sie zurück zum Fragenbogen zur Selbstreflexion am Anfang des Kapitels und füllen Sie diesen mit einer anderen Farbe aus. Wo hat sich Ihre Sicht der Dinge verändert und vor allem warum? Diskutieren Sie Ihre Einschätzungen mit einer Kollegin oder einem Kollegen.
2. Zeigen Sie einer Kollegin oder einem Kollegen einen Unterrichtseinstieg, ein Arbeitsblatt, ein Tafelbild, eine Videosequenz oder dergleichen und bitten Sie darum, Unklarheiten anzusprechen. Suchen Sie nach der Durchführung erneut das Gespräch über diese Punkte und bringen Sie die Erfahrungen der Lernenden mit ein.
3. Legen Sie einer Kollegin oder einem Kollegen Ihre Zielformulierung zusammen mit den entsprechenden Aufgaben und den Bearbeitungen der Lernenden vor. Diskutieren Sie ausgehend von den Schülerleistungen insbesondere die Passung der Ziele zu den verschiedenen Leistungsniveaus, die Klarheit der Aufgabenstellung und die Präsentationsform der Aufgaben.

„Visible Learning":
Eine Vision.

Taylor Swift & Co. Oder: Wie Leidenschaft fürs Lernen entfacht werden kann.

> *Eine Beobachtung auf Reisen:*
>
> *Im März 2015 war ich zu Gast an der Internationalen Deutschen Schule in Brüssel. Nach einer sehr anregenden und sehr angenehmen schulinternen Fortbildung hatte ich noch etwas Zeit, bevor mein Flugzeug zurück nach München ging. Ich beschloss, noch etwas in die Innenstadt zu fahren, die Menschen zu beobachten und die Frühlingssonne zu genießen. Vor der Oper nahm ich auf einer Bank Platz. Es dauerte nicht lange bis drei Mädchen meine Aufmerksamkeit gewannen und ich folgende Beobachtung machte, die mich bis heute fesselt: Diese drei Mädchen, ich schätze sie auf 13 bis 15 Jahre, versuchten die Tanzbewegungen von Taylor Swift nachzuahmen, die sie in ihrem Video zu „Shake it off" vorführt. Es war beeindruckend zu sehen, wie sich die drei Mädchen anstrengten, wie sie immer und immer wieder versuchten, im Lied ein Stück weiter zu kommen, wie intensiv sie sich austauschten, vormachten, nachmachten, sich gegenseitig korrigierten und Fehler als Chance begriffen und – nicht zuletzt – wie viel Freude sie dabei hatten. In diesen Momenten war Lernen sichtbar. Die Zeit verging wie im Flug. Eine Stunde war verstrichen und ich musste mich auf den Weg zum Flughafen machen, während die drei Mädchen noch weiter übten. Ich fragte mich: Warum kann Schule nicht so sein?*

Das Entscheidende an dieser Beobachtung ist nicht, was die drei Mädchen gemacht haben. Viel beeindruckender ist, wie und warum sie das, was sie gemacht haben, taten. Und damit sind wir bei der Kernbotschaft des vorliegenden Buches: Erfolg basiert nicht nur auf Kompetenz. Haltung ist dafür entscheidend. Ohne den Kompetenzen ihre Bedeutsamkeit absprechen zu wollen: Aber ohne die entsprechenden Haltungen bleiben sie oft im Verborgenen oder treten nur begrenzt zutage.

Vielfach haben wir in der Vergangenheit das Zitat von Michael Jordan, einem, wenn nicht dem erfolgreichsten Basketballspieler aller Zeiten, gebracht. Es stammt aus einem Werbespot, der auf YouTube zu finden ist. Er bringt aus unserer Sicht auf den Punkt, wie Schule und Unterricht erfolgreich sein können. Insofern soll das Zitat als Leitmotiv für den Abschluss des vorliegenden Buches stehen:

„*Mehr als neuntausend Würfe in meiner Karriere gingen daneben. Ich habe fast dreihundert Spiele verloren. Sechsundzwanzig Mal lag es an mir, den spielentscheidenden Wurf zu machen, und ich habe versagt. Immer und immer und immer wieder bin ich in meinem Leben gescheitert. Und deswegen habe ich Erfolg.*"

Von der Natur lernen: Das Netz-Modell.

Bücher zu erfolgreichem Unterricht gibt es viele. Einige haben in den letzten Jahren den deutschsprachigen Markt an pädagogischer und didaktischer Literatur bereichert. Erinnert sei an dieser Stelle an Hilbert Meyers Kriterien guten Unterrichts (Meyer 2004) oder an Andreas Helmkes Qualitätsmerkmale „guten Unterrichts" (Helmke 2014) – beide sicherlich die Klassiker in diesem Feld. Sie kommen auf zehn Kriterien bzw. Merkmale. Im vorliegenden Buch ist ebenfalls von zehn Haltungen die Rede. Welchen Stellenwert haben also das vorliegende Buch und die darin enthaltenen Kernbotschaften? Bilden sie einen weiteren

Kriterienkatalog und wenn ja, wie stehen sie in Beziehung zu den bereits existierenden? Oder sind sie etwas anderes als das?

Geht man von der Einschätzung aus, dass sowohl bei Hilbert Meyer als auch bei Andreas Helmke die Kriterien bzw. Merkmale eine Art „Katalog" bilden, der der Reihe nach abgearbeitet werden kann und somit die Kriterien bzw. Merkmale Schritt für Schritt hinzugefügt und erlernt werden können, dann liegt dem vorliegenden Buch ein anderes Verständnis von pädagogischer Expertise zugrunde. Denn es geht nicht um ein Abarbeiten oder ein sukzessives Erschließen von pädagogischer Expertise. Vielmehr ist es ein Ganzes, ein Gesamthaftes, so dass das Bild des Netzes aufgegriffen wird – wohlwissend, dass Bilder Gefahr laufen, aufgrund ihrer Komplexitätsreduzierung manches zu verschleiern. Aber dennoch: Ein Bild sagt mehr als tausend Worte und kann helfen, das Gesagte zu verdeutlichen. Aus diesem Grund wird es bewusst am Ende dieses Buches präsentiert und nicht am Anfang – also dann, wenn Sie als Leserin oder als Leser bereits die Mühen auf sich genommen haben, Kapitel für Kapitel zu bearbeiten:

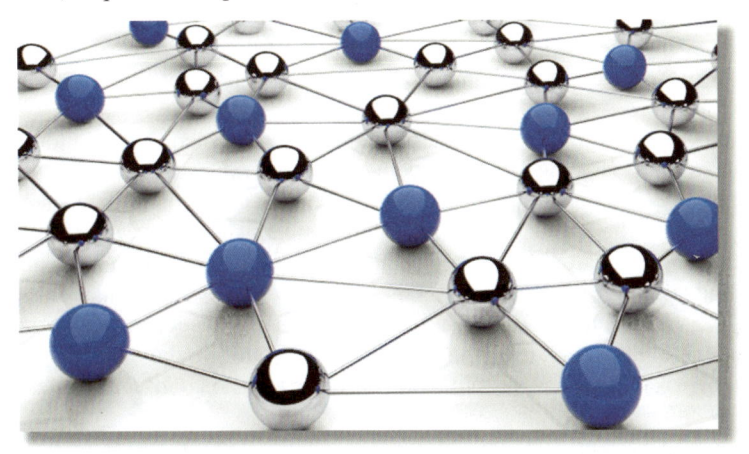

Charakteristisch für Netze im Allgemeinen ist, dass sie durch Stärke glänzen und Schwachstellen durch den Rest aufgefangen werden können – und das alles bei einem minimalistischen Metrialaufwand. Das Netz der Spinne ist ein interessantes Beispiel in diesem Zusammenhang. Denn Forscher haben vor Kurzem herausgefunden, dass diese Netze mit die stärksten überhaupt sind, so dass sie heute vielfach als Grundlage für künstlich erzeugte Netze in allen Bereichen dienen (Cranford et al. 2012).

Was ist das Geheimnis von Spinnen-Netzen? Die Stärke eines Spinnen-Netzes hängt von zwei Faktoren ab: Erstens von der Beschaffenheit der Fäden. Sind die Fäden dehnfähig und reißfest, ist ein starkes Netz die Folge. Zweitens von der Struktur des Netzes. Je nach Verteilung und Anordnung der Maschen und Öffnungen kann ein Netz stabiler oder labiler sein. Ergänzen sich beide Faktoren, verstärken sich ihre Einflüsse und wirken zudem kompensatorisch – in Perfektion zu beobachten bei Spinnen-Netzen, die auch dann stabil bleiben bzw. zur Stabilität zurückkehren, wenn der Wind ein Loch in sie gerissen hat. Für die Spinne ist diese Eigenschaft des Netzes lebensnotwendig: Ein Loch zu flicken, kostet weniger Zeit und Energie, als ein Netz neuzubauen.

Überträgt man dieses Modell auf das vorliegende Buch und die darin angestellten Überlegungen, dann bezeichnen die zehn Haltungen die Fäden des Netzes: Je stärker diese ausgeprägt sind, desto größer ist ihr Einfluss auf das Denken und Handeln von Lehrpersonen. Gleichzeitig stehen sie in einem Wechselwirkungsverhältnis zueinander. Handelt es sich hierbei um ein loses Nebeneinander, fehlt die Kohärenz – die Haltungen würden so mehr einem Flickenteppich gleichen als einer Einheit. Befinden sie sich aber in einer wechselseitigen Durchdringung, dann bilden die Haltungen in der Summe eine Struktur und somit ein stabiles Netz. Im Aristotelischen Sinn gesprochen: Das Ganze ist mehr als die Summe seiner Teile.

Jede Haltung hängt infolgedessen mit den anderen zusammen. Jede Haltung ergibt sich aus den anderen. Jede Haltung steht in einem Wechselwirkungsverhältnis zu den anderen. Und jede Haltung erfährt eine Stützung und Stärkung durch die anderen. Der Anspruch ist damit nicht gering: Alle Haltungen müssen berücksichtigt werden! Damit zeigt sich aber auch die notwendige Kohärenz in pädagogischen Kontexten: Es geht im Kern um logisches, schlüssiges und stimmiges Denken und Handeln in Situationen der Ungewissheit, der Unplanbarkeit, der Dichotomie. Damit sind die Haltungen, von denen in diesem Buch die Rede ist, keine individuellen Ausprägungen, keine Begabungen, die manche Menschen von Geburt an zu haben scheinen. Vielmehr sind sie Ausdruck pädagogischer Professionalität.

Visible Teaching: Unterrichtsplanung sichtbar machen.

Obschon Erziehung und Unterricht sich einer vollständigen Planbarkeit entziehen und Momente des Ungewissen bestimmend sind, kommen Lehrpersonen nicht umhin, ihren Unterricht zu planen. So selbstverständlich diese Aussage für Lehrpersonen ist, die tagtäglich unterrichten, so missverständlich und rätselhaft wird sie unter anderen Blickwinkeln:

Häufig wird der Einwand vorgebracht, dass wir doch gar nicht wissen, ob Planung von Unterricht zu einem größeren Lernerfolg auf Seiten der Schülerinnen und Schüler führt. Und mit dieser Entgegnung wird dann die ganze Planung selbst infrage gestellt und gefordert, man solle doch lieber auf das Lernen fokussieren und nicht auf das Lehren.

Diese Argumentation mag aus forschungsmethodischer Sicht nachvollziehbar sein, aus pädagogischer Sicht ist sie unsinnig. Zunächst unterliegt sie dem Denkfehler, Lehren und Lernen in einem kausalen Zusammenhang zu sehen. Denn aus Lehren muss nicht Lernen folgen. Was wir aber auch wissen, ist: Je besser die Planung ist, desto größer ist die Wahrscheinlichkeit, dass Lehren zu Lernen führt. Dies lässt sich beispielsweise am Faktor „Ziele" verdeutlichen: Je besser Lehrpersonen für sich Klarheit im Hinblick auf die Ziele haben, desto wahrscheinlicher ist ein Lernerfolg. Je besser diese Ziele zu den Lernenden passen, desto wahrscheinlicher ist ein Lernerfolg. Und je mehr es Lehrpersonen gelingt, zu einem Einvernehmen über die Ziele mit den Lernenden zu gelangen, desto wahrscheinlicher ist ein Lernerfolg. Bereits damit rechtfertigt sich die Notwendigkeit der Unterrichtsplanung.

Nun stellt sich die Frage, was eine „gute" Planung ist und woran sie sichtbar wird. Im Forschungsprojekt EEPAD „Entwicklung und Evaluation von Planungsmodellen der Allgemeinen Didaktik" wurde dieser Frage nachgegangen und unter anderem folgender Versuch unternommen:

Wodurch unterscheidet sich die Planung von Lehrpersonen, wenn diese entweder *mit* einem allgemeindidaktischen Modell oder *ohne* einem allgemeindidaktischen Modell eine Unterrichtsstunde planen? Das Ergebnis ist eindeutig, wenn die Berücksichtigung bestimmter Planungskomponenten ins Verhältnis zur prozentualen Häufigkeit der Nennung für den Fall mit und für den Fall ohne Modell gesetzt wird (Zierer, Werner & Wernke 2015, S. 386):

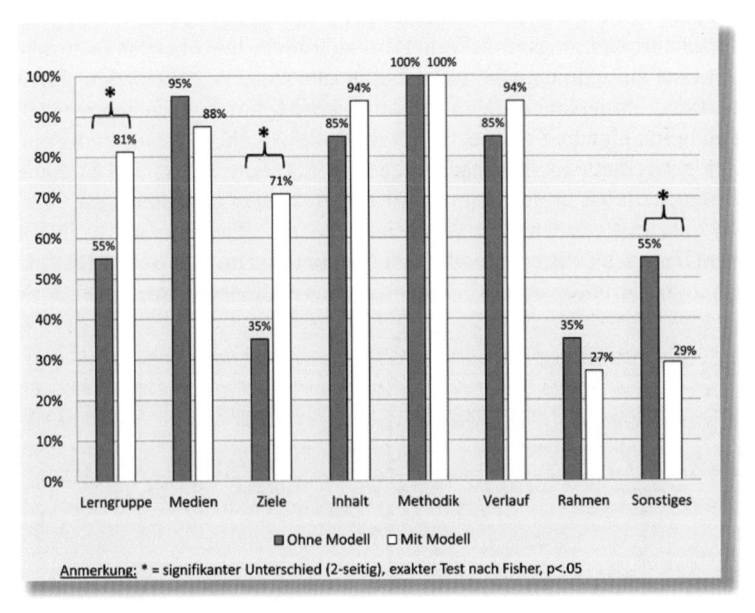

Kategorie	Ohne Modell	Mit Modell
Lerngruppe	55%	81% *
Medien	95%	88%
Ziele	35%	71% *
Inhalt	85%	94%
Methodik	100%	100%
Verlauf	85%	94%
Rahmen	35%	27%
Sonstiges	55%	29% *

Anmerkung: * = signifikanter Unterschied (2-seitig), exakter Test nach Fisher, p<.05

Konkret lässt sich erkennen: Während in den Oberkategorien *Medien/Material, Unterrichtsinhalt* und *Methodik* keine signifikanten Unterschiede feststellbar sind, zeigt sich ein signifikanter Vorteil bei der Planung mit Modell im Hinblick auf die Berücksichtigung von *Zielen*: In 72 Prozent der Planungsentwürfe mit Modell wird auf die Ziele des Unterrichts eingegangen, während nur in 38 Prozent der Planungsentwürfe ohne Modelle dieser Aspekt berücksichtigt wird. Ein ähnliches Ergebnis lässt sich für die Oberkategorie *Lerngruppe* anführen: Hier werden in 81 Prozent der Planungsentwürfe mit Modell entsprechende Überlegungen angestellt, wohingegen in Planungsentwürfen ohne Modell nur zu 58 Prozent diese Perspektive eingenommen wird. Der einzige Bereich, in dem Planungsentwürfe ohne Modell signifikant höhere Werte im Vergleich zu Planungsentwürfen mit Modell erzielen, ist der Bereich *Sonstiges* – also all jene Überlegungen, die den Oberkategorien nicht zugeordnet werden können und somit vornehmlich beiläufige, häufig sogar unwesentliche Aspekte beinhalten.

Es zeigt sich folglich, dass Lehrpersonen, sobald sie ein allgemeindidaktisches Planungsmodell verwenden, sich mehr relevante Gedanken über ihren Unterricht machen und insbesondere in den entscheidenden Fragen nach der Lerngruppe und nach den Zielen signifikante Unterschiede auftreten. Die Botschaft liegt damit auf der Hand: Besser planen? Mit Modell!

„Visible Learning": Eine Vision.

Weitere Analysen können zudem zeigen, dass sich diese Quantitäten auch qualitativ niederschlagen. Denn die Planungsentwürfe mit und ohne Modell unterscheiden sich im Hinblick auf die folgenden drei Dimensionen (vgl. Zierer, Werner & Wernke 2015):

Perspektivität: Planungsmodelle helfen, die bei Novizen so beliebte Ich-Erzähler-Perspektive zu verlassen und stattdessen andere Perspektiven in die Planung mit einzubeziehen. Beispielsweise führen Planungsmodelle dazu, dass über die Lernenden und auch die Eltern reflektiert wird.

Dimensionalität: Planungsmodelle helfen, nicht nur auf die Methoden zu fokussieren – für viele das Maß aller Dinge bei der Unterrichtsplanung, das aber schnell zum falschen Maß wird. Stattdessen führen Planungsmodelle dazu, mehrere Dimensionen in den Blick zu nehmen, beispielsweise die Ziele ins Zentrum der Planung zu rücken.

Verständnisebene: Planungsmodelle helfen, sich nicht nur oberflächlich den Dimensionen des Unterrichts zu widmen, sondern dabei in die Tiefe zu gehen. Beispielsweise haben sie zur Folge, dass Lehrpersonen sich nicht damit begnügen, Ziele zu nennen, sondern diese differenziert zu betrachten und diesbezüglich unterschiedliche Niveaus zu formulieren.

Die angestellten Überlegungen machen deutlich: Anfangspunkt und Endpunkt eines erfolgreichen Unterrichts ist in der Planung zu sehen. Dieser Gedanke kann mit der Formel auf den Punkt gebracht werden (Hattie & Zierer 2016): „Teachers are to DIE for!" Dabei steht DIE für „Diagnose", „Implement" und „Evaluate". Die Nähe zum Instruktionsdesign und dem darin dominierenden ADDIE-Modell ist unverkennbar (vgl. Zierer & Seel 2015):

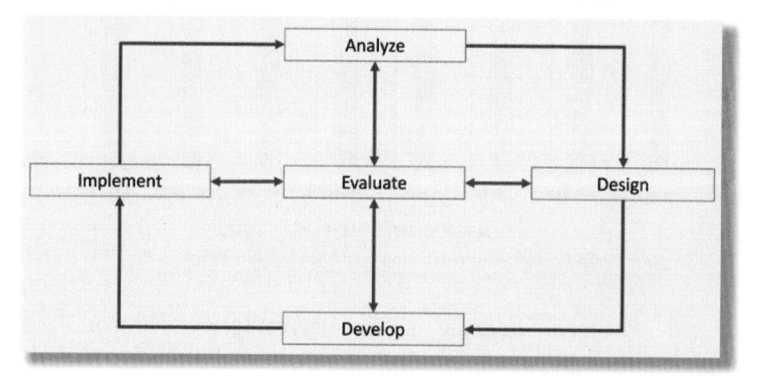

Für uns war diese Nähe der Anlass, das Planungsmodell einer eklektischen Didaktik aufzugreifen und an dieser Stelle zu präsentieren. Viele der Kernaussagen, die im vorliegenden Buch angesprochen werden, lassen sich darin verorten, so dass es sich als Grundlage eignet, um Lehren sichtbar zu machen. Hinzukommt, dass sich das Planungsmodell einer eklektischen Didaktik im Vergleich zu anderen allgemeindidaktischen Modellen als vorteilhafter erwiesen hat (vgl. Wernke, Werner & Zierer, 2015). Nachstehend eine Darstellung, die Sie als Orientierung für Ihre tagtägliche Unterrichtsplanung nutzen können:

"Visible Learning": Eine Vision.

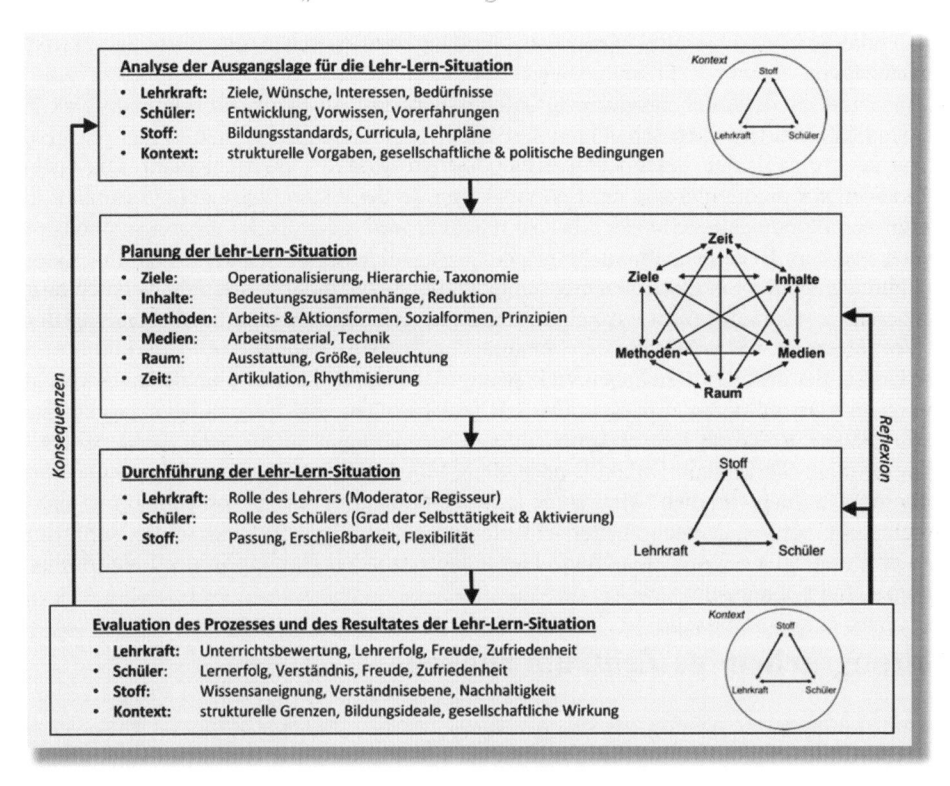

Analyse der Ausgangslage für die Lehr-Lern-Situation
- **Lehrkraft:** Ziele, Wünsche, Interessen, Bedürfnisse
- **Schüler:** Entwicklung, Vorwissen, Vorerfahrungen
- **Stoff:** Bildungsstandards, Curricula, Lehrpläne
- **Kontext:** strukturelle Vorgaben, gesellschaftliche & politische Bedingungen

Planung der Lehr-Lern-Situation
- **Ziele:** Operationalisierung, Hierarchie, Taxonomie
- **Inhalte:** Bedeutungszusammenhänge, Reduktion
- **Methoden:** Arbeits- & Aktionsformen, Sozialformen, Prinzipien
- **Medien:** Arbeitsmaterial, Technik
- **Raum:** Ausstattung, Größe, Beleuchtung
- **Zeit:** Artikulation, Rhythmisierung

Durchführung der Lehr-Lern-Situation
- **Lehrkraft:** Rolle des Lehrers (Moderator, Regisseur)
- **Schüler:** Rolle des Schülers (Grad der Selbsttätigkeit & Aktivierung)
- **Stoff:** Passung, Erschließbarkeit, Flexibilität

Evaluation des Prozesses und des Resultates der Lehr-Lern-Situation
- **Lehrkraft:** Unterrichtsbewertung, Lehrerfolg, Freude, Zufriedenheit
- **Schüler:** Lernerfolg, Verständnis, Freude, Zufriedenheit
- **Stoff:** Wissensaneignung, Verständnisebene, Nachhaltigkeit
- **Kontext:** strukturelle Grenzen, Bildungsideale, gesellschaftliche Wirkung

Wichtig aus unserer Sicht ist die Bemerkung, die einzelnen Planungselemente, die wir in den Kapiteln zu den zehn Haltungen nennen, als Schritte der Konkretisierung zu sehen. Beispielsweise finden Sie im Planungsmodell einer eklektischen Didaktik den Hinweis auf die Notwendigkeit der Auseinandersetzung mit den Zielen und im Kapitel „Setze die Herausforderung!" eine Anleitung, wie das SOLO-Modell bzw. die Unterscheidung des Deutschen Bildungsrates in die Ebenen der Reproduktion, der Reorganisation, des Transfers und des Problemlösens einzusetzen ist. Ebenso finden Sie im Planungsmodell einer eklektischen Didaktik den Hinweis auf die Evaluation des Unterrichts, insbesondere auf Feedback. Im Kapitel „Gib und fordere Rückmeldung!" präsentieren wir eine Reihe von Überlegungen, wie Feedback in den Unterricht implementiert werden kann, beispielsweise die Feedback-Matrix und die Feedback-Zielscheibe. Beide stellen also Verfahren dar, die Planung an diesen Stellen evidenzbasiert zu konkretisieren und zu verfeinern.

Vor diesem Hintergrund greifen verschiedenen Ebenen ineinander und stellen Entwicklungsschritte in Ihrer Lehrerprofessionalität dar: das Planungsmodell einer eklektischen Didaktik und die Planungselemente in den einzelnen Kapiteln. Begeben Sie sich auf diesen Weg der Verknüpfung, suchen Sie nach Evidenz und tauschen Sie sich mit Kolleginnen und Kollegen aus!

Betrachten Sie dabei das hier vorgestellte Planungsmodell einer eklektischen Didaktik nicht als Dogma – es will alles andere als das sein! Nutzen Sie es vielmehr als Orientierungshilfe und als Arbeitsmodell, das Ihnen helfen kann, der Komplexität des Unterrichtens Herr zu werden und Ihr Lehren sichtbar zu machen. Und bleiben Sie, was Sie sind: Eklektiker! Prüfen Sie alles und behalten Sie das Beste – und nehmen Sie als Entscheidungsgrundlage die Evidenz. Sie hilft, aus den vielen Möglichkeiten, die Lehrpersonen im Hinblick auf

Ziel-, Inhalts-, Methoden- und Medienentscheidungen offenstehen, das Beste herauszukristallisieren.

Dabei ist es sicherlich eines der größten Dilemmata in der Lehrerbildung, dass Planungsmodelle häufig einen schlechten Ruf bei Lehrpersonen haben – obschon jede Lehrperson nach einem mehr oder weniger elaborierten Modell Unterricht plant. Die Gründe dafür sehen wir nicht zuletzt in der Lehrerbildung: In der ersten Phase gelingt es nicht, den Nutzen von Planungsmodellen sichtbar zu machen, weil sie meist zu theoretisch behandelt werden und kein Bezug zur Praxis hergestellt wird. In der zweiten Phase folgt eine Gängelung und angehende Lehrpersonen müssen jeden noch so kleinen Unterrichtsversuch durchexerzieren – und häufig führt ein Fehler, der darin gemacht wird, zu einer Ahndung durch die Vorgesetzten, was wiederum eine entsprechend negativ konnotierte Fehlerkultur befördert. Und in der dritten Phase haben viele genug von diesem Theater und ziehen es vor, sich nicht mehr alles diktieren zu lassen. Das hat fatale Folgen, wie Forschungen zeigen. Denn häufig planen erfahrene Lehrpersonen ihren Unterricht gar nicht mehr, sondern greifen lieber zu einer Türklinken-Didaktik nach dem Motto: „Das alles habe ich schon einmal gemacht." Das mag stimmen. Aber keine Lehrperson hat das alles schon einmal mit ein und denselben Lernenden gemacht. Unterrichtsplanung tut also Not und ebenso die Vermittlung einer entsprechenden Kompetenz und einer entsprechenden Haltung in der Lehrerbildung: Lehren sichtbar machen!

Haltungsarbeit ins Zentrum rücken.

Es zählt mittlerweile zu unserem Standardrepertoire in schulpädagogischen Vorlesungen, die Studierenden zu fragen, welche Rolle sie als Lehrperson für sich in Anspruch nehmen – entweder „Meine Aufgabe ist es, Lernen einfach zu machen." oder „Meine Aufgabe ist es, Lernen schwer zu machen." Die Abstimmung fällt stets eindeutig aus: Nahezu alle Studierenden sehen sich in der Rolle, Lernen einfach zu machen. Dass diese Haltung einen enormen Einfluss auf das Denken und Handeln in pädagogischen Kontexten hat, können Sie selbst nachvollziehen, wenn Sie nachstehende Tabelle bearbeiten und Ihre Überlegungen dazu hineinschreiben – am besten im Austausch und in der Kooperation mit einem Kollegen. Die Tabelle greift die Überlegungen zum K3W Modell aus der Einführung auf:

	Meine Aufgabe ist es, Lernen einfach zu machen.	Meine Aufgabe ist es, Lernen schwer zu machen.
Werten Ich bin fest davon überzeugt ...		
Wollen Stets ist es mein Ziel ...		
Wissen Ich weiß ganz genau ...		
Können Ich bin hervorragend dazu in der Lage ...		

Alternativ dazu können Sie das Werte- und Entwicklungsquadrat von Friedemann Schulz von Thun heranziehen, das bereits im Kerngedanken in der „Nikomachischen Ethik" von Aristoteles zu finden ist: Es gibt keinen Wert ohne Gegenwert – und beide sind positiv zu sehen. Demzufolge bemerkt Friedemann Schulz von Thun, dass „jeder Wert (jede Tugend, jedes Leitprinzip, jedes Persönlichkeitsmerkmal) nur dann zu einer konstruktiven Wirkung gelangen [kann], wenn er sich in ausgehaltener Spannung zu einem positiven Gegenwert, einer ‚Schwestertugend', befindet." (Schulz von Thun 2006, S. 38) Fehlt diese „ausgehaltene Spannung", diese „dynamische Balance" oder, um mit Aristoteles zu sprechen, dieses „rechte Maß", diese „rechte Mitte", dann besteht die Gefahr, dass ein Wert „zu seiner entwertenden Übertreibung [verkommt]." (Schulz von Thun 2006, S. 38) Sparsamkeit, um ein Beispiel zur Verdeutlichung zu nennen, „verkommt ohne ihren positiven Gegenwert Großzügigkeit zum Geiz, umgekehrt verkommt auch Großzügigkeit ohne Sparsamkeit zur Verschwendung." (Schulz von Thun 2006, S. 38) Versucht man diese Zusammenhänge in eine graphische Darstellung zu bringen, entsteht daraus das Werte- und Entwicklungsquadrat (vgl. Zierer 2013b):

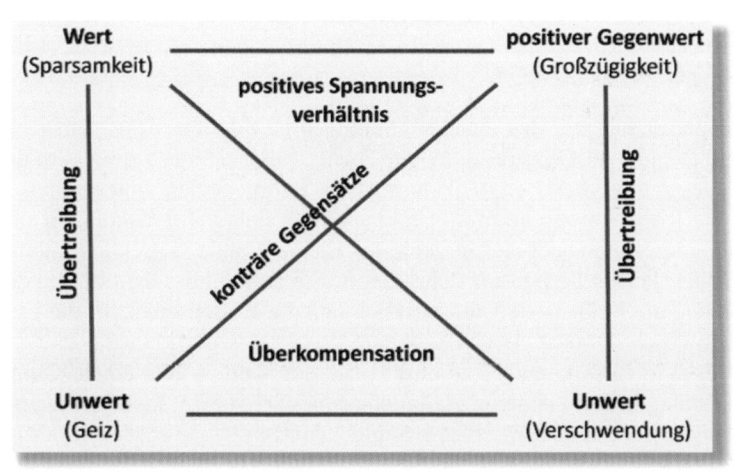

Friedemann Schulz von Thun schreibt dazu: „1. Die obere Linie zwischen den positiven Werten bezeichnet ein positives Spannungs- bzw. Ergänzungsverhältnis, wir können auch von einem dialektischen Gegensatz sprechen. 2. Die diagonalen bezeichnen konträre Gegensätze zwischen einem Wert und einem Unwert; 3. die senkrechten Linien bezeichnen die entwertende Übertreibung. 4. Die untere Verbindung zwischen den beiden Unwerten ‚stellt gleichsam den Weg dar, den wir beschreiten, wenn wir dem einen Unwert entfliehen wollen, aber nicht die Kraft haben, uns in die geforderte Spannung der oberen Pluswerte hinaufzuarbeiten. Also wenn wir aus einem Unwert in den entgegen gesetzten anderen Unwert fliehen. Die Verbindung zwischen den unteren Begriffen stellt also die Fehlleistung einer Überkompensation des zu vermeidenden Unwertes durch den gegenteiligen Unwert dar". (Schulz von Thun 2006, S. 39f.)

Werte und vor allem das, was damit gemeint ist, sind nicht so selbstverständlich, wie man gemeinhin annimmt. Übertragen wir das Werte- und Entwicklungsquadrat auf das oben erläuterte Beispiel mit den Aussagen „Meine Aufgabe ist es, Lernen einfach zu machen." oder „Meine Aufgabe ist es, Lernen schwer zu machen.", so lässt sich folgende Übersicht erstellen, die eine Haltungsreflexion in Gang setzen kann und zum „Goldilock Principle" hinführt, nämlich Lernen als Herausforderung zu sehen:

"Visible Learning": Eine Vision.

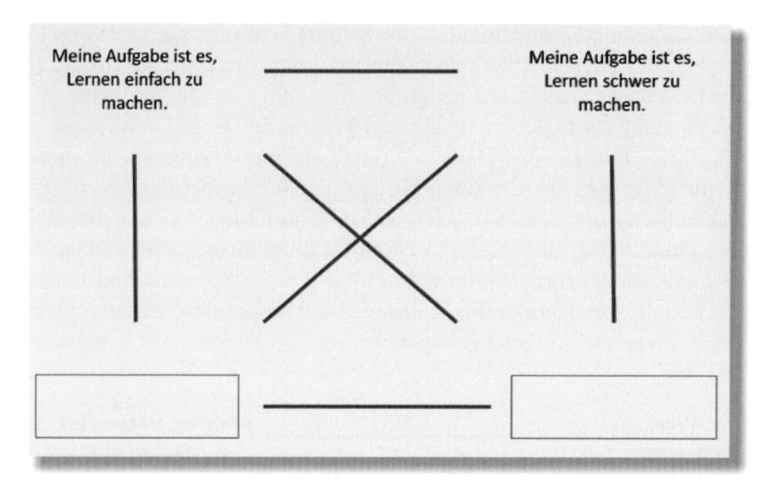

> Meine Aufgabe ist es, Lernen einfach zu machen.
>
> Meine Aufgabe ist es, Lernen schwer zu machen.

Die Auseinandersetzung mit den eigenen Haltungen ist folglich nichts selbstverständliches und bereits zu Beginn der Lehrerbildung ein Thema – und sie muss zum Kern der Lehrerbiographie insgesamt werden: Tagtäglich müssen Lehrpersonen unterrichten. Tagtäglich müssen sie ihre Kompetenzen abrufen. Und tagtäglich stehen ihre Haltungen auf dem Prüfstand. Insofern ist Haltungsarbeit ein zentrales Element pädagogischer Expertise und Garant für ein lebenslanges Lernen im Lehrerberuf. Sie ermöglicht, dass die Leidenschaft für das Unterrichten, die Leidenschaft für das Fach und die Leidenschaft für die Lernenden am Leben erhalten wird.

Das vorliegende Buch kann hierzu eine Hilfe sein, weil es zum einen Kompetenzen zu erweitern versucht und zum anderen Haltungen reflektieren hilft. Insofern versucht es beide Aspekte aufzugreifen und ihre Wechselwirkung zu nutzen.

Unsere Vision von einer Schule der Zukunft.

Dabei folgen auch wir weniger einem Plan, der allzu häufig in die Bildungssysteme getragen wird: größere Ressourcen, mehr Autonomie, internationaler Wettbewerb, bessere Vergleichsstudien, weitere Erhebungen, innovative Technik und vieles andere mehr wird propagiert mit dem Versprechen, Schule und Unterricht zu revolutionieren. Doch damit lassen sich keine Revolutionen erzielen. Es sind nicht die Pläne, nicht die Zahlen und nicht die Fakten, die Revolutionen hervorrufen. Revolutionen werden von Menschen initiiert – von ihren Visionen, ihren Überzeugungen, ihren Träumen.

> *Wir haben die Vision von einer Schule, in der Leidenschaft für das Unterrichten, für das Fach und für die Lernenden erkennbar und spürbar sind.*
>
> *Wir haben die Vision von einer Schule, in der Lernerfolg, Austausch und Zusammenarbeit möglich sind und dabei weder das Geschlecht, noch die Hautfarbe, weder die Nationalität, noch der sozioökonomische Status ein Hindernis ist.*
>
> *Wir haben die Vision von einer Schule, in der Demokratie gelebt wird und in der Lernende, aber auch Lehrpersonen die Möglichkeit haben, mitzugestalten, zu hinterfragen, anderer Meinung zu sein, zu streiten, zu diskutieren, für etwas zu stehen und zu Kompromissen zu finden.*

„Visible Learning": Eine Vision.

Wir haben die Vision von einer Schule, in der Lernende für das Lernen begeistert werden, um an sich zu glauben und mit dem Herzen in ihr Lernen zu investieren.

Wir haben die Vision von einer Schule, in der Lernende mit dem Vertrauen und Zutrauen heranwachsen „Es ist schwierig, aber ich werde es versuchen!" und nicht mit der Haltung „Es ist schwierig, das schaffe ich nicht!".

Wir haben die Vision von einer Schule, in der alle Lernenden willkommen sind.

Wir haben die Vision von einer Schule, die von Menschlichkeit und Humanität getragen wird und diese weitergibt, die nicht den Gesetzen des Marktes und der Ökonomie folgt, sondern in deren Mitte sich der Mensch befindet.

Wir haben die Vision von einer Schule, in der nicht nur Wissen und Können vermittelt wird, sondern auch Herz und Charakter im Fokus unterrichtlicher Maßnahmen stehen.

Wir haben die Vision von einer Schule, in der Lehrpersonen mit der Leidenschaft antreten, Lernende zu fordern und zu fördern.

Wir haben die Vision von einer Schule, in der Lehrpersonen unterrichten, die wissen, warum sie das, was sie wie machen, tun.

Wir haben die Vision von einer Schule, in der Schulleitungen ein offenes, kritisch-konstruktives Miteinander leben und das Ziel verfolgen, Lehrpersonen zu fordern und zu fördern, um Lernen zu ermöglichen.

Wir haben die Vision von einer Schule, in der Schulleitungen ihre Aufgabe nicht darin sehen, Lehrpersonen zu bevormunden oder gar zu gängeln, sondern Lehrpersonen zu unterstützen, ihnen zu helfen, mit ihnen zusammenzuarbeiten.

Wir haben die Vision von einer Schule, die das Wertesystem unserer Gesellschaft nicht nur reproduziert, sondern verändert – und zwar hin zu einer besseren Zukunft.

Wir haben die Vision von einer Schule, in der Fehler willkommen sind und nicht als etwas zu Vermeidendes oder gar Peinliches wahrgenommen werden.

Wir haben die Vision von einer Schule, in der Übung und Wiederholung mit Respekt und Anerkennung begleitet werden.

Wir haben die Vision von einer Schule, in der Lernen als harte Arbeit gesehen wird, Einsatz und Anstrengung erbracht werden und dabei Freude empfunden wird.

Wir haben die Vision von einer Schule, in die Kinder nicht nur im ersten Schuljahr gerne gehen, sondern bis zum Ende ihrer Schulzeit und ihren letzten Schultag mit einem weinenden Auge bestreiten.

Wir haben die Vision von einer Schule, die mit Fußball, Tennis oder Golf, mit Taylor Swift, Justin Bieber oder Rihanna konkurrieren kann.

Wir haben die Vision von einer Schule, in die Eltern ihre Kinder gerne schicken – und selbst auch gerne hingehen, weil sie willkommen sind und ihre Sprache gesprochen wird.

Wir haben die Vision von einer Schule, in der sich alle Beteiligten auf Augenhöhe begegnen.

Wir haben die Vision von einer Schule, in der Lernherausforderungen tagtäglich sind, um die Menschen zu stärken.

„Visible Learning": Eine Vision.

Wir haben die Vision von einer Schule, in der Lehrpersonen kooperieren, gemeinsam nach ihrem Einfluss suchen und nicht der Macht der Gewohnheit verfallen.

Wir haben die Vision von einer Schule, in der Strukturen den Menschen dienen und nicht über den Menschen stehen.

Wir haben die Vision von einer Schule, in der in jedem Lernenden Potenzial gesehen wird und in der in jedem Lernenden etwas gesehen wird, was dieser noch gar nicht von sich kennt.

Wir haben die Vision von einer Schule, in der der Glaube daran, dass Lernende erfolgreich sein können, nie aufhört und auch dann weiterbesteht, wenn selbst die Lernenden ihren Glauben daran schon verloren haben.

Schulen sind die wichtigsten Institutionen in unserer Gesellschaft.

Das ist unsere Vision – für Emma, Viktoria, Zacharias und Quirin, die am Anfang ihrer Schulzeit stehen.

Entfache die Leidenschaft fürs Lernen! Halte deine Leidenschaft fürs Lehren am Leben! Kenne deinen Einfluss!

Faktorenliste

Faktorenliste

Um sich einen Überblick über alle Bereiche und Faktoren zu verschaffen, die in „Visible Learning" und „Visible Learning for Teachers" analysiert werden, finden Sie im Folgenden eine entsprechende Reihung. Normal gedruckt sind dabei jene Faktoren, die in „Visible Learning" genannt werden. Kursiv gesetzt sind jene Faktoren, die aufgrund der Erweiterung des Datensatzes auf über 900 Meta-Analysen in „Visible Learning for Teachers" hinzugekommen sind. In Fettdruck erscheinen jene Faktoren, die in „Hattie für gestresste Lehrer" vorgestellt wurden. Und unterstrichen sind jene Faktoren, die im vorliegenden Buch zur Verdeutlichung der Kernbotschaften herangezogen wurden. Die Effektstärken entsprechen den Werten aus „Visible Learning for Teachers". Angesichts der Gefahr einer verkürzenden Interpretation der Reihung ist darauf hinzuweisen, dass Faktoren nicht unabhängig voneinander zu sehen sind, sich somit gegenseitig bedingen und ein weitreichendes Aufwand-Nutzen-Verhältnis aufweisen können. All das ist bei der Betrachtung der Reihung zu beachten. Sie dient in diesem Sinn in erster Linie der Orientierung.

Rang	Bereich	Faktor	Effektstärke *d*
1	Lernende	Selbsteinschätzung des eigenen Leistungsniveaus	**1,44**
<u>2</u>	<u>Lernende</u>	<u>Erkenntnisstufen</u>	<u>1,28</u>
<u>3</u>	*<u>Unterrichten</u>*	*<u>Reaktion auf Intervention</u>*	*<u>1,07</u>*
<u>4</u>	*<u>Lehrperson</u>*	*<u>Glaubwürdigkeit</u>*	*<u>0,90</u>*
4	**Unterrichten**	**Bewertung des Unterrichtsprozesses (Formative Evaluation)**	**0,90**
6	*Lehrperson*	Micro-Teaching	0,88
<u>7</u>	*<u>Unterrichten</u>*	*<u>Klassendiskussionen</u>*	*<u>0,82</u>*
8	Unterrichten	Interventionen für Lernende mit besonderem Förderbedarf	0,77
9	**Lehrperson**	**Klarheit der Lehrperson**	**0,75**
10	**Unterrichten**	**Rückmeldung (Feedback)**	**0,75**
11	Unterrichten	Reziprokes Lehren	0,74
12	**Lehrperson**	**Lehrer-Schüler-Beziehung**	**0,72**
13	**Unterrichten**	**Bewusstes Üben**	**0,71**
14	*Unterrichten*	*Meta-kognitive Strategien*	*0,69*
15	**Schule**	**Akzeleration**	**0,68**
16	Schule	Beeinflussung von Verhalten in der Klasse	0,68
17	Curricula	Vokabel- und Wortschatzförderung	0,67
18	Curricula	Wiederholendes Lesen	0,67
19	Curricula	Kreativitätsförderung	0,65
<u>20</u>	*<u>Lernende</u>*	*<u>Vorausgehendes Leistungsniveau</u>*	*<u>0,65</u>*
21	Unterrichten	Lautes Denken	0,64
<u>22</u>	*<u>Unterrichten</u>*	*<u>Lerntechniken</u>*	*<u>0,63</u>*
23	Unterrichten	Lehrstrategien	0,62
24	Unterrichten	Problemlösen	0,61
25	Lehrperson	Nichtetikettieren von Lernenden	0,61
26	Curricula	Lese-Verständnis-Förderung	0,60
<u>27</u>	*<u>Unterrichten</u>*	*Concept Mapping*	*<u>0,60</u>*
28	Unterrichten	Kooperatives vs. individuelles Lernen	0,59
29	**Unterrichten**	**Direkte Instruktion**	**0,59**
30	Curricula	Taktile Stimulation	0,58

Faktorenliste

Rang	Bereich	Faktor	Effektstärke d
31	Unterrichten	Mastery-Learning	0,58
32	Unterrichten	Fallbeispiele	0,57
33	Curricula	Förderung der visuellen Wahrnehmung	0,55
34	Unterrichten	Peer-Tutoring	0,55
35	Unterrichten	Kooperatives vs. kompetitives Lernen	0,54
36	Curricula	Lautier-Methode	0,54
37	*Unterrichten*	*Schülerzentrierter Unterricht*	*0,54*
38	Schule	Klassenzusammenhalt	0,53
39	Lernende	Geburtsgewicht	0,53
40	Unterrichten	Kellers personalisiertes Instruktionssystem	0,53
41	Schule	Peer-Einflüsse	0,53
42	Schule	Klassenführung	0,52
43	**Curricula**	**Erlebnispädagogik**	**0,52**
44	Elternhaus	Häusliches Anregungsniveau	0,52
45	**Elternhaus**	**Sozioökonomischer Status**	**0,52**
46	Unterrichten	Interaktive Lernvideos	0,52
47	**Lehrperson**	**Lehrerfort- und -weiterbildung**	**0,51**
48	Unterrichten	Ziele	0,50
49	Curricula	Spielförderung	0,50
50	Curricula	Leseförderung	0,50
51	Elternhaus	Elternunterstützung beim Lernen	0,49
52	Schule	Aufgabenbezogenes Lernen in Kleingruppen	0,49
53	Unterrichten	Fragenstellen	0,48
54	Lernende	Konzentration, Ausdauer und Engagement	0,48
55	Schule	Schuleffekte	0,48
56	**Lernende**	**Motivation**	**0,48**
57	Lehrperson	Qualität der Lehrperson (aus Schülersicht)	0,48
58	Lernende	Frühkindliche Förderung	0,47
59	Lernende	Selbstkonzept	0,47
60	Lernende	Vorschulprogramme	0,45
61	Curricula	Schreibförderung	0,44
62	Lehrperson	Lehrererwartungen	0,43
63	Schule	Schulgröße	0,43
64	Curricula	Förderung naturwissenschaftlicher Kompetenzen	0,42
65	**Unterrichten**	**Kooperatives Lernen**	**0,42**
66	Curricula	Leseerfahrung	0,42
67	Unterrichten	Verhaltensziele/Advance Organizers	0,41
68	Curricula	Förderung mathematischer Kompetenzen	0,40
69	Lernende	Angstreduktion	0,40
70	Curricula	Förderung der Sozialkompetenz	0,39
71	Curricula	Integrierte Curricula	0,39
72	Schule	Zusatzangebote für Hochbegabte	0,39
73	Schule	Schulleitung	0,39
74	Curricula	Berufswahlunterricht	0,38
75	Unterrichten	Aktive Lernzeit	0,38

Faktorenliste

Rang	Bereich	Faktor	Effektstärke d
76	Unterrichten	Psychotherapeutische Programme	0,38
77	Unterrichten	Computerunterstützung	0,37
78	Unterrichten	Ergänzende Materialien	0,37
79	Curricula	Bilingualer Unterricht	0,37
80	Curricula	Theater- und Kunstprogramme	0,35
81	Lernende	Kreativität	0,35
82	Lernende	Einstellung zu Mathematik/Naturwissenschaften	0,35
83	Unterrichten	Taktung von Leistungstests	0,34
84	Schule	Reduzieren von Unterrichtsstörungen	0,34
85	Unterrichten	Methodenvielfalt im Bereich „kritisches Denken"	0,34
86	Unterrichten	Simulationen und Simulationsspiele	0,33
87	Unterrichten	Induktives Vorgehen	0,33
88	Unterrichten	Hausaufgaben	0,33
89	Lernende	Positive Sicht auf die eigene Ethnizität	0,32
90	Lehrperson	Lehrpersonen-Effekte	0,32
91	Lernende	Medikamente	0,32
92	Unterrichten	Forschendes Lernen	0,31
93	Schule	Systemverantwortlichkeit	0,31
94	Schule	Förderklassen für Hochbegabte	0,30
95	Elternhaus	Hausbesuche durch Lehrperson	0,29
96	Lernende	Bewegung und Entspannung	0,28
97	Schule	Desegregation	0,28
98	Unterrichten	Test-Training/-Coaching	0,27
99	Curricula	Nutzung von Taschenrechnern	0,27
100	Unterrichten	Freiwillige Tutoren	0,26
101	Lernende	Fehlen chronischer Krankheiten	0,25
102	Schule	Inklusive Beschulung	0,24
103	Curricula	Werte-und Moralerziehung	0,24
104	Unterrichten	Kompetitives vs. individuelles Lernen	0,24
105	Unterrichten	Programmierte Instruktion	0,23
106	Schule	Sommerschulen	0,23
107	**Schule**	**Finanzielle Ausstattung**	**0,23**
108	Schule	Konfessionsschulen	0,23
109	Unterrichten	Individualisierung	0,22
110	**Unterrichten**	**(Neue) Medien**	**0,22**
111	Unterrichten	Umfassende Unterrichtsreformen	0,22
112	Lehrperson	Sprachkompetenz	0,22
113	**Schule**	**Klassengröße**	**0,21**
114	Schule	Vertragsschulen/Charter-Schulen	0,20
115	Unterrichten	Zuschnitt von Methoden auf Schülermerkmale	0,19
116	Curricula	Außercurriculare Aktivitäten	0,19
116	Unterrichten	Lernzielhierarchisierung	0,19
118	Unterrichten	Co-Teaching/Team-Teaching	0,19
119	Lernende	Schülerpersönlichkeit	0,18

Faktorenliste

Rang	Bereich	Faktor	Effektstärke d
120	Schule	Allgemeines Lernen in Kleingruppen	0,18
120	Unterrichten	College-Förderkurse	0,18
<u>122</u>	<u>Elternhaus</u>	<u>Familienstruktur</u>	<u>0,18</u>
123	*Schule*	*Schulberatung*	*0,18*
124	Schule	Webbasiertes Lernen	0,18
125	Unterrichten	Passung von Lernmethoden und Lernstilen	0,17
126	Unterrichten	Unmittelbarkeit der Rückmeldung	0,16
127	Unterrichten	Technologiegestütztes Lernen zu Hause	0,16
<u>128</u>	<u>Unterrichten</u>	<u>Problembasiertes Lernen</u>	<u>0,15</u>
129	Curricula	Sätze kombinieren	0,15
130	Unterrichten	Mentoring	0,15
131	Schule	Leistungshomogene Klassenbildung	0,12
132	Lernende	Spezielle Ernährung	0,12
133	**Lernende**	**Geschlecht**	**0,12**
134	Lehrperson	Lehrerbildung	0,12
135	Unterrichten	Fernunterricht	0,11
<u>136</u>	**<u>Lehrperson</u>**	**<u>Fachkompetenz</u>**	**<u>0,09</u>**
137	*Schule*	*Stundenplanänderung*	*0,09*
138	Schule	Nachmittags- und Sommerkurse	0,09
139	Curricula	Bewegungserziehung	0,08
140	Curricula	Ganzheits-Methoden	0,06
141	*Schule*	*Ethnische Vielfalt*	*0,05*
142	Schule	Wohnheimunterbringung	0,05
143	Schule	Jahrgangsübergreifende Klassen	0,04
144	Unterrichten	Freiarbeit	0,04
145	**Schule**	**Offene Klassenzimmer**	**0,01**
146	Schule	Dauer der Sommerferien	−0,02
147	Elternhaus	Bezug staatlicher Transferleistungen	−0,12
148	**Schule**	**Nicht-Versetzung**	**−0,13**
<u>149</u>	**<u>Elternhaus</u>**	**<u>Fernsehen</u>**	**<u>−0,18</u>**
150	Schule	Schulwechsel	−0,34

Literaturliste

Literaturliste

Aristoteles (1980): Rhetorik. München: Herder.

Baumert, J./Kunter, M. (2006): Stichwort: Professionelle Kompetenz von Lehrkräften. In: Zeitschrift für Erziehungswissenschaft, 9, S. 469–520.

Biggs, J./Collis, K: (1982): Evaluating the Quality of Learning: the SOLO taxonomy. New York: Academic Press.

Blömeke, S./Kaiser, G./Lehmann, R. (Hrsg.) (2010): TEDS-M 2008: Professionelle Kompetenz und Lerngelegenheiten angehender Primarstufenlehrkräfte im internationalen Vergleich. Münster: Waxmann.

Bourdieu, P. (1992): Die verborgenen Mechanismen der Macht. Hamburg.

Brezinka, W. (1990): Grundbegriffe der Erziehungswissenschaft – Analyse, Kritik, Vorschläge, 5., verbesserte Auflage. München/Basel: Ernst Reinhardt.

Brophy, J. E. (1999): Teaching, Genf: UNESCO.

Buber, M. (1958): Ich und Du, Heidelberg: Lambert Schneider.

Cranford, S. W./Tarakanova, A./Pugno, N. M./Buehler, M. J. (2012): Nonlinear material behaviour of spider silk yields robust webs. In: Nature, 482, pp. 72–76.

Csíkszentmihályi, M. (2010): *Das flow-Erlebnis*. Stuttgart: Klett-Cotta.

Deutscher Bildungsrat (Hrsg.) (1970). Strukturplan für das Bildungswesen. Stuttgart: Klett.

Dewey, J. (2009): Democracy and Education. An Introduction to the Philosophy of Education. USA: CreateSpace.

Dweck, C. (2012): Mindset. How You Can Fulfill Your Potential, New York: Random House.

Ebbinghaus, H. (1885): Über das Gedächtnis. Untersuchungen zur experimentellen Psychologie. Duncker & Humblot: Leipzig.

Endres, A./Martiensen, J. (2007): Mikroökonomik – Eine integrierte Darstellung traditioneller Praxis und moderner Konzepte in Theorie und Praxis. Stuttgart: Kohlhammer.

Fink, E. (1995): Grundphänomene des menschlichen Daseins, 2. Aufl., Freiburg: Alber.

Flechsig, K.-H. (1991): Kleines Handbuch didaktischer Modelle, Nörten-Hardenberg.

Gan, J. S. M. (2011): The effects of prompts and explicit coa- ching on peer feedback quality. University of Aukland.

Gardner, H./Csíkszentmihályi, M./Damon, W. (2005): Good Work. Stuttgart: Klett.

Hart, B./Risley, T. R. (2003): The Early Catastrophe: The 30 Million Word Gap by Age 3. In: American Educator, S. 4-9.

Hattie, J. (1992): Self-Concept. Hillsdale: Erlbaum.

Hattie, J. (2013): Lernen sichtbar machen. Deutschsprachige Ausgabe von „Visible Learning" besorgt von Wolfgang Beywl und Klaus Zierer. Baltmannsweiler: Schneider.

Hattie, J. (2014): Lernen sichtbar machen für Lehrpersonen. Deutschsprachige Ausgabe von „Visible Learning for Teachers" besorgt von Wolfgang Beywl und Klaus Zierer. Baltmannsweiler: Schneider.

Hattie, J. (2015): Lernen sichtbar machen aus psychologischer Perspektive. Deutschsprachige Ausgabe von „Visible Learning and the Science of How We Learn" besorgt von Wolfgang Beywl und Klaus Zierer. Baltmannsweiler: Schneider.

Hattie, J./Masters, D. (2011): The evaluation of a student feed- back survey. Auckland: Cognition.

Hattie, J./Timperley, H. (2007): The power of feedback. Review of Educational Research, 77(1), 81–112.

Helmke, A. (2014): Unterrichtsqualität und Lehrerprofessionalität. Diagnose, Evaluation und Verbesserung des Unterrichts. Stuttgart: Klett.

Herbart, J.-F. (1964): Umriss pädagogischer Vorlesungen, Paderborn: Schöningh.

Herbart, J.-F. (1808): Allgemeine Pädagogik aus dem Zweck der Erziehung abgeleitet. Bochum: Kamp.

Jackson, P. W. (1990): Life in Classrooms. Teachers College Press.

Keller, J. (2010): Motivational Design for Learning and Performance. The ARCS Model Approach. Springer: London.

Kiel, E./Keller-Schneider, M./Haag, L./Zierer, K. (2014): Unterricht planen, durchführen, reflektieren. Berlin: Cornelsen.

Klafki, W. (1996): Neue Studien zur Bildungstheorie und Didaktik – Zeitgemäße Allgemeinbildung und kritisch-konstruktive Didaktik, 5., unveränderte Auflage. Weinheim/Basel: Beltz.

Kunter, M./Baumert, J./Blum, W./Klusmann, U./Krauss, S./Neubrand, M. (Hrsg.) (2011): Professionelle Kompetenz von Lehrkräften. Ergebnisse des Forschungsprogramms COACTIV. Münster: Waxmann.

Merrill, M. D. (2002): First Principles of Instruction, in: Educational Technology Research and Development, 2002 / 3, p. 43 – 59.

MET (2010): Learning about Teaching. Bill & Melinda Gates Foundation.

Meyer, H. (2004): Was ist guter Unterricht? Mit didaktischer Landkarte. Berlin: Cornelsen.

Mischel, W. (2014): The Marshmallow Test: Mastering Self-Control. New York: Little Brown.

Nida-Rümelin, J./Zierer, K. (2015): Auf dem Weg in eine neue deutsche Bildungskatastrophe? München: Herder.

Nuthall, G. A. (2007): The hidden lives of learners. Wellington: New Zealand Council for Educational Research.

Pant, H. A./Stanat, P./Schroeders, U./Roppelt, A., Siegle, T./Pöhlmann, C. (2013): IQB-Ländervergleich 2012. Münster: Waxmann.

Ridley, M. (2010): The Rational Optimist. How Prosperity Evolves. New York.

Rosenthal, R./Jacobson, L. (1968): *Pygmalion in the Classroom: Teacher Expectation and Pupils' Intellectual Development*. Holt, Rinehart & Winston, New York 1968

Rutter, M./Maughan, B./Mortimore, P./Ouston, J. (1980): 15 000 Stunden. Schulen und ihre Wirkung auf die Kinder. Weinheim/Basel.

Schulz von Thun, F. (2006): Miteinander reden. Hamburg: Reinbek.

Scriven, M. (1967): The methodology of evaluation. Chicago: American Educational Research Association (monograph series on evaluation, no. 1).

Sinek, S. (2009): Start with why—How great leaders inspire everyone to take action. New York: Penguin.

Städeli, C. (2010): Die fünf Säulen der guten Unterrichtsvorbereitung : das AVIVA- Modell für den kompetenzorientierten Unterricht. In: Folio: die Zeitschrift des BCH | FPS für Lehrkräfte in der Berufsbildung, 6, S. 20-23.

Tyack, D./Tobin, W. (1994): The "Grammar" of Schooling. Why Has It Been So Hard to Change?. In: American Educational Research Journal Vol. 31, No. 3, pp. 453-479.

Van den Bergh, L./Ros, A./Beijaard, D. (2010): Feedback van basisschoolleerkrachten tijdens actief leren. de huidige praktijk. ORD-paper. ORD: Enschede.

Webb, N. (1997). *Research monograph number 6: Criteria for alignment of expectations and assessments on mathematics and science education.* Washington, D.C.: CCSSO.

Wernke, S./Zierer, K. (2016): Lehrer als Eklektiker!? Grundzüge einer Eklektischen Didaktik. Friedrich Jahresheft „Lehren".

Wernke, S./Zierer, K. (2015). Welche Bedeutung messen Lehrkräfte Zielen bei der Unterrichtsplanung zu? Ergebnisse zweier qualitativer Studien. *Schulpädagogik heute - Transparenz in Unterricht und Schule*, 12.

Wernke, S./Werner, J. & Zierer, K. (2015). Heimann, Schulz oder Klafki? Eine quantitative Studie zur Einschätzung der Praktikabilität allgemeindidaktischer Planungsmodelle. *Zeitschrift für Pädagogik* 61 (4), 427-449.

Winkel, J./Zierer, K./Balve, M. (2013): Ihr Einstieg in den Vorbereitungsdienst. Koblenz: debeka.

Zierer, K. (2013a): Hausaufgaben sind keineswegs sinnlos. In: FAZ, 15. März.

Zierer, K. (2013b): Können Kinder Moral Lernen? Eine Evaluationsstudie zur Moralerziehung in der Grundschule. Baltmannsweiler: Schneider.

Zierer, K. (2015): Educational expertise: the concept of 'mind frames' as an integrative model for professionalisation in teaching. Oxford Review of Education, Vol. 41, No. 6, 782–798, http://dx.doi.org/10.1080/03054985.2015.1121140.

Zierer, K. (2016a): Alles eine Frage der Technik? Erfolgreiches Lehren als Symbiose von Kompetenz und Haltung. In: Friedrich Jahresheft „Lehren".

Zierer, K. (2016b): Hattie für gestresste Lehrer. Kernbotschaften und Handlungsempfehlungen aus John Hatties „Visible Learning" und „Visible Learning for Teachers". Baltmannsweiler: Schneider.

Literaturliste

Zierer, K./Lang, H. (2006): Proben – notwendiges Übel oder wertvolles Diagnose- und Analyseinstrument?, in: Grundschulmagazin, Heft 4, S. 27 – 32.

Zierer, K./Werner, J. & Wernke, S. (2015). Besser planen? Mit Modell! Überlegungen zur Entwicklung eines Planungskompetenzmodells. *Die Deutsche Schule, 4, 376-396.*

Zierer, K./Seel, N. (2015): General Didactics and Instructional Design: eyes like twins A transatlantic dialogue about similarities and differences, about the past and the future of two sciences of learning and teaching, *SpringerPlus* 2012, 1:15 doi:10.1186/2193-1801-1 –15.